观 古 今 中 西 之 变

地域文化与国家认同

晚清以来"广东文化"观的形成

程美宝 著

四川人民出版社

图书在版编目（CIP）数据

地域文化与国家认同：晚清以来"广东文化"观的形成/程美宝著. --成都：四川人民出版社，2025.7.
（新史学 & 多元对话系列）. --ISBN 978-7-220-14078-5

Ⅰ. K296.5
中国国家版本馆 CIP 数据核字第 2025N4D680 号

DIYU WENHUA YU GUOJIA RENTONG：WANQING YILAI "GUANGDONG WENHUA" GUAN DE XINGCHENG

地域文化与国家认同
—— 晚清以来"广东文化"观的形成

程美宝 著

出 版 人	黄立新
策划统筹	封 龙
责任编辑	兰 茜　封 龙
版式设计	张迪茗
装帧设计	王齐云
责任印制	周 奇
出版发行	四川人民出版社（成都三色路238号）
网　　址	http://www.scpph.com
E-mail	scrmcbs@sina.com
新浪微博	@四川人民出版社
微信公众号	四川人民出版社
发行部业务电话	（028）86361653　86361656
防盗版举报电话	（028）86361653
照　　排	保定高新区华泰图文设计工作室
印　　刷	成都市东辰印艺科技有限公司
成品尺寸	160mm×230mm
印　　张	20.25
字　　数	282 千
版　　次	2025 年 7 月第 1 版
印　　次	2025 年 7 月第 1 次印刷
书　　号	ISBN 978-7-220-14078-5
定　　价	79.00 元

■版权所有·侵权必究

本书若出现印装质量问题，请与我社发行部联系调换
电话：（028）86361653

简体版再版序

本书 2006 年在北京生活·读书·新知三联书店首次出了简体版，2018 年在香港三联书店出了繁体版，如今，由四川人民出版社出版以 2018 年繁体版的修订版为基础的简体版。这篇再版序，因此也不免包含繁体版再版序的部分内容，但两年间时势多变，又给我灵感多添了几笔。

说来惭愧，此书源于我 1991—1995 年在牛津大学撰写的博士论文，也就是说，从构思撰写至改写出版到一再以不同面貌面世，前后已有 20 多年光景，真的是赶上了跨世纪的列车。适逢踏入 21 世纪的第 20 个年头，眼看着种种国内外的政治态势，或多或少是本书论及的 18—19 世纪民族—国家思潮兴起的一种延续与反弹。现在回想起来，当年以"地域认同"为主题构思论文，也并非没有因由。这种"跨世纪"经验，颇具时代意义，值得借此再版的时机赘言几笔。

我的博士论文早期的构想，20 世纪 90 年代初曾在牛津大学的一个以讨论身份认同（identity）为主题的系列研讨会（seminar）上报告过。当时，"身份认同"这个词汇及其引申的研究，在人文学界中非常火热；1991—1992 年，又正值《马斯特里赫特条约》（Maastricht Treaty）签订，为欧洲共同体建立政治联盟、经济与货币联盟订下时间表，该研讨会讨论的题目因而不免与欧盟有关。与会者大多为人文学者，讨论的内容都比较务虚，诸如谈谈"何谓欧洲"，谈谈神圣罗马帝国的历史意义等。我不谙欧洲史，但因博士论文以地域认同为题，乃有幸获安排在研讨会上报告。与会者大多为欧洲人，还有一些不一定认同自己是欧洲人的英国人，我是在会上属极少数的中国人，报告的内容又是中国历史，当真要把这群脑袋扎在欧盟欧罗的欧洲人（和英国人），带到在他们看来既古老又遥远的东方国度，而那个叫"Guangdong"（广东）的地方，于他们好些人来说更是闻所未闻。我还记得，为了让他们有些基本知识，我给他们展示了中国和广东的地图，指出广东在哪里，面对英国人，我又特别提到广东的面积与英国相若，并专门点出香港的地理位置。当时距1997年尚有几年，刚好地图上的广东是以深粉红色标识的，我指着那块以白色标识的香港说，"这块未几也会变成红色"，有些与会者报以一笑。这淡淡的幽默，英国人还是懂得的。

老实说，这个系列研讨会上有哪些报告，具体内容和观点是什么，我都不太记得了，也许当时就没有听懂，但研讨会的情景，仿佛凝结成一张油画，至今仍历历在目。研讨会的主持人艾伦·蒙蒂菲奥里（Alan Montefiore），是牛津大学贝利奥尔书院（Balliol College）的名誉院士（Emeritus Fellow），专研欧洲哲学。在牛津当院士薪水并不丰裕，但拥有房产的学院，会安排部分院士寓居较宽敞的房子，院士们也大多会善用这些房子，使其成为有温度的研讨间。我们来自不同学科和学院的四十多名师生，每一或两周的某个晚上，便会从四面八方陆续抵达蒙蒂菲奥里的居所，自动自觉地在客厅地上围坐，一人先做报告，随后交流研讨，至深夜始散。蒙蒂菲奥里身形瘦削，眼神炯烁，经常身挂一件白袍，开会前先给我们每人递上一杯葡萄酒，待众人坐好后，便手撑着头侧卧在地上，静心聆听报告和讨论。其话不多，属于"夫人不言，言必有中"那种，因此我记忆中他的声音分外细碎微弱。就是在这如画的情景中，我懵懂地领受了一点知识，模糊地感觉到自己的论文具有一定的普遍意义。

蒙蒂菲奥里是在伦敦出生接受英国教育成长的犹太人，其祖父是英国自由派犹太教的创始人，身份认同这个问题因而顺理成章地成为他毕生的关怀。有评论人说，蒙蒂菲奥里穷其一生苦思冥想的问题，就是何以他的家人认为他应该做一个犹太好孩子。也许，我们只要把"犹太"二字换了其他文化或国度作定语（比如"中国"），也可以探问同一个哲学问题。蒙蒂菲奥里生于1926年，而今也90多岁高龄了。20多年前，欧盟还在成形中，研讨会上人们炽热地展望将来，没想到，20多年后，英国宣布脱欧，欧盟内部亦诸多纷扰，个别国家更时闻地方谋求独立之声。天下分久必合，合久必分，信非使然？也许像蒙蒂菲奥里一类的哲人，这些早在预想之中，所以一开始便从哲学的角度，捅出身份认同这个命题中应然（我应该做一个犹太好孩子）与实然（我是一个犹太孩子）之差异与联系，以及人的主观能动性在调和两者中发挥的作用。

这本小书也可以说是从这个最根本的哲学命题出发的，但我作为一个史学学徒，还是想给出一个历史的答案。我相信，不论是"我是广东人"，还是"我应该做一个中国好孩子"；不论是"是"，还是"应"；为什么人们这样认识和这样认为，都能从历史上的文献与声音中找到一些凭据，排比出一个时序，勾勒出一个有助于我们理解地域认同的分析框架。我以为我在这本小书上尝试达致的目标，就是这些。自2006年初版以来，读了此书而颇有共鸣的同行与读者，大抵也觉得我列举的证据还算有力，叙述的时序看来合理，提出的分析框架也有一定的参考价值；但也有不少读者对拙著存在误解，以为我讲的就是"广东文化是什么"的事实，而忽略了我说的其实是成为事实的过程，而这种种事实不过是人们的认知（是）与期待（应）的合成品。"应"一般很容易被质疑，但"是"——尤其是自以为是的"是"——却往往欠缺自省，批判别人迷信的人不会认为自己相信的"事实"也是一种迷信。拙著勉力要做的，就是抽丝剥茧地拆解这"事实"形成的过程。这种尝试，也许有助于我们重新理解当下种种关系到身份认同的"是"与"应"。读者应该批判的，是拙著的论述最底层的那层"是"，按史学标准是否站得住脚，这也是我要不断自我鞭策的。

以上不过是换了一种讲法，重复我在本书首章导论的说明。我在导论里用了一个"本书不是……"的方式，企图说明本书是什么。这次我采取较正面但也有点迂回的说法，再简单说明本书"是"什么，顺道记下学生时代的点滴回忆，提醒自己，我的想法其实由来有自，拙作不过是20世纪90年代某种学术取向和现实关怀的沧海一粟。由于我的基本观点和想法无甚改变，后来新发现的材料也不足以改变书中的论点与叙述，加上我的研究兴趣也变得越来越靠近物质和感官历史等方面，此次再版，我没有对本书做出太多修订，只是订正了错字和笔误，并更新了少量书目，主要是有好几位同行的书稿或文稿已正式出版了，应该把最新的信息呈现人前。此外，为了让最新订正的简体字版的读者感到"文末有彩蛋"，本书附了一篇我刚出版但流通不广的文章，作为第三章"书写粤语"的一个特长脚注，阐述我近年对粤语和文化认同这个话题的一些浅见和思考方向。

走笔至此，刚从电视新闻看到英国在伦敦时间 2020 年 1 月 31 日晚上 11 时，正式退出欧洲联盟，赞成者涌上街头，大唱《天佑我皇》，而之前两天欧盟议会成员投票后，已高唱《友谊地久天长》。却原来，18 世纪才面世的《天佑我皇》，歌词有不同的版本，人们对其中隐含的政治立场有不同诠释，甚至其国歌地位也一直有争议。所不变的，也许是其旋律，以及人们一般只唱第一段的习惯。但时至 2020 年，涌上伦敦街头大唱国歌的人，不少要看着在广场上投影的歌词，也许是此调不弹久矣？至于《友谊地久天长》，也是 18 世纪的产物，是苏格兰诗人罗伯特·彭斯（Robert Burns）据当地父老口传录下的诗歌。"Auld Lang Syne"是苏格兰语，而彭斯的诗歌不少表达苏格兰的民族情绪和爱国主义，尽管如今唱的《友谊地久天长》，已极度"英语化"，但欧盟议会成员应该不会不知道其背后的历史与意涵。

历史的旋律，不断重复，不断被改写，挪用或重用，你方唱罢我方休。国家或地方，都是一个过程。本书竭力要说的，不过就是这个道理而已。

程美宝

初稿写于 2020 年 2 月 2 日，大埔马窝草棚，疫情蔓延时

同年 5 月 21 日定稿

目 录

第一章 导论：展览文化 … 1
    文化的展览 … 4
    文化与文人 … 11
    从"天下"到"国家" … 17
    从"国家"到"地方" … 21
    地方与中央 … 26
    本书的主题与结构 … 32

第二章 岭外入中国 … 36
    界定粤人 … 37
    教而化之 … 44
    由方言到种族 … 54
    由乡及国 … 77
    小结：文化—种族—国家 … 86

第三章 书写粤语 … 89
    从南蛮鴂舌到中原古音 … 90
    从口述到书写 … 95
    文人讴歌 … 101
    粤剧的粤味 … 106
    俗话传道 … 110
    渐成规范 … 115
    我手写我口 … 123

小结　方言与国语 …………………………………… 128

第四章　追溯岭学 ……………………………………… 132
　　岭学源流 …………………………………………… 132
　　学海堂之内 ………………………………………… 137
　　学海堂之外 ………………………………………… 146
　　学海堂之后 ………………………………………… 154
　　小结　从旧文化到新文化 ………………………… 171

第五章　由民俗到民族 ………………………………… 173
　　民俗学在中国 ……………………………………… 174
　　民俗学在广东 ……………………………………… 177
　　学术与政治 ………………………………………… 185
　　学人与政要 ………………………………………… 196
　　小结　民族主义与地方文化 ……………………… 209

第六章　旧人新志 ……………………………………… 212
　　《高要县志》的纂修 ……………………………… 214
　　语言和内容 ………………………………………… 218
　　新旧交替的地方读书人 …………………………… 224
　　地方志里的国家文化 ……………………………… 227
　　地方利益与民族大义 ……………………………… 236
　　小结　国民与邑人 ………………………………… 242

第七章　余论：文化展览背后 ………………………… 244
　　文人的位置 ………………………………………… 245
　　"文化"是什么？ …………………………………… 250
　　"广东文化"何在？ ………………………………… 253
　　地域文化研究再思 ………………………………… 256

征引文献及书目（按汉语拼音/英文字母排序）……… 259
　　中　　文 …………………………………………… 259
　　英　　文 …………………………………………… 282

索引（按汉语拼音排序）	296
初版后记	304
附录　城市之声西关音：由省至港及沪	307
辨识西关音	309
何处是西关？	309
成为广州人	310
珠娘唱粤讴	311
省港同一体	312
沪上扩音声	313
小结："城市之声"的意涵	314

第一章　导论：展览文化

1940年2月22日，一个热闹非凡的展览会在香港大学冯平山图书馆开幕了。根据当时人的描述，这个展览会布置得颇为张扬——

> 门口高搭彩楼，中间挂着一个彩门，垂了一条红色丝带。彩门上方，挂着一个蓝地金字花边直匾，写着"广东文物展览会"几个仿宋体字。两旁挂着大圆灯笼两个；门的两旁分挂着朱联，是"高楼风雨　南海衣冠"，出自叶恭绰的写作；入口的左旁红朱木架上插着两个高脚牌，一个写着"研究乡邦文化"，一个写着"发扬民族精神"的大会宗旨。这些布置，十足地道的表现广东的色彩。①

这个以"广东文物"为主题的展览会，展出的广东文物品达两千多件，从2月22日开幕到3月2日闭幕短短不足10天的时间里，到场观众达三四万人之多，被称为"南国空前的文化盛举"。其时，广东的省城广州已经沦陷一年多了，广东的文化人避难到香港，值此国家民族危急存亡之秋，一批文化人在香港举办这样一个旨在"研究乡邦文化，发扬民族精神"的展览会，自非旧日文人消闲玩物之举，而有其深意所在。正如展览会的主要筹办人之一，岭南大学原校长李应林所表白的那样：

---

① 广东文物展览会编《广东文物》1941年，上海书店，1990年重印，第211页。在"广东文物展览会"结束后，筹备委员会把部分展品拍成照片，并向各界学者、专家征求相关论文，同时以"参观广东文物展览会述评"为题，向香港的青年学生征文，汇编成《广东文物》一书，于1941年出版。

际此邦家多难，世变方亟，端赖上层知识分子，接承先民艰难缔造之固有文化，从而发见保持继往开来之光荣史料，整理研究而发扬光大之，使与国家民族生命维系于不断，自非好整以暇，甚而玩物丧志者可同日而语。①

究竟这个展览如何区别于玩物丧志之举，且让我们先跟着时人的记录，走进会场看个究竟吧——

随着拥挤的人群踏上石阶进入冯平山图书馆，面向正中大堂，"即仰见高悬当中的孙总理遗像在党国旗之中，左右则有历代名贤鸿哲烈士大儒的遗像，如张曲江、丘琼山、黄公辅、陈白沙等，各人瞻仰遗容自起敬仰之心，其爱国爱种的精神，没有不油然兴起的"②。对于几位古人，有人评论道："张曲江之诗，陈白沙之经，丘琼山之史，俱为我国学术之大流；亦崛然屹然，自成系统，树立岭表之学，与中州之士异。"③

循楼梯走上第一层的大堂，首先入目的是陈公哲刚刚发现的香港史前遗迹，包括一些断定为纪元前或商周时代的石英珥和玉环。一位记者这样判断："其制度与中州所出土者相同，又何疑乎？""吾国古籍与国际学者，认为我国文化，系由北而南者，其说极为谬妄；此种怀疑，不独记者一人根据目前出土之古物，可以证明，而吴越考古学会诸学者，亦多数疑为我国文化，系由南而北。"④我们暂且搁置这种"中国文化源流"的争论于一旁，把目光移向大堂左边，一幅高奇峰的画像活现于眼前。有观众看后，写下他的感觉说，这幅由赵少昂等几位岭南画派的传人绘画的遗像，"神态如生，使人对此一代艺人，致其不胜景仰之忱"⑤。

向右转入第一室，最引人注目的是康有为上书摄政王痛斥袁世凯罪状的草稿，"从草稿中，可以看出清室帝皇的庸懦无能，同时更可以看出

---

① 广东文物展览会编《广东文物》，第 V 页。
② 广东文物展览会编《广东文物》，第 214 页。
③ 广东文物展览会编《广东文物》，第 251 页。
④ 广东文物展览会编《广东文物》，第 253—254 页。
⑤ 广东文物展览会编《广东文物》，第 250 页。

袁世凯这东西，在清室已经是个乱臣贼子；在民国，他更是一个民族的罪人"①。此外，还有明末忠臣邝露的玛瑙冠和绿绮台琴，以及陈子壮的遗墨，"都令人看了之后，憧憬着邝陈两先生的壮烈事迹，而更加振起我们救国的精神"②。

第四室的展品似乎最激动人心。"这充溢了血和泪的一个小房间——第四室——窒息的气氛是特别显得紧张而严肃"；除了简又文珍藏的太平天国史迹文献之外，"这儿有先烈被捕时不屈的供状，有用血写成的话，有孙总理行医时代的器具，广告和毕业证书，还有那初期革命的四大寇合照"③。

这次展览的展品，以书画占大多数。第二、第三、第五、第六室陈列的典籍志乘、翰墨丹青，俱出自唐代以降广东名人的手笔。唐有张九龄；明有陈白沙、湛若水、袁崇焕、丘濬、海瑞、陈恭尹、黄子高、黎简等；清有陈澧、林伯桐、黄培芳、朱次琦、李文田、康有为、梁启超等；入民国则是"二高一陈"（高剑父、高奇峰、陈树人）的天下，还有胡汉民、陈少白等革命核心人物，不一而足。

看了这批书画，有人赞赏不已，但也有人怕在抗战期间玩物丧志而发出这样的议论："姑勿论中国绘画在世界画坛上地位如何高超优越，但是为了民族的生存，为了民族的万年大计，今后我们的努力应该怎样转向一下，才能在这竞争生存的世界上立脚。"④不过，整体而言，这个展览会还是发挥了振奋精神的作用的，"的确，这一个充满民族意识，充满了大广东精神的'文展会'，是感动了每一个家园破碎的广东人——中国人"⑤！

在展品目录里，还录入了广州土话《旧新约圣经》、拉丁化客家话《新

---

① 广东文物展览会编《广东文物》，第 250 页。
② 广东文物展览会编《广东文物》，第 250 页。
③ 广东文物展览会编《广东文物》，第 330 页。
④ 广东文物展览会编《广东文物》，第 246 页。
⑤ 广东文物展览会编《广东文物》，第 330 页。

约圣经》、客话《新约圣书》、马礼逊抄本《新约圣书》等几种用广东方言编纂的基督教文献,又有用广府话撰写的木鱼书班本十二种等,① 不知道这几件不大显眼、当时不值分文的文物,有没有湮没在芸芸名家的文献书画、革命遗物当中,而为大多数观者所忽略呢?

这就是1940年被展览出来的"广东文化"。

文化的展览

如同举办公共展览是一种由西方引入的玩意一样,文化成为一个特定的命题,被加上地域的界定,并进而以展览的方式表达出来,也是一个近代的发明。

在20世纪前半期的中国,以公共展览作为表现一时一地的文化或经济实力的手段,不论在形式或内容上,都可以说还是一种新鲜的玩意。就形式而言,同许多其他来自西方的新鲜事物一样,展览这种意念和手段为国人所认识,如从1940年回溯,也不过是约半个世纪以前的事。一般言及世界上最早的公共展览,俱以1851年在伦敦举办的"大赛会"(Great Exhibitions)为滥觞。② 至19世纪末,伴随着许多其他西方的新鲜事物进入中国,时称"赛会"的展览活动亦渐渐为清朝的官员和工商人士所认识。在清末积极推动洋务的广东人郑观应,在向国人介绍西方各种促进通商的手段时,便注意到赛会不但可以"扩识见,励才能,振工商,兴利赖",更可在举办赛会期间,带动各种相关服务行业的生意,利国利民,"开院之经费抵以每人每日之游资,数百万金钱取之如寄,而客馆之所得,饮食之所资,电报、轮舟、铁路、马车之所费,本国商民所获之利,且什百千万而未已焉"③。

---

① 广东文物展览会编《广东文物》,第31、32、35页。
② Asa Briggs, *Victorian Things*, London: B. T. Batsford, 1988, Chapter 2.
③ 郑观应:《盛世危言·赛会》,载夏东元编《郑观应集》上册,上海人民出版社,1982,第731页。

早在光绪二年(1876),清廷已派员把一批中国工艺品送到美国费城参加"美国百年大会"。在中国的展品中,"尤奇者为一木床,其雕刻之功,细密异常,床帐以极细之丝织成轻纱,上绣花鸟草虫,穷极巧妙,费工数年,价值银洋数千圆。又一木床,雕刻花纹稍次,已有人购得,出资一千六百圆云。此两床乃广东所造,人工之巧,已可见一斑矣"①。1904年,中国又参加了在美国举行的圣路易斯(St. Louis)赛会。② 梁启超在赛会前夕游历新大陆,路经此地,悉北京政府所派副监督带来工人,因天气炎热,"裸体赤足,列坐门外,望比邻之游女,憨嬉而笑",以致遭当地警察弹压,不禁叹谓:"呜呼! 各省摊派搜括数十万金,以贾唾骂,是亦不可以已耶。"③中国之所以有能力出国参与这些赛会,是仰赖各地商人和省政府的财政支持。在后来某些国际性展览中,中国只有个别省份有能力派员参与,例如,1905年在比利时城市列日(Liege)举办的一次万国赛会(Universal and International Exhibition)中,代表中国参与的就只有五个省份,广东省是其中之一。④ 广东省的财政实力较其他省份雄厚,在后来国内举办的赛会中进一步表露无遗。1910年,中国首次工商赛会在南京开幕,广东省在本地商人和华侨的捐献下,在展览场地里搭建的展亭,不但远远大于其他各省,面积更等同展览场地其余面积的总和!⑤

入民国后,个别省份自行举办展览,或与邻近省份合办展览,推动工商发展,展示一地成就。此类展览,大多以推动工商发展为主要目标,

---

① 《格致汇编》,光绪三年(1877),《美国百年大会记略》,第4页。
② 《东方杂志》,第2卷,第9号,1905,《商务》,第96页。另见 *Illustrated London News*, 16 January 1904, p.77; 16 April 1904, p.577。
③ 梁启超:《新大陆游记》,载《饮冰室合集·专集》之二十二,中华书局,1936年重印,第88页。
④ 《东方杂志》,第3卷,第6号,1906,《商务》,第45—50页。另见 *Times* (London), 23 January 1905, p.6; 22 April 1905, p.10; 28 April 1905, p.3。
⑤ Michael Godley, "China's World's Fair of 1910: Lessons from a Forgotten Event", *Modern Asian Studies*, Vol.12, No.3, 1978, pp.517, 521。

但展示土产或国货的场合,也往往是表现地方色彩和国家意识的最佳机会,而在此时的国家意识的表达中,往往不会缺少的,是"革命"的话语。1929年2月,广州成立广州市市立博物院,其启幕宣言开宗明义地说:

> 革命将以刷新旧文化而产生新文化。吾华建国,肇自邃古,迄秦政定一尊,愚黔首,希图垂祀为万世,专制政体,于焉固立。自是以还,篡统易朝,循环搬演,一本嬴氏之遗策,越二千年而政体未尝少变。我□总理提倡革命,树义岭表,奔走四十余年,创建中华民国,亦越十有七年,复以民众武力,荡涤瑕秽,剪除反侧,而统一南北,训政开基。我广东为革命策源之地,总理诞降之省,际此自有历史以来未尝或有之盛会,能无伟大之纪念乎?吾广州市当局,乃有重修镇海楼之盛举,即假以为博物院之院址,阅三月而告成,谨于启幕之日,特为宣言,以告民众曰。①

广州市市立博物院的陈列主要分为"自然科学标本""历史风俗""美术"三部分,为了与"革命"这一主题互相呼应,博物院又突出"总理遗物"和"革命遗物"这两类展品。在1933年广州市政府举办的一次展览中,也有"革命纪念馆"之陈设,据时在中山大学任教的朱希祖在其日记中记载,他在该展览的古物馆中特别赏识多件书画文物,在革命纪念馆中也看到许多革命先烈的遗像与遗物。② 在随后的两三年,其他地方也举办过以地方文化为标榜的展览,如浙江吴中等地,就分别举办过两次地方文献展。③

---

① 广州市市立博物院编《广州市市立博物院成立概况》,天成印务局,1929,第1页。
② 《广州市政府新署落成纪念专刊》,1934,第302页。朱希祖的见闻,见《郦亭粤行日记》,收入《朱希祖先生文集》第6册,九思出版有限公司,1979,第3988(1933年2月18日)、3992—3993(1933年2月25及26日)、4015(1933年3月11日)、4022(1933年3月14日)页。
③ 杨千里:《广东文物展观后记》,载广东文物展览会编《广东文物》,第262页。

由此可见，1940年在香港举办的"广东文物"展览，在内容分类和展品选择方面，皆有迹可循，有例可依。不过，不可忽略的一个事实是，"广东文物"展览举办之时，广州已为日军所占，沦陷几近一年半。际此存亡危难之秋，知识分子撰文论及广东，都少不免会与抗战联系起来。在1939年1月出版的《东方杂志》上，时任西南联合大学教授的陈序经（1903—1967）发表《广东与中国》一文，一开始便说："广东在中国，无论在文化上，在抗战上，都占了很特殊与很重要的地位。"接下来通篇论述的，就是广东既是"新文化的策源地"，也是"旧文化的保留所"，更是"抵抗外侮复兴民族的根据地"等言论，为的是振奋"广东精神"，鼓舞人心，克复失地。①

　　当时，香港由于受英国殖民统治尚未被战火波及，成为内地人民特别是文化界人士的避难所。他们在避难之际，不忘集结力量，以笔锋御敌。"广东文物"展览会的筹办组织——"中国文化协进会"（以下简称"文协"），就是在这样的情势下于1939年9月17日，即九一八事变八周年纪念的前夕成立的。这个团结"教育界、学术界、文艺界、新闻界、戏剧界、电影界、艺术界、音乐界"等各方人士组成的协会，成员包括：时任香港大学中文系主任的许地山，时为国民政府立法委员广东省主席吴铁城秘书的简又文，岭南大学校长李应林，广州大学校长陈炳权；文化界方面尚有陆丹林、叶浅予、戴望舒；戏剧界包括粤剧名伶马师曾、薛觉先、著名导演、联华影片公司总经理罗明佑等二十多个理事，此外还有当时以"中华实业专使"身份来港的叶恭绰担当顾问。② 这个由文化人组成的"文协"，在抗战救亡的年头里，用举办文物展览的方式，来展示"广东文化"，最直接的目的，是要履行"文协"成立的使命。根据《大公报》

---

　　① 陈序经：《广东与中国》，《东方杂志》，第36卷，第2号，1939，第41—45页。

　　② 有关"中国文化协进会"的详情及其与其他抗日文艺组织的关系，参见卢玮銮《中国文化协进会（一九三九～一九四一）组织及活动》，载《香港文纵》，华汉文化事业公司，1987，第93—133页。

1939年9月18日报道，这个组织成立的目的是：

> （1）克服过去各自为战之缺点，使得有一共同会所交换意见，实行大团结。（2）保养中国新文化，保卫人类文明。（3）在此抗战建国过程中，在特殊意义之香港，集中大家力量，输送并供应国外文化入内地，做一国内外文化沟通站，直接服务祖国。

文协的顾问叶恭绰和理事陆丹林把这个目的表达得更为明确，他们分别说：

> 我们今日之所以要组织这个"中国文化协进会"是因为我们感觉到中国的文化到今天有切实的认真的发展之必要。
>
> 为着适应时代和环境的需要，联合文化界各部门工作人员共同大规模的组织，发扬光大祖国固有的文化，而和现代文化相沟通。①

由此可见，即使身处战乱环境，"文化"仍然是当时中国知识分子最核心的关怀。那么，到底文化是什么呢？"广东文物"展览会筹备委员简又文在其《广东文化之研究》一文一开头就这样说：

> 文化是人们心力创作的结晶。一时代有一时代的文化；一地域有一地域的文化；一民族有一民族的文化；各有其特色、特质、特征。②

在简又文看来，"文化"有新有旧，有传统有现代；可以保养保卫，输送发展；应该发扬光大，相互沟通。简又文的这些议论，定义了文化是什么，也划定了文化的时空界限，"广东文化"作为一个实体而存在，由此便有一番学理依据了。

这样的叙述及其背后的假设，是我们熟悉不过的，我们甚至可以说，

---

① 以上三段引文皆出自卢玮銮《香港文纵》，第95页。
② 广东文物展览会编《广东文物》，第652页。

到了今天，它已经成为许多人的思维模式和论述框架。自从"文化"这个概念逐渐变得普及以来，我们对它的诠释与运用，也不断地改变着。作为今天的学人，我们的认识不一定会比简又文他们那一代人"进步"。本书无意重新定义"文化"是什么，更不是要讨论"广东文化"为何物。我们要理解的，是60年前以至更早时期的人们，如何理解"文化"。

虽然在今天的学术讨论中，大家都尝试赋予"文化"这个词一个超越价值取向的意义，但人们在使用这个词语的时候，常常很难真正保持其价值中立的含义。在中文的语境中，"文化"是可以"拥有"的，某人"有文化"是指某人有教养；某地有文化，就意味着某地更文明和开化。中国文化不能给"文化"一个中性的定义，与"文化"和"文明"早在古籍里具备特定的意思有关。《易·乾·文言》云："见龙在天，天下文明。"疏："阳气在田，始生万物，故天下有文章而光明也。"《说苑·指武》曰："凡武之兴，为不服也，文化不改，然后加诛。"在这里，文德是相对于武力而言的，国家透过文字文章的熏陶，使人"明达"，使人"转化"。①

19世纪末以后，"文化"这个词逐渐被赋予了我们今天所理解的含义。正如其他许多日译西方词汇一样，先是日本人从古汉语的词汇中借用"文化"和"文明"这类词汇，来翻译西方的概念（英文即"culture"和"enlightenment"二词）。其后，中国的读书人又把这些词汇从日本移植到中国，"文明"和"文化"这类词汇在日本和中国迅速流行开来，在谭嗣同、黄遵宪、梁启超和严复的著作中，经常交替使用，② 并渐渐成为中国知识分子的习惯用语，甚至成为一个可以说是他们委身托命的理念。

然而，"文化"这个概念显然是充满歧义的。迟至1922年，梁启超撰写专文《什么是文化》时，一方面尝试去给"文化"下定义，另一方面也没

---

① 参见龚书铎《近代中国文化结构的变化》，载《近代中国与近代文化》，湖南人民出版社，1988，第21页。

② 参见龚书铎《近代中国文化结构的变化》，载《近代中国与近代文化》，第22—23页；Wang Gungwu, *The Chineseness of China: selected essays*, Hong Kong: Oxford University Press, 1991, pp.146-147.

有否认它的含混性，文章一开头就提出：

> "什么是文化？"这个定义真是不容易下，因为这类抽象名词，都是各家学者各从其所抽之象而异其概念，所以往往发生聚讼，何况"文化"这个概念，原是很晚出的，从翁特（Wundt）和立卡儿特（Rickert）以后，才算成立。他的定义，只怕还没有讨论到彻底哩。我现在也不必征引辨驳别家学说，径提出我的定义来，是："文化者，人类心能所开积出来之有价值的共业也。"①

既然要定义"文化"是这样困难，定义之后，其范围又宽泛得难以把握，那么，像简又文那样用空间的界限去限定一下——例如"广东文化"——似乎就可以使"文化"这个概念变得更容易掌握了。既然可以提出"广东文化"这个说法，也就表示中国存在着各种以地域单位为区分的文化体系。换句话说，既然有"广东文化"，自然也就有"湖南文化""河北文化"，当然也可以有"番禺文化""北京文化"，这就是简又文所说的"一地域有一地域的文化"的意思。

可是，由于什么才是文化，或什么才算是"某地文化"，就正如"广东文物"展览会和一切展览会一样，都是一个经过选取的结果，那么，一时一地的观念和习俗，在经过筛选之后，多少会反映出一套普遍的准则。广东文化之所以是"广东的"，自然有其独特性，但什么才是"文化"，则不免又是指那些具备某种共同性的事物；"广东"是独特的，"文化"却是具有共性的。对于逻辑上的这个矛盾，简又文并没有忽略，因此，他做出以下的调和：

> 但二千年来广东向为中国之一部，广东人亦皆中国人，广东文化亦素来是与全国一贯一致都属于一个大系统的，不是囿于一隅或离开汉族传统的。因此我们虽因简便而言"广东的文化"，其实应该

---

① 梁启超：《什么是文化》，载《饮冰室合集·文集》之三十九，第97—98页。

说"中国文化在广东"。①

广东文物展览会向世人展出的"广东文化"的种种面相，所要表达的，不就是这个看上去如同悖论一样的地域文化观念吗？本书从这种地域文化观出发，企图进一步追寻这样一种文化观念如何在具体的历史过程中建构起来，并在特定的历史场景中展现。我在开展这项研究中所持的核心理念、研究视角和基本思路，是从前辈学者有关近代国家与文化观念问题的许多精辟研究中得到启发而形成的，在开始进一步的讨论之前，有必要先就此做一点交代。

文化与文人

当代人类学者的研究，早已让我们明白，塑造文化并非文人的专利，目不识丁的乡民，同样在日常生活中参与文化塑造和建构。不过，有意识地"界定"一种文化，把"文化"视为己身的事业和终极关怀，并且有资源和能力去把这套定义形诸器物和文字的，恐怕只有文人才更有优势和发言权。历史学者能够追寻的，基本上是出于文人手笔的记录。虽然笔者一直尝试做出努力，去聆听不识字者的声音，但他们通过文人的笔墨渗透出来的声音，毕竟太微弱了，更免不了被文人润饰以致扭曲。这一方面是由于历史文献的局限，另一方面，也是因为"文化"这个命题，在定义上就是文人的发明。

从更深一层来看，何谓文化固然含混不清，到底什么人算是"文人"，在学理上也不易定义。文人应该用什么名称——"文人""士绅""儒生""士子""士大夫""读书人"，还是"知识分子"——这些名称之间的异同究竟何在？这本身就已经是一个问题。如何界定这种种称呼？以什么为标

---

① 简又文：《广东文化之研究》，载广东文物展览会编《广东文物》，第 658 页。

准——学历、职业、社会角色，抑或是自我赋予的某种责任感——更成为当代学者认为应该解决并且企图解决的问题。明显地，这些概念的含混性不是任何作者随便加个引号便可以回避得了的。

也许正是半个世纪以来中外学者基于不同的出发点从不同的角度对中国士绅的大量研究，制造了这些纠缠不清的认识。① 从事中国研究的学者大都认为，在传统中国，文化的传承主要靠拥有功名的士绅阶层实现。华盛顿大学的梅谷(Franz Michael)在1950年代综述了何炳棣和张仲礼等人的研究，指出传统中国有相当教育程度的精英分子［educated elite，或称为文人(literati)，或称为士绅(gentry)］，在国家与乡村社会之间扮演了中间人的角色。一方面，他们依照国家的政策，管理本地的公共事务；另一方面，他们在地方上又代表着平民百姓，向国家的官僚机构表达意见。士大夫也是国家核心意识形态的传播者，他们学之，信之，传之，并对自己这种"以天下为己任"的角色深信不疑。② 这种士绅研究的视角，一直为对广义的中国文化和中国基层社会感兴趣的研究者

---

① 卜正民(Timothy Brook)简要地回顾了近半个世纪以来欧美和日本学界对中国士绅的研究。他指出，1950年代以美国为主的中国士绅研究，大多竭力寻求士绅作为一个阶层的"本质"，缺乏历史脉络；1960年代日本以重田德为代表的中国士绅研究，更着重探讨士绅阶层的经济和社会基础；1980年代以降，历史学界普遍认同的研究取向更强调士绅阶层形成的过程，具体探讨他们如何在地方社会中，运用各种文化、社会、经济和政治资源，去确立和巩固自己的地位。见 Timothy Brook, *Praying for Power: Buddhism and the Formation of Gentry Society in Late-Ming China*, Cambridge [Mass.]: The Council on East Asian Studies, Harvard University and the Harvard-Yenching Institute, 1993, Introduction, "The Historiography of Gentry Studies", pp. 5-14。

② Franz Michael, "State and Society in Nineteenth century China", *World Politics*, Vol. 7, No. 3, 1955, pp. 419-433; Chung-li Chang, *The Chinese Gentry: Studies on their Role in Nineteenth-Century Chinese Society*, Seattle: University of Washington Press, 1955; Kung-chuan Hsiao, *Rural China: Imperial Control in the Nineteenth Century*, Seattle: University of Washington Press, 1960, p. 574, endnote 11 to chapter 3.

所承袭。① 至1990年，当周锡瑞（Joseph W. Esherick）和冉玫烁（Mary Buckus Rankin）编撰 Chinese Local Elites and Pattern of Dominance （《中国地方精英与支配模式》）一书时，刻意放弃士绅（gentry）、学者—官员（scholar-officials）和地主（landlords）等僵化的类目，而代之以"精英"这个概念。他们把精英视为在地方社会的舞台上能够行使支配权的人，由于不同的精英因应可用的资源采取不同的策略，所以，各种精英支配的模式也有很大的差异。尽管如此，各地的精英因为都在同一个中国历史和文化的脉络里行事，他们彼此也有很多互动和共同之处。② 不过，科大卫和萧凤霞认为，英文"精英"这个概念是颇为含混的，有时指有权力者，有时则指有地位者。曾在清朝拥有权力的家族，到了民国，其权力基础的认受性（legitimacy）受到挑战。权力基础的性质既因时而异，谁是或不是"精英"便没有一成不变的标准了。此外，太强调"支配模式"的"支配"成分，也未免把所谓"治于人"者看得太软弱被动，漠视了他们的主观能动性。③

考虑到上述各种有关中国士绅或士大夫研究的复杂性，当笔者在本书里使用"士大夫"或"知识分子"等词时，指谓的意义主要有两层。第一，与其说"士大夫"或"知识分子"指的是具体的人物，不如说是一种理想典型，一种当事人的自我认同。第二，这个标签也指谓那些以"士大夫"或

---

① 早年最著名的士绅研究，当然要数费孝通、何炳棣和上引张仲礼的著作，参见 Hsiao-tung Fei, *China's gentry: essays in rural-urban relations*, London: University of London Press, 1953; Ping-ti Ho, *The ladder of success in Imperial China: aspects of social mobility, 1368-1911*, New York: Wiley, 1964; 近年国内以士绅为主题的研究，有贺跃夫的《晚清士绅与近代社会变迁：兼与日本士族比较》（广东人民出版社，1994）；王先明的《近代绅士：一个封建阶层的历史命运》（天津人民出版社，1997）；西文论著则有周锡瑞和冉玫烁的 *Chinese Local Elites and Patterns of Dominance* (Berkeley: University of California Press, 1990)以及上引卜正民书。

② Joseph W. Esherick and Mary Buckus Rankin, "Concluding Remarks", in their co-edited *Chinese Local Elites and Patterns of Dominance*, p. 305.

③ David Faure and Helen Siu (eds.), *Down to Earth: The Territorial Bond in South China*, Stanford: Stanford University Press, 1995, pp. 8-11.

"知识分子"为楷模去塑造自己的形象与行为的人。这两层意义是互为表里的：社会上没有前一共识，人们也不会把追求这种人格形象和身份视为达致自己某种理想或爬上社会阶梯的重要途径；没有那些相信"士大夫"或"知识分子"作为一个统一群体的存在并由此而做出相应行动的人，这种共识也没有什么意义。这样的定义可避免研究者自以为是地寻求一种"客观"的标准，主观地把研究对象分类和定义，为谁"是"或"不是"知识分子下判断。其实，余英时在其《士与中国文化》的序言中，就"士"作为一个分析单元同时具备的两层意义论述得最清楚不过，他说：

> 本书所刻画的"士"的性格是偏重在理想典型的一面。也许中国史上没有任何一位有血有肉的人物完全符合"士"的理想典型，但是这一理想典型的存在终是无可否认的客观事实；它曾对中国文化传统中无数真实的"士"发生过"虽不能至，心向往之"的鞭策作用。……我们虽然承认"士"作为"社会的良心"不但理论上必须而且实际上可能超越个人的或集体的私利之上，但这并不是说"士"的"超越性"既不是绝对的，也不是永恒的。……我们所不能接受的则是现代一般观念中对于"士"所持的一种社会属性决定论。今天中外学人往往视"士"或"士大夫"为学者—地主—官僚的三位一体。这是只见其一、不见其二的偏见，以决定论来抹煞"士"的超越性。①

简单地说，在自认为"士大夫"的人中，背景可能各异，但"士大夫"作为一个理想的楷模这个观念却长期维持不变。事实上，在帝制时代，那些获得功名，以维护道统为己任的官僚学者，固然"是"士大夫；不过，好些没有功名的人，也会认为自己是"士大夫"的一分子，其身份也会得到当地其他人的认可，研究者不能因为他们缺乏某些"条件"而漠视其主观的认同。

---

① 余英时：《略说中西知识分子的源流与异同——〈士与中国文化〉自序》，载《文化评论与中国情怀》，允晨文化实业股份有限公司，1988，第122页。

晚清废除科举制度，并没有马上废除"士大夫"这个身份及其附属的意涵，废科举所标志的，其实是"士大夫"这个观念的分裂。正如施耐德（Laurence Schneider）指出的，"从此，中国年青一代受过教育的精英分子，一方面为了响应传统士大夫的评价，另一方面为了响应当时的社会压力，不得不重新定义自己。社会的功能、学人的责任、政治的角色——所有这些的定义都得受到质疑"①。

继承着传统的"士大夫"的观念，民初的读书人称自己为"知识分子"或"知识阶级"。他们竭力为自己营造一个有异于传统士大夫忠君卫道的自我形象，这个新的自我形象的内含，更多的是对学术独立的追求，对民众的关怀，以及对国家前途的忧心。尽管新一代的知识分子对自我身份的定义有上述几项特性，但正如面对"士"这个概念一样，我们仍然很难归纳出什么客观和清楚的标准，去判断谁才能算是"知识分子"。施耐德指出，夏丏尊早在1920年代就注意到所谓"知识阶级"的定义相当宽松，被归类为"知识阶级"的人，在就业和收入方面千差万别，不论是大学教授、艺术家、医生、小学教师、新闻从业员，或者是学生，都可以算是"知识阶级"。② 可见，虽然"知识阶级"或"知识分子"这个概念填补了传统"士大夫"的真空，却并不代表客观存在着一个很统一的社会阶层。

那么，有关"士大夫"或"知识分子"的讨论，和地方文化观念的形成又有何关系呢？本书的讨论将力图说明，"士大夫"或"知识分子"对自身的定义，直接影响到他们对地方文化的定义，他们对地方文化的认同和标榜，往往不是表彰地方文化本身，而是要显示地方文化如何代表他们

---

① Laurence Schneider, *Ku Chieh-kang and China's New History: Nationalism and the Quest for Alternative Traditions*, Berkeley: University of California Press, 1971, p.6.

② Laurence Schneider, *Ku Chieh-kang and China's New History: Nationalism and the Quest for Alternative Traditions*, p.114, 引丏尊，《知识阶级的运命》，《一般》，第5期，1928; Wen-hsin Yeh, *The Alienated Academy: Culture and Politics in Republican China 1919-1937*, Cambridge [Mass.]: Council on East Asian Studies, Harvard University, 1990, p.187.

的水平，如何体现国家文化。笔者也试图进一步论证，中国国家、省籍和族群身份的表述，到清末民初的时候已经形成一种有意识的表述，并且越趋于标准化。之所以会出现这种标准化的趋势，是因为建构这套表述的文人，不管属于哪一个地方，不论出自哪一个社会阶层，他们对自身和对中国的观感，都大同小异：他们都是在同一个中国文化的框框里，表述自己的地方认同。正如孔迈隆（Myron Cohen）所言："中国的传统精英都是文化买办，他们在社会取得崇高的地位，是因为他们符合了全国所接受的某套标准，同时也为地方文化所承认。"①列文森（Joseph Levenson）也说，读书人以本地书院的成就自豪，是因为书院反映了当地读书人的水平，能与全国的知识界并驾齐驱。钱穆的见解亦有异曲同工之妙，他认为：

> 在国外有一种错误的想法，那就是认为中国人的家庭观念和乡土观念太重，中国人的地方主义使他们容易受国家政权的控制。事实上，中国人以家庭和社区为中心正是中国人民对宗教和国家权力绝对化的反抗。一个国家的力量和一个文化的广度取决于人民对其乡土和家庭的眷恋。……过去这种社会产生了士人——乡绅、文人、解释价值观念的领袖。他们是人民和国家之间的沟通者。
>
> 士人文化统一了帝国的各族人民，并在他们各自的社区身上加上了一种思想意识——"礼"。只要他们的风俗习惯能被解释成符合于"礼"，他们就能被帝国所容忍和接受，这样也就达到了安定团结。②

钱穆在另一篇文章中又说：

---

① Myron Cohen, "Being Chinese: The Peripheralization of Traditional Identity", in "The Living Tree: The Changing Meaning of Being Chinese Today", *Daedalus*, Vol. 120, No. 2, 1991, p. 113.
② 邓尔麟：《钱穆与七房桥世界》，蓝桦译，社会科学文献出版社，1995，第117页。

> 中国人言社会，则尤重其礼俗。俗亦礼也，惟俗限于一时一地，礼则当大通于各地各时，其别在此。故中国言天下，而西方则仅言社会。①

钱穆对"礼"的意涵的这番解释，有助于我们明白中国地方文化论述中普遍性和特殊性并存的现象。中国读书人在描述地方的"俗"时，同时希望提倡的，是他们认为普天下皆通行的"礼"。于是，他们的天下观，直接影响到他们对自身和对自己的地方文化的定义。从清末到民初，中国读书人面对新的政治局势，不得不淡化"天下"的观念，制造并采用"国家"的观念；他们对地方文化的定义，也由是做出相应的改变。对于这个转变，列文森谈到1949年后中央与地方的文化关系时，认为中央政府之所以荫庇地方文化，理由是"中央和现代"，而不是"地方的和前现代的"②，实际上指的就是国家观念的兴起及其对地方文化的定义的影响，如何在1949年后得到延续。

从"天下"到"国家"

关于"天下"和"国家"这两个概念在近代中国的运用和诠释，已经有不少研究者论及。余英时指出，传统中国人注重文化意义的民族意识远过于政治意义的国家观念。③ 列文森也提供了一个很好的分析框架，帮助我们理解中国知识分子的国家观念从传统到现代的转变。必须注意的是，列文森开宗明义便指出，所谓"传统—现代""主观—客观"等二元分

---

① 钱穆：《礼与法》，载《晚学盲言》上册，东大图书股份有限公司，1987，第400页。
② Joseph Levenson, "The Province, the Nation, and the World: The Problem of Chinese Identity", in Albert Feuerwerker, Rhoads Murphey, and Mary Wright (eds.), *Approaches to Modern Chinese History*, Berkeley and Los Angeles: University of California Press, 1967, pp. 279, 282.
③ 余英时：《国家观念与民族意识》，载《文化评论与中国情怀》，第21页。

类,并非历史事实的真正分类和对立,而是一种提供解释作用的分类。传统之所以能够维持"传统"的地位,其实存在着一个悖论——传统是在演化和保存的二重奏中得以维持的,进行演化的是维护传统者,而为传统添上防腐剂的却往往是反传统者。因为反传统者为了唾弃传统,会将传统凝固在过去的时空,以示其不合时宜;维护传统者为了使传统生生不息,倒是会加以更新和修改。① 在是否将"传统"凝固化的意义上,列文森这样的解释是十分有见地的,甚至可以说完全颠覆了一般人对"传统"和"现代"的认识。沿着这种思路,我们可以说,在是否将"传统"凝固化的意义上,倡言孔教的康有为堪称改革家,而竭力打倒孔家店的胡适却是个泥古不化之士。从传统过渡到现代的转变,列文森是这样理解的:

> 这样一种文明的变化命运,这样一段广阔而复杂的历史,被浓缩在"天下"与"国"这两个概念的关系的变化中。②

任何尝试处理"天下"和"国"这两个概念在中国的意义的研究者,都会不约而同地引用顾炎武关于"亡国"和"亡天下"的名论,列文森和余英时也不例外。顾炎武在《日知录》中说:

> 有亡国,有亡天下,亡国与亡天下奚辨?曰:易姓改号谓之亡国,仁义充塞,而至于率兽食人,人将相食,谓之亡天下。③

顾氏这番话,清楚地说明了传统士大夫对"天下"和"国"的分别,正如余英时的进一步解释:

---

① 见 Joseph Levenson, *Confucian China and its Modern Fate*, Berkeley and Los Angeles: University of California Press, 1968, pp. xi, xxx-xxxiii, 此绪言部分并没有收入下引中译本内容。

② 译文引自列文森《儒教中国及其现代命运》,郑大华、任菁译,中国社会科学出版社,2000,第84页。

③ 顾炎武:《正始》,《日知录集释》卷之十三,岳麓书社,1994,第471页。

"天下"在这里是指整个中国文化而言的，所以"保天下"是每一个中国人的责任，而"国"则仅是指朝代，所以"保国"属于在其位的君与臣的事。用我们现代的话来说，"亡天下"是整个民族的文化价值的丧失，"亡国"不过是一个政权的崩溃而已。①

对此，列文森也有相类似的发挥：

"天下"与"国"形成对比，后者不只是意味着土地和人民，而且还包括对土地和人民所提供的武力保护。但天下则是一个文明化的社会的概念，其含义要比一种靠实际的权力所据有的政治单位宽泛得多。……

文化与道德，亦即整个价值世界都属于"天下"。……

近代中国思想史的大部分时期，是一个使"天下"成为"国家"的过程。"天下"的观念实际上是与儒家的"道"，亦即中国自身的主要传统紧密的结合在一起的。由于某种原因，当近代中国人被迫求助于外国的"道"时，将国家置于文化亦即"天下"之上，也就成了他们的策略之一。他们说，如果文化的改变有利于国家，那它就应该被改变。②

列文森在这里没有讲明的"某种原因"，其中一个应该是近代中国某些知识分子或改革家在企图改变他们的国家观念时，实际上考虑的是推翻清政府的统治。对于汉人来说，满洲人虽然是外族，但却没有破坏他们原来的道（即儒家的道），反而保存和发扬得很好。满人既然没有破坏道统，要质疑其统治的合法性，便只能从种族观念入手，重新定义"国家"的观念，结果是政治意识形态的转化。我们可以说，传统的天下观念实际上是一种文化主义，当演化为现代的国家观念时，民族主义便取代了文化主义成为新的政治理论的核心。

---

① 余英时：《国家观念与民族意识》，载《文化评论与中国情怀》，第21页。
② 译文引自中译本《儒教中国及其现代命运》，第86—88页。

梁启超在1902年发表的著名的《新民说》，是当时中国知识分子眼中"天下"和"国家"之别的最佳写照：

> 我民常视其国为天下，耳目所接触，脑筋所濡染，圣哲所训示，祖宗所遗传，皆使之有可以为一个人之资格，有可以为一家人之资格，有可以为一乡一族人之资格，有可以为天下人之资格，而独无可以为一国国民之资格。①

1910年，梁启超又发表了《宪政浅说》，为建立立宪政体铺路，尝试正面说明"国家"的定义：

> 立宪政体者，政治之一种也，而国家者，政治之所自出也，故知宪政之为何物，必当先知国家之为何物。②
>
> 然则，国家果何物乎？曰：
>
> 国家者，在一定土地之上，以权力而组织成之人民团体也。③

梁启超接着详细解释"土地""权力""人民"和"组织"等几个概念。其中，对于"人民"的理解，由于他没有也不必囿于反清的种族主义者的框框，所以他强调"人民不必有亲族血统之关系，徒以同栖息于一地域故，利害相共，而自然结合，谓之国民"④。梁的论述，似乎表示他已经充分理解近代西方"国家"一词的定义，并且期望透过立宪政体之建立与教育之普及，将中国人的国家观念转化为这样的认识。不过，由于原来中国"天下"的观念所包括的元素，除政体以外，还有其他更核心也更抽象的内涵——文化、道德和各种价值观，中国知识分子在以"国家"代替"天下"观念的时候，感到有必要重新定义和改造中国的道德和文化。关于道德方面，梁启超在《新民说》中早就阐述了，他极力提倡的"公德"，便是

---

① 梁启超：《新民说》，载《饮冰室合集·专集》之四，第6页。
② 梁启超：《宪政浅说》，载《饮冰室合集·文集》之二十三，第33页。
③ 梁启超：《宪政浅说》，载《饮冰室合集·文集》之二十三，第31页。
④ 梁启超：《宪政浅说》，载《饮冰室合集·文集》之二十三，第31页。

他认为"国民"应该具备的要素。

至于文化该如何改造，以充实现代"国家"的观念，则成为清末以来中国知识分子重要的关怀。"国家"这个概念是外来的，但中国之所以是"中"国，中国文化必须是独特的，必须是本土的。正是在中国知识分子重新定义中国文化时，地方文化的定义与改造也落入他们的视野之内。有些提倡打倒旧中国文化的人，认为应该进入乡村，走到群众中去，吸取新鲜的养分，改造中国文化；另一些同样自认为是建立现代和进步的中国文化者，却把地方文艺和风俗习惯摒除出文化之列，但求去之而后快。从文化"天下"到民族"国家"，从"士大夫"到"知识分子"——20世纪之交的中国读书人在重新定义自己身份的同时，也重新定义自己和国家及地方的关系。这个划时代的转变，不但是本书所研究课题的大背景，更可以说是本书讨论的核心所在。

从"国家"到"地方"

国家观念研究是近年来人文社会科学研究主要关心的课题之一。英国历史学家霍布斯鲍姆（E. J. Hobsbawm）著的 *Nations and Nationalism since 1780：Programme，Myth，Reality*（《1780以来的国家与民族主义：规划、神话与现实》，1990年初版），其与特伦斯·兰杰（Terrance Ranger）合编的 *The Invention of Tradition*（《传统的创造》，1983年初版），本尼迪克特·安德森（Benedict Anderson）著的 *Imagined Communities：Reflections of the Origins and Spread of Nationalism*（《想象的共同体：民族主义的源流与散播》，1983年初版）等，皆探讨了18世纪以来英法等民族国家如何透过各种国家象征、礼仪和其他活动的发明和实践，巩固人民心目中的国家意识。这几本著作都是研究国家认同、民族主义和民族身份必不可少的参考书，其共同之处，在于研究者都采取建构主义的取向。① 不论是有关18世纪英法等欧洲民族国家的研究，还是有关殖民主义和后殖民主义时代的亚非国家的分析，都认为"国家"这个概念不是本来就有的，而是透过仪式、教育、历史的写作等各种机制，细水长流地渗透在每一个人的心目中，影响着他们的信念与行为。在建构主义方法的影响下，许多原来看似牢不可破的概念，都备受质疑。什么叫"中国"和什么叫"中国人"，就像什么是"法国"和"法国人"一样，都需要研究者重新思考。在美国出版的著名学术期刊 *Daedalus*（《美国艺术与科学研究院杂志》）于1991年以"The Living Tree: The Changing Meaning of Being Chinese"（"做中国人"的意义的转变）为主题刊行的一组文章，讨论的就是这个问题。②

如果"国家"代表了一种抽象的、统一的、核心性的文化理念，具体生活在"地方"上的人群，便体现了实际的文化和生活习惯的差异。有差异是一回事，但这些差异是否为当事人和局外人所意识到，如何被严格地甚至僵化地按照所谓种族或地域去分类，如何拿来与抽象的国家文化理念比较，则视乎当事人或局外人在一时一地的认知和掌握了怎样的一套语言。由是，建构主义的视角，同样适用于探讨近代所谓族群问题。尽管韦伯在一个多世纪以前已经讨论到民族和国家意识的主观性③，陈寅恪在1940年代已辨明北魏胡汉之别，不在于种族而在于文化，④ 但以这样的命题为前提的民族研究，一直到二十世纪八九十年代，才成为学术界的主流。冯客（Frank Dikötteer）的 *The Discourse of Race in Modern*

---

① 有关建构主义的哲学讨论，以阿尔弗雷德·舒茨（Alfred Schutz）的论述最为深刻；相关的社会学理论以 Peter Berger 和 Thomas Luckmann 在 *The Social Construction of Reality: a treatise in the sociology of knowledge* （London: Penguin Press, 1967）中的综述最为简明和最常为人所引用。

② "The Living Tree: The Changing Meaning of Being Chinese Today", *Daedalus*, Vol. 120, No. 2, 1991.

③ Max Weber (edited by Guenther Roth and Claus Wittich), *Economy and Society*, Berkeley: University of California Press, 1978, Ch. V.

④ 陈寅恪：《唐代政治史述论稿》，上海古籍出版社，1997，第16—17页。

China（《近代中国之种族观念》）和柯娇燕（Pamela Crossley）讨论了中文和英文语境中"民族"和相关概念的意义转变；Crossley更特别提及中国历史叙述的撰写，如何受"民族"这个观念的影响，从而一直以来过分强调"汉化"这种单向及从上而下的文化渗透过程。① 韩起澜（Emily Honig）有关上海苏北人的研究，探讨了大城市中不同群体的相互标签。② 斯蒂文·郝瑞（Stevan Harrell）在中国西南的研究，突出了地方上的群体，在面对不同层面的教化手段和从上而下的族群分类时，如何发挥其讨价还价的力量。③ 简言之，时下历史学界和人类学界的族群研究，正在运用一套颇具颠覆性的语言，重新衡量王朝统治的影响力，重新思考所谓"边疆"和"中心"的位置，所谓"主体"和"客体"的相对性。研究者不再从僵化的族群标签和分类出发，去寻找这个或那个族群的特性和特质；研究者更重视的是这个或那个族群的自我意识和被他者赋予的标签的形成过程。这是一场无休止的对话，是统治者、被统治者、当事人、局外人、研究者和历史之间的对话。④

　　研究者对"国家"和"民族"等概念的质疑，也引导我们重新审视"地方"的定义。在探讨"中国何以为中国"的漫长学术之路中，"区域"曾一度被认为是一个很适用的分析单位。1960年代初，施坚雅（G. William Skinner）采纳新古典经济学和地理学的理论，提出结合市场层级系统和

---

① Frank Dikötteer, *The Discourse of Race in Modern China*, Stanford: Stanford University Press, 1992; Pamela Crossley, "Thinking about Ethnicity in Early Modern China", *Late Imperial China*, Vol. 11, No. 1, 1990, pp. 1-35.

② Emily Honig, *Creating Chinese Ethnicity: Subei People in Shanghai, 1850-1980*, New Haven: Yale University Press, 1992.

③ Stevan Harrell (ed.), *Cultural Encounters on China's Ethnic Frontiers*, Seattle: University of Washington Press, 1995; Stevan Harrell, *Ways of being Ethnic in Southwest China*, Seattle: University of Washington Press, 2001.

④ 有关中国族群问题的研究的理论探索，较近期的讨论见 Pamela Kyle Crossley, Helen Siu and Donald Sutton (eds.), *Empire at the Margins: Culture, Ethnicity and Frontier in Early Modern China* (Berkeley: University of California Press, 2006).

天然地理界线,将中国分为九大区域,利用区域研究的取向,分析中国经济和社会的整合。20世纪70年代以还,部分研究者相信,透过个别区域的个案研究的累积,中国整体的共性和发展趋势自然能够渐渐归纳出来。结果,以区域特别是以一省为单位的研究,尤其吸引了研究者的兴趣。

其后,区域研究取向的重心渐渐从着重区域经济和社会的分工与整合,转移到着重区域身份和意识的建构。戴安娜·拉里(Diana Lary)在其有关1925—1937年的广西军阀研究中,就特别注意到地方意识的兴起。萧凤霞在研究广东中山县小榄镇的菊花会传统时,更强调在区域政治经济发展的过程中,地方精英如何创造本地文化,以确立自己的社会地位和文化身份,同时又得以与国家的文化话语整合。① 其实,这类更着重局内人的文化认同和主观意识的探讨,实际上都迫使我们重新思考"区域"这个概念本身。英国历史学家彼得·伯克(Peter Burke)在检讨欧洲史的研究时,也提出这样的疑问:

> "区域"(region)这个概念实际上不像看起来那么清晰。我们有可能把欧洲各个区域逐一列举出来吗?如果不可能的话,[分隔区域的——引者]屏障到底有多大效用,便值得质疑了。最显而易见的划分单位是省份(provinces),正如法国在本书涵盖的年代[即1500—1800——引者]的晚期引入县制(departments)前曾经设置过的省份一样。那么,Brittany是否是一个区域呢?两者的区分并不在于行政划分,而在于文化差异。17世纪时,Haute-Bretagne地区是讲法文的,而Basse-Bretagne地区是讲Breton文的。然而,我们甚至可以在更基本的层次根据生态条件[这里指语言——引者]去分门别类。在Basse-Bretagne地区里,Cornouaille的人所讲的Breton方言,与Morbihan或Finistere的人所讲的Brenton方言的分别是可以听得出

---

① Helen Siu, "Recycling Tradition: Culture, History, and Political Economy in the Chrysanthemum Festivals of South China", in S. C. Humphreys, *Cultures and Scholarship*, Ann Arbor: The University of Michigan Press, 1997, pp. 139-185.

来的。那么，Cornouaille 能算一个"区域"吗？又或者，我们是否应该干脆把它和它属下的村子混为一谈？我们甚至可以无穷无尽地划分再划分，一直划分到家庭甚至个人为止。有什么理由足以阻止这样的划分呢？即使我们采用其他划分的标准，或者以其他区域为对象，也不过是重复同一个故事而已。①

对于我们来说，Brittany 这个地方可能离我们很遥远，但它繁杂的方言景观和由此引起的"分区"的困难，对于我们来说并不陌生。中国各地方言的复杂性，可说是有过之而无不及，按方言划分中国的区域，结果肯定也是无穷无尽的。

明显地，基于以上的认识，我们今天在处理所谓"区域史"时，目的绝对不是提出"新"的或"更正确"的划分，而在于明白过去的人怎样划分，在于明白这段"划分"的历史。在这里，历史至少有两种含义。第一层是人们对自己所认同的地域文化所制造或本就熟悉的历史叙述，这样的叙述表现了叙述者的主观信念，是事实和传说的择取与结合，掺杂着叙述者个人的好恶和偏见。第二层不可忽略的历史，是这类历史叙述的构造的历史。我们在理解国家观念和地域认同的建构过程时，必须把它置于一个更宽阔的框架中理解。要研究这段制造历史叙述的历史过程，我们要问的问题是：为什么人们在为自己寻找和定义地域身份时，要建构这样一段历史？他们选取了什么内容？如何建构？更重要的是，谁建构？当问到"谁"的问题时，实际上也就是在问，谁有这样的文化和经济资源，去写作和刊行这些历史，使之得以流传后世，成为"事实"。

换句话说，把广东文化视为一个实体来看，无疑有它的一段发展的历史；不过，如果我们把"广东文化"作为一个命题、一套表述来看，这个命题或表述的建立，本身也有一段历史。某种"文化"得以被定义和宣示，实际上得经过一个建构的过程，是各种势力讨价还价的结果；这个

---

① Peter Burke, *Popular Culture in Early Modern Europe*, Hants: Scolar Press, first edition 1978, revised reprint 1994, p. 52.

定义和再定义的过程是连绵不断的，备受不同时代的知识结构、权力和政治的变动规范。

地方与中央

以上的讨论侧重在理念和意识形态的层面上，要理解中国地方文化认同和国家观念的互动，当然不能忽略地方与中央政权之间的政治和经济关系。从清末到民国，广东与中国的关系，可以说是前所未有的紧密；不过，广东与中央的关系，在某种意义上，也可说是前所未有的疏离。晚清革命分子出于对清政府不满，有提倡广东独立之说。民初军人当权，1928年国民政府北伐胜利，也只不过是达致名义上的统一，广东地方实力派仍以种种形式与中央权力抗衡，这是广东地方与中央政府疏离的表现；不过，同时，在晚清提倡变革的仁人志士，建立中华民国的革命元勋，以及北洋政府和广州国民政府的官僚中，不少赫赫有名者都是广东人士，则广东人与中央政治的关系，又不可谓不密切。广东省和广东人在中国政治地位的变化，在很多方面皆影响到广东士大夫或知识分子对地方文化和国家观念的定义。

广东地处中国南隅，自秦汉以来已设郡县。不过，长期以来，北方人都视南方为蛮夷之地，北方的官员和士子来到广东，所见所闻所记多为猎奇异趣之事。广州虽自汉唐以来便是中外海上贸易的重要口岸，但真正带动珠江三角洲整体经济发展的，却是明代以后中国与西方国家贸易的兴起与大规模的沙田开发。地方豪强运用王朝正统的文化资源，把自己在地方上的地位和势力，建立在王朝秩序的框架之中，经济实力与日俱增，从而有足够的文化资源，遵从甚至参与建立正统的礼治秩序。①

---

① 相关讨论见 David Faure, "Becoming Cantonese, the Ming Dynasty Transition", in David Faure and Tao Tao Liu (eds.), *Unity and Diversity: Local Cultures and Identities in China*, Hong Kong: Hong Kong University Press, 1996, pp. 37-50。科大卫、刘志伟：《宗族与地方社会的国家认同——明清华南地区宗族发展的意识形态基础》，《历史研究》，第3期，2000，第3—14页。

就行政管治而言，岭南自秦以后，即已入中国版图，但在行政规划上，广东自成一行政体系经历了一个历史演变过程。秦始皇公元前225—224年平岭南，设桂林、象、南海三郡，今广东省境大部分地区属南海郡，治所在番禺。汉初，南越王赵佗割据岭南自称为帝，汉武帝平南越后，分岭南为南海、苍梧、郁林、合浦等9个郡。三国时，吴始分交州置广州，以番禺为州治，辖今两广地区之大部。唐代时，全国分为10道，岭南道是其中之一，后再划分为岭南东道（治广州）和岭南西道（治邕州）。宋初在岭南置广南路，后又把广南路分为广南东路和广南西路，治所分别在广州和桂州。元朝，在今广东境内分设广东道和海北海南道，广东道属江西行省管辖，海北海南道属湖广行省管辖。明洪武二年（1369），在广东等处设行中书省，并将海北海南道改隶广东，广东成为明朝十三行省之一。近代广东的行政与地理区域由此成为定制。清沿明制，至道光时，广东全省辖广州、韶州、南雄、惠州、潮州、肇庆、高州、廉州、雷州、琼州等10府，以及罗定、连州和嘉应等3个直隶州。①

然而，行政区划的一体性并不意味着文化上的一致性。广东省内方言和文化千差万别，以广州为中心的中部和西南部主要操粤语，东部和北部则以客语为主，潮州府地区则是潮语和客语的天下。这三种方言又有许多变种，比如说，在新会、恩平、开平和台山流通的四邑话，虽被归类为粤语，但却不是广府其他州县的人士所能听懂的。此外，还有当代被归类为少数民族的语种，包括黎、苗、瑶、壮和畲等，使广东省的语言地图显得更错综复杂，而当地人的自我分类和自我认同，更非语言学家以旁观者的身份所能主观概括的。

自17世纪以来，广东因其特殊的地理位置，成为中国与外部世界交流和冲突的中心。19世纪后发生在广东的许多政治事件，也凸显了中央和地方之间的利益冲突。鸦片战争时，朝廷严禁鸦片的政策，损害了广

---

① 道光《广东通志》卷三—七，1988年重印版。

东行商和沿海借中外贸易为生的各行各业的利益，广东上下弥漫着支持弛禁的空气，在官员向朝廷报告广东的情况的奏折里，"汉奸"之说触目皆是。咸丰年间，一方面有红兵之乱，另一方面又面对第二次鸦片战争的炮火，频繁的动乱和战事，皆显示出清朝国家力量之疲弱，在地方士绅的组织下，广东各地纷纷组织团练以自卫。这些团练组织得到政府的认可，地方以维持国体的名义，保护了自身的利益。第二次鸦片战争的失败、两广总督叶名琛被俘后客死异乡，以及广州城落入英法联军之统治几近三年等经历，至同光年间，广东人仍记忆犹新，既然中央无力，地方只能靠加强军事化建设来维持本地的秩序。

19世纪下半叶，广州过去因独口通商而取得的贸易地位，渐渐为香港、上海等新开商埠所取代，加上地方动乱频仍，不少广东商人都把投资转移或分散到上海、香港及东南亚等地区。在广州贸易地位下降的同时，广东商人和足迹遍及海外的人士数世纪以来对西方贸易运作和社会制度的认识，又成为为中国带来变革的主要动力来源。各阶层的广东人纷纷到香港、东南亚和北美，或经商，或求学，或当买办，或充苦力。这些联系对日后广东及中国的政治和经济发展都产生了相当的影响。①

晚清广东读书人所经受的社会和政治变迁，重新塑造了他们的国家观念和地方意识。不论是革命分子、政府官员，抑或是地方士绅，都在重新定义一省的政治地位。革命分子鼓动人们对地方的感情，呼吁各省脱离清政府统治。据说，孙中山就曾经提出要在两广独立成立共和国。②梁启超也曾论及广东"民族与他地绝异，言语异，风习异，性质异，故其人颇有独立之想，有进取之志"，他认为，他日中国若"有联邦分治之事"，广东必为首倡者之一。③ 康有为的学生欧榘甲（1870—1911），1901

---

① 罗香林：《香港与中西文化之交流》，中国学社，1961；Carl Smith, *Chinese Christians: elites, middlemen, and the church in Hong Kong*, Hong Kong: Oxford University Press, 1985.

② 陈锡祺主编《孙中山年谱长编》，中华书局，1991，第83页。

③ 梁启超：《中国地理大势论》，载《饮冰室合集·文集》之十，第84、90页。

年在旧金山的华文报刊上发表《新广东》一文,就提出"广东自立"的主张,强调广东具备自立的特质。必须指出的是,虽然欧榘甲用了"独立国"这样的字眼,并且从捍卫广东人的身家性命和财产的立场出发,大呼"广东者广东人之广东也,非他人之广东也。广东为广东人之广东,非他人之广东,是广东人者,为广东之地主矣",然而,在当时的语境中,欧"提倡自立"更重要的原因,是国民当时"日呻吟于专制政体之下,不得平等自由,登进文明之路",所以"早宜树独立旗,击自由钟",脱离清廷的统治。因此,欧最后强调,他提倡各省自立,绝不等同于瓜分,"我之倡一省之自立,以刺激各省自立之心,为各省自立之起点耳,岂与瓜分同哉!即以瓜分论,中国自分之,中国自合之,亦易事耳"①。1905年,在汕头出版的《岭东日报》连载了一篇题为《广东魂》的论说文章,回顾了数千年来广东的政治、文化和经济的发展历程。该文作者有感而发地说:"望夕照之残图,江河欲下,我粤民曾亦振刷心神,认定广东人之广东否乎?"②可见,欧榘甲"广东者广东人之广东"的口号,随后几年在本地的报刊上也得到共鸣。

　　太平天国对清政府最致命的冲击是引致地方军事和财政力量膨胀,晚清改革(1900—1911)推动君主立宪及设立各省议会,多少是要在制度上承认这个分权的事实。中央政府为了重新确立其统治权威,有意识地把部分行政权力分割与地方。此举过去并非没有先例,不过,在中央和地方层次上推行选举,至少在名义上以部分民意为依归,在中国历史上却属创举。在议会制度下,一省一县的地方士绅对地方事务的参与得以制度化,在法理上的地位甚至和中央委派的官员平起平坐。

---

① 欧榘甲:《新广东》,收入张枬、王忍之编《辛亥革命前十年间时论选集》,生活·读书·新知三联书店,1960;1902年,梁启超在日本横滨创办报社,再次刊行欧榘甲的这篇文章。另参见 Edward Rhoads, *China's Republican Revolution: the Case of Kwangtung, 1895-1913*, Cambridge, [Mass.]: Harvard University Press, 1975, pp. 47-49。

② 《广东魂》,《岭东日报》,光绪三十一年正月二十日(1905年2月23日)。

从上而下的宪政改革让地方领袖名正言顺地表达和维护地方自身的利益。在1905—1906年的粤汉铁路事件中，广州商人和士绅与在京师的粤籍官员合作，在粤汉铁路粤段的财政和管理事务上，与两广总督岑春煊（1861—1933）势成水火。广东绅商希望自行投资和管理铁路，但岑春煊却打算收归官办。① 岑春煊和广东绅商的矛盾，在报章上表现为广东人与外省人的冲突。1906年《华字日报》提出，广东重要的官职，应由粤人自己出任。② 1910年同一份报章的评论，认为历任的两广总督之所以对粤人粤事麻木不仁，是因为他们皆来自外省。③ 一时之间，广东的舆论充斥着"粤人治粤"的口号，省籍身份，也倏然间成为重要的政治资本。

辛亥革命后，广东人在中央政治舞台上的角色举足轻重。以孙中山为首的广东籍革命领袖，固然不在话下，广州军政府亦几乎是广东人的天下，"粤人治粤"的主张，可说是在一个非制度化的情况下实现了。其后，孙中山辞退总统一职，让位于袁世凯，袁在北京就任，另组内阁，其中广东人亦占了不少重要的位置。1917—1927年，广东成为孙中山领导的国民政府部署北伐的总部。尽管孙中山志在统一大业，以总统自居，但少不免得倚靠地方军事力量。在1920年代提倡"粤人治粤"和在惠州拥有强大的军事力量的陈炯明，就是在这样的情况下与孙中山合作至1922年才决裂的。

1927年，国民政府北伐成功，在南京成立政府，广州一下子从"中央政府"总部的地位，落得只剩下"模范省"和"革命圣地"的虚名。不过，由于广州长期是国民政府的基地，在国民政府和国民党的要员中，广东人一度占据相当重要的位置。凭借与孙中山的关系，国民党粤籍成员如

---

① Edward Rhoads, *China's Republican Revolution: the Case of Kwangtung*, 1895-1913, pp.91-92；陈玉环：《论一九〇五至一九〇六年的粤路风潮》，载广州市文化局、广州市文博学会编《羊城文物博物研究：广州文博工作四十年文选》，广东人民出版社，1993。

② 《华字日报》，1906年5月4日，1906年11月30日。

③ 《华字日报》，1910年1月19日。

孙中山的儿子孙科（1891—1973）、革命元老邹鲁（1887—1975）等人，在多次事件上，都与以蒋介石为首的江浙集团抗衡，彼此关系紧张。广东政界中人与中央政府的关系，更多是貌合神离。

1930年代，广东实际上由军人陈济棠统治。陈虽然是以在广州成立的国民党中央执行委员会西南执行部和国民政府西南政务委员会的常务委员的身份，来合法化他对广东党政军的领导，但实际上他对南京国民政府阳奉阴违。西南各省和广东政治领袖所代表的国民党派系，一直与蒋介石有矛盾，1931—1936年历任广东省政府主席，都愿意和陈济棠合作。直至1934年，广东省政府的几个重要职位，包括民政厅厅长、财政厅厅长和教育厅厅长，都由陈济棠的亲信担任。① 直至1936年，南京政府在其他广东将领的协助下将陈济棠推翻，广东才重归南京控制。未几，抗日战争爆发，广州在1938年10月沦陷，省政府迁至曲江，文化人士除了去曲江，也有不少逃难到香港，"广东文化展览会"就是在这样的情况下办成的。1945年8月，日军投降，广东省政府迁回广州，正式归南京政府管辖。

事实上，民国时期的中国从来没有达致真正的统一，广东省的政治角色，在和中央政权的互相牵动中或升或降。有时候，广东"是"中国；有时候，广东只能守住它作为省的本分。当国民政府以广州为北伐基地时，广东"是"中国；当国民政府北伐胜利建都南京后，广东失却它的"中心"位置；而所谓"广东政府"，实际上也管不了整个广东。与此同时，不论是机缘巧合，还是出于裙带关系，民国时期不少积极参与"建造中国"的文人政客，都来自广东。他们不仅努力组织实体的政府，还构想抽象的理念，甚至设计了许多影响到日常生活和行为、仪式和建筑的事物。

---

① Lloyd Eastman, "Nationalist China during the Naking decade 1927-1937", in Lloyd Eastman, Suzanne Pepper, and Lyman Van Slyke (eds.), *The Nationalist Era in China 1927-1949*, Cambridge: Cambridge University Press, 1991, pp. 11-52; 广州市政协文史资料研究委员会编《南天岁月：陈济棠主粤时期见闻实录》(《广州文史资料》第三十七辑), 广东人民出版社, 1987, 第14页。

他们在国家政治舞台上的活动，对他们为自己的地方塑造出来的广东文化，亦留下了深远的影响。

辛亥革命后差不多半个世纪期间，广东内部四分五裂，与中央关系貌合神离，这样的政治分离到底有没有导致广东的政治和文化精英产生一种强烈的与国家对立的"省籍意识"？笔者可以在这里先给出答案：没有。实际情况恰恰相反。广东与国家的政权和文化距离越远，广东的政客和文人越积极论证他们的地方文化与国家文化有着同根同源的关系，这个悖论贯穿了中国历史上中央与地方的关系，也是本书的主题所在。

本书的主题与结构

如果"区域"的边界是这样的模糊不清，"文化"是如此的包罗万象，"士大夫"的标签又是理想模型多于真实写照，那么，本研究如何落实到具体的人和事上去呢？

近年来，有关"地方文化"的研究和讨论已是汗牛充栋，蔚为大观。笔者才学疏浅，无意加入这种有关"地方文化"的讨论之中。因此，在简要地说明本书的主题之前，笔者也许有必要在这里画蛇添足地澄清它"不是"什么：

首先，本书不是一个关于地域文化的研究。如果读者指望在这里得到"广东文化是什么？"的答案，肯定是要失望的。相反，大凡回答"广东文化是什么"的尝试，都是本书的研究对象，也可以说是本书的起点，而不是它的最终关怀。

其次，本书不是一个纯粹的"观念史"研究。它尝试从文献出发，立足于有关人物的具体活动，理解他们如何界定和使用"广东文化"这个概念。

最后，本书不是一个地方史的研究。"广东"，在这里只是一个个案，本书企图实现的，是提出一个便于理解晚清以来中国地方文化观的形成过程的分析框架。

正面地说，本研究企图以"广东文化"为例，尝试把清末以来中国的"地方文化"视为一个命题、一套表达的语言来看，探讨在不同的时代，在怎样的权力互动下，不同的内容如何被选取填进某个"地方文化"的框框。本书一开始便指出，所谓"广东文化"的定义，并非历来都是一个样子的，什么才算"广东文化"，视乎当时的人怎样去定义；更重要的是，在怎样的历史文化环境里，哪些人有权力和资源去定义。

前面已经提过，简又文关于广东文化的表述——"广东文化是有其特色、特质和特征的，但广东文化是中国文化的一部分，所以，广东文化体现的就是中国文化"——既是本研究的出发点，也是本研究的终点。如果用回溯的方法去说明本书的思路的话，本书试图论证的，就是今天我们耳熟能详的"广东文化"的叙述方式或框架，是在20世纪30—40年代确立的，其形成过程大约始于19世纪20—30年代。换句话说，本书的讨论，主要集中在19世纪20年代至20世纪40年代。这一百多年的历史的连续性，不但体现在"广东文化"这个命题在叙述层面上所发生的关键性变化，更体现在牵涉其中的历史人物之间的师承、地缘和其他人际关系。"广东文物"展览会挑选的实物和简又文的研究，刚好在这百来年的历史长河中起着承先启后的作用。不论是展览实物还是研究文献，其代表的都不纯粹是客观的"事实"，而是一种信念。支撑这种信念的，是一套在20世纪40年代就已经发展得相当成熟的论述地方文化的模式。这套模式既是读书人的创造，同时也透过各种管道广为传播。

概括地说，这套近乎标准化的叙述地方文化的模式，就清末以来的广东而言，主要包含以下几方面的主题：

一是思想文化与学术成就。论者既要彰显岭南思想文化开风气之先，又不忘坚持岭南文化秉承中国学术之正统。是故，大凡讨论广东文化，总要上溯至惠能、张九龄、陈白沙、湛若水；中贯之以汉学大家陈澧及主张汉宋调和的朱次琦；下则以康有为、梁启超、孙中山为英杰。

二是以中原汉人血统认同为依归的族群（又称"民系"）划分。当代大凡讨论广东文化，除了把广东文化划分为"汉族风俗文化"和"少数民族风俗文化"两大类外，更根据方言分为"广府"（粤）、"客家"和"潮州"三大族群；① 同时，有关各个族群的历史和文化特征的论述和求证，皆以证明该族群文化具有正宗的汉族"血统"和文化渊源为指向。

三是民间的风俗习惯。岭南地区婚姻、丧葬、节令、饮食等种种习俗，过去被鄙视为蛮风陋俗，后来逐步提升为"广东文化"的重要组成部分。尤其是方言文学，尤以广府话为"广东方言的老大哥"，木鱼书、南音、粤曲、咸水歌等，更有逐渐被捧至可登大雅之堂的势头。近年来，潮州、客家的民俗文化研究亦不为人后，大有后来居上之势。

这种今天我们耳熟能详的"广东文化"的基调，约在20世纪上半期成型，本章从1940年举办的一次"广东文物"展览会所表现的事实与观念谈起，就是因为这种基调在展览中得到了集中的体现。本书的论述企图解释过去一百多年来广东文人如何在地方关怀和国家意识的二重奏中调校出适合的调子，加入自己的声音，界定自己所认同的地域文化。

本书的结构，大体围绕以上三方面的内容搭建。就第一个主题而言，本书以晚清广东学术发展和地位为考察对象，讨论全国性的文化主流如何在广东这偏隅之地借着研究机构的建立而得以巩固，当与文化息息相关的教育机制发生变化后，原来掌控教育资源的地方读书人又如何调适或营造自己的空间。进入民国之后，族群划分的观念，如何伴随着以民族主义为后盾的新的国家观念形成而崛起，随着新兴的人文社会科学学科的兴起，读书人如何通过以民族主义为前提的民俗学视角看待地方文化，这部分的讨论，实际上也涉及上述第三个主题。

就第二个主题而言，本书利用了清代以来广东地区的方志、文集、游记、乡土教材等文献，探讨读书人如何在文化地理的层面上界定"广东"，这个定义又如何因为清末西方种族观念的输入，而被进一步修订和运用。到了1940年代末，经过数十年新的国家观念的洗礼后，新编地方

---

① 据闻，以"帮助广大读者系统地了解岭南的历史文化，认识其过去和现在"的大型丛书《岭南文库》，就有"为广东三大民系立传"的设想。参见谭元亨《为岭南三大民系立传的可喜开端》，《广州日报》，1997年5月9日。

志在语言和内容上,又如何表述国家观念和地方意识。

上述第三个主题所涉及的问题,还包括方言在地方和国家文化中的地位。本书专门辟出一章,以广府方言文献为主要材料,集中讨论晚清至民国初年方言文献在广府地区的发展和运用,考察其地位在清末民初随着现代国家概念在中国的兴起而经历的微妙变化。

从时间跨度来说,本书第二章至第四章主要讨论的时期,约始于清道光年间,迄于清末民初;第五章和第六章着重讨论1920—1940年代。由于师承、地缘和其他人脉关系,各种书籍和印刷品或新兴出版,或重复刊行,"广东文化"的定义衍变,从清道光年间至1940年代,既有许多继承和重叠的部分,也有许多新增或重新诠释的内容。

换个角度说,考察晚清以来中国地方文化观之演变,实际上也是在探讨中国读书人自我身份(self-identity)的定义的转变,从晚清到民国,中国读书人的安身立命之所从"天下"转移到"国家"。本书通篇要论证的就是,恰恰由于中国读书人的这种特性,使得中国的国家观念和地域文化观的论述之间,始终保持着一种辩证关系,研究者不能用简单的二元对立观来视之。在最后总结的一章里,笔者尝试重新思考几个与研究中国近代地方文化观有关的概念——地方、国家、文人、文化,同时提出日后研究中国地域文化的形成过程中几个值得注意的方向。笔者期望,本书点出的几个与近现代中国地方文化观念形成有关的命题和历史转折点,是具有普遍意义的,尝试为研究清末民初各省各地的地方文化观的形成过程,提供一个可供参考的研究框架。当然,笔者更希望的,是关于其他地方的研究成果,能对这个分析框架做出批判,并加以充实和完善。

第二章　岭外入中国

要阐发一个地方的文化，最常见的手段莫过于阐述这个地区的历史。不过，在中国，历代地方史的叙述，所强调的与其说是"地方"的历史，不如说是"国家"的存在如何在地方上得到体现的历史。在这个意义上，"国家"的含义既是具体的典章制度，也是抽象的意识形态，而所谓"地方史"的叙述，实则又是通过对本土风物的描画和对本地人身份的界定来达致的。地方史所叙述的，是如何把地方上具体的人和物，与人们观念中的国家文化和国家象征联系起来。广东可以说是一个很好的典型。广东在地理上僻处岭外，历代都被视为蛮荒之地，但也正是因为这样，汉以后一直到今天的地方文献，都总是要特别强调这个地区与"文明"的中州文化的联系。经过一代又一代学者建立起来的广东地方历史叙述，就是广东这个岭外荒服之地，逐步文明开化，在文化上成为中国一个重要部分的历史。

我们借以建立这样一个历史解释所依据的材料，主要是书写和印刷的文献。这些史料大多出自读书人之手，它们主要反映的，是读书人的地方文化观。尽管我们尝试把视线往下移，企图在通俗的出版物里，在寻常百姓家中，搜寻其他线索，探讨读书人以外的人的观感，不过，一旦考虑到中国社会对文字的崇拜以及士大夫文化广泛的影响，我们就不得不有所警惕，时刻提醒自己，那些所谓"下层"的文字材料，往往体现的仍然是士大夫主导的书写传统所表达的天下、国家和地方文化观。①

界定粤人

广东简称"粤",因而广东人也就被称为"粤人",据说,这个名称来自古代"百越"之"越",因为"粤"与"越"通。明代广东学者欧大任著有《百越先贤志》一书,辑录自周至唐百越先贤百余人的传记,意在彰显百越"阳德之盛,钟为人文"的传统。他以一句"粤、越,一也",就把岭南纳入了古代越文化传统之中,不失巧妙。不过,尽管在许多古代文献中,"粤"与"越"的确通用,如《史记》中用"越"字处,《汉书》多用"粤",但是,在大多数文献中,用"粤"字与用"越"字所指往往各有侧重。"粤"多指五岭之南的地区,而"越"则指古代属扬州的百越地区,其地理范围包括了今浙江、江西、福建、两湖、两广地区。欧大任在《百越先贤志·自序》中说:"粤、越,一也。《禹贡》、《周·职方》扬州,外境五岭,至于海,尽越之南裔。"②给人的印象是,岭南地区在《尚书·禹贡》和《周礼·职方》的记载中已经属扬州之地,但其实不然,欧大任用了这样模糊的语言,把岭南划入了古代扬州,也就很顺理成章地把岭南之粤与江南之越混而为一了。

在中国古代文献中,南方的"越人"据说是夏禹六世孙少康之庶子无

---

① 有关文字传统和口述传统的相互影响,可参见英国人类学家杰克·古迪(Jack Goody)的研究,如 the Domestication of the Savage Mind (Cambridge, New York: Cambridge University Press, 1977), Logic of Writing and the Organization of Society (Cambridge, New York: Cambridge University Press, 1986), 及其编著的 Literacy in Traditional Societies (Cambridge, Cambridge University Press, 1968)。在 David Johnson, Andrew Nathan, Evelyn Rawski 合编的 Popular Culture in Late Imperial China (Berkeley: University of California Press, 1985)的多篇文章中,也谈到士大夫传统如何借着小说戏曲等媒介广泛流传,例子见 Barbara Ward 的"Regional Operas and Their Audiences: Evidences from Hong Kong"一文。

② 欧大任:《百越先贤志·自序》,《丛书集成》版。

余的遗裔①，这是一个把百越与华夏正统联系起来的传说。因此，如果岭南的粤人也是百越之一，其渊源自然也就同样与华夏正统连上关系了。不过，在这个传说中的百越，虽然是夏禹之后裔，但自无余封于越之后，"文身断发，披草莱而邑焉"②。所以在后来从中国之地看过去，其后裔仍然是"蛮夷"。③于是，"越"也好，"粤"也好，在历代文献上，总是含有未开化义涵的名称。而循着无余封于越的传说的逻辑，百越之地与华夏文化正统的联系，就总是通过绵延不绝的中原移民来维系和不断加强的。特别有趣的是，在这种历史解释的逻辑中，前代的移民到了岭外，历年久远，就会逐渐蛮夷化，而新来的移民再带来中州之风，把岭外带回中国。基于这种历史观，在清代初年，广东著名学者屈大均写《广东新语》的时候，就"粤人"的身份问题，做了一番非常精彩的议论，他说：

> 自秦始皇发诸尝逋亡人、赘婿、贾人略取扬越，以谪徙民与越杂处。又适治狱吏不直者，筑南方越地。又以一军处番禺之都，一军戍台山之塞，而任嚣、尉佗所将率楼船士十余万，其后皆家于越，生长子孙，故嚣谓佗曰，颇有中国人相辅。今粤人大抵皆中国种，自秦汉以来，日滋月盛，不失中州清淑之气，其真劗发文身越人，则今之猺、僮、平鬃、狼、黎、岐、蛋诸族是也。夫以中国之人实方外，变其蛮俗，此始皇之大功也。佗之自王，不以礼乐自治以治其民，仍然椎结箕倨，为蛮中大长，与西瓯、骆、越之王为伍，使南越人九十余年不得被大汉教化，则尉佗之大罪也。盖越至始皇而一变，至汉武而再变，中国之人，得蒙富教于兹土，以至今日，其可以不知所自乎哉。④

---

① 赵晔：《越王无余外传第六》，《吴越春秋》卷六，《四部备要·史部》据古今逸史本校刊本，中华书局。
② 司马迁：《越王句践世家第十一》，《史记》卷四十一，中华书局，1975。
③ 司马迁《史记》卷一百一十四的《东越列传第五十四》有云："太史公曰：越虽蛮夷，其先岂尝有大功德于民哉，何其久也！"
④ 屈大均：《广东新语》，中华书局，1974，第232页。着重号为笔者所加。

屈大均这段议论用"真粤人"为标题，他在文中用了"越""真越人""南越人"，来与"中国人""粤人"相区别开来。前者指本地的"土著"，后者指其先来自中州之地的"中国种"。按照屈大均的说法，广东这片"方外"之地，由于"中国之人"的到达，变其蛮俗，日滋月盛，如果不是南越王赵佗要当蛮中长老，这个发展的过程可能更快。屈大均这段话最有意义的地方，在于他把当时的"傜、僮、平鬃、狼、黎、岐、蛋诸族"，与"大抵皆中国种"的"粤人"区分开来，明确把"粤人"同蛮夷划清了界线。这种把"移民繁衍"作为解释广东文化有所进步的原因和"土著犹存"作为说明广东文化只能"无异中州"却又不完全与中州等同的理由，成为嗣后贯穿广东地方史叙述的二重奏。在明清以后的历代方志和文人著述中，有关岭南地区"向化"过程的这种历史解释不断被论证和陈说，形成了岭南地方历史的一种模式化的表述套路。

这种历史解释的权威性，在历次地方志的记述中得到加强。由明迄清，《广东通志》的修纂凡六次。先是有嘉靖十四年(1535)戴璟修辑的《广东通志初稿》，随后嘉靖四十年(1561)黄佐纂修《广东通志》；万历三十年(1602)，再有郭棐重修《广东通志》。入清后，《通志》又分别于康熙十四年(1675)和雍正九年(1731)两度重修，最后一次是在道光二年(1822)刊刻的，是阮元主持编纂的《广东通志》。有关广东历史文化的叙述，在嘉靖黄佐修《广东通志》中已见轮廓，而到道光阮元主修《通志》之时，更成体系。在地方史志中，最直接表达地方文化特性的，自然是在"风俗"一章。在道光《广东通志》的"风俗"一章中，"粤人""粤俗"和以"粤"字起头的事物触目皆是，这些用语很容易给人一个印象，以为编纂者要叙述的，是一种独特的地方文化；而像"吾粤"一类的用语，更似乎是在有意识地表达着一种群体身份。这种地方特性和本地人的意识，当和其他地方做比较时，尤觉明显。例如，道光《广东通志》谈到韶州府英德县时，引用了《英德县志》，谓当地"土俗淳朴，颇知诗书，科目代不乏人。明初地无居人，至成化间，居民皆自闽之上杭来立籍，间有江右入籍者，习尚一本故乡,与粤俗差异"①,可见英德县虽在"粤境",但其习尚却不被归类为"粤俗"。

不过,在地方文献中,"粤"这个概念所包含的范围,却并非固定不变的。作为一个地域名称来说,"粤"自然是指整个广东。但明清以来,当把"粤"作为定语加诸某一事物的时候,"粤"这个词又往往只用来指谓一些以广府方言为代表的文化范畴;粤语,一般只指"广府话",甚至"粤人"都可能只是指讲"粤语"的人群。在道光《广东通志》里,除广州一府的人被称为"粤人"之外,其他府的人都没有被冠以"粤人"的称呼,属潮州府者,称为"潮人",属惠州府者,称为"惠人",属韶州府者,称为"韶人"。② 方言区之间的差别,在各府各县的方志和其他文献中体现得更为明显,其中,潮州府是最突出的例子。在《广东新语》"粤歌"一章中,潮州人的歌曲传统,是另辟一节描述的,其中有云,"潮人以土音唱南北曲者,曰潮州戏。潮音似闽,多有声而无字"③,可见至少在语言方面,"潮音"被认为更像"闽",而不被归类为"粤"。光绪年间《粤游小志》的"风俗"篇中,也处处对比着潮俗和粤俗的不同。④

当然,这样的分类并不是说在潮州、惠州和韶州等地便没有广府人或操广府话者,但不能否认的是,在许多明清时期的地方史籍里,本来用来涵盖今天整个广东以至广西地区的"粤"这个标签,往往只狭义地应用在以广州府为中心的广府话地区上。如果进一步看晚清编纂的县志,我们甚至会发现,只有《南海县志》使用"粤俗"这个标签。⑤ 在许多其他县志里,都没有用"粤"这个定语去表述其风俗之所属。邻近县份的方志如番禺者,提到了"番禺隶省会"这个事实,没有怎样强调番俗和粤俗是

---

① 道光《广东通志》卷九十二,1988年重印本,第1792页。
② 道光《广东通志》卷九十二,1988年重印本,第1791、1793、1795页。
③ 屈大均:《广东新语》,第361页。
④ 张心泰:《粤游小志》,卷三,梦梅仙馆藏板,序于光绪二十五年(1899)。
⑤ 见宣统《南海县志》卷四,第20页。

否同一回事；① 至于顺德的情况，按照咸丰九年（1859）《顺德县志》的描述，则是"顺德分自南海，南俗即顺俗也"②。有趣的是，民国十八年（1929）《顺德县志》的编纂，却刻意反驳这样的模拟，认为"地方风俗，每因水土而异，或因习尚而殊。郭志谓顺德分自南海，南俗即顺俗，亦不尽然。今顺德之风俗，有与邻邑相同者，有为本邑特异者"③，明显要突出顺德的特色。种种方志的叙述，皆让人觉得南海是粤文化的核心，这和方志所论述的广州府的历史实在也不无二致——第一个在今天广东地区设立的象征帝国统治的行政单位，便是公元前214年秦始皇建立的南海郡，当时，广东和广州等名称还没有出现。

明代及清初文献中，在使用"粤人""粤地"之类的用语时，其定义比起后来的文献相对宽松和含混。一直以来，就地方文献所见而言，编者一般用"广人"来指称广州府人，而"潮人""韶人"或者"惠民"等用语，很大程度上只是以行政区域的划分为依据的籍贯或地望名称。至清代中期，在嘉应州从潮州府分离出来之前，"潮人"甚至包括了居住在程乡、大埔等地，后来被称为或自称为客家人的人。不过，由于明中叶以后，以省城为活动中心的广府人，控制了广东不少政治和经济资源，也控制了地方历史的编撰，当他们使用"粤人"一词时，自然以自我为中心。在不存在相互比较的参照体系时，"粤人"这个词还可能有较大的包容性，但当潮人和客家人也形成了强烈的自我认同意识之后，由广府人定义的"粤人"这个词，就可能逐渐变成他们自己"广人"的专称了。

广府地区在有关广东的历史叙述中所呈现的核心性，不仅是因为广州是广东的省会和文化中心，更与明清时期成为广州府核心区域的珠江三角洲的崛起有直接的联系。随着珠江三角洲经济发展，自明中叶始，珠江三角洲农业、手工业与贸易迅速增长，物产丰富，人口剧增，广府

---

① 见同治《番禺县志》卷六，第4—5页。
② 咸丰《顺德县志》卷三，第35页。
③ 民国《顺德县志》卷一，第16页。

人在广东地方政治、经济和文化的核心地位愈趋巩固,地方读书人对本地的观感也产生了很大的变化。随着在本地出生的读书人日益增多,涌现了一批熟习经史的学者,大量地方文献在这时候纷纷出现,明代以来,广东省志和许多府志、县志都是由广府人士纂修的,从此有关广东历史与文化的话语权,基本上就掌握在广府人手上。本书不可能详细叙述这一发展过程,但编纂嘉靖《广东通志》的黄佐的家族及其个人的成就,可以视为明代广府地区士大夫兴起的一个缩影。从本章的讨论,我们可以看到,黄佐对于有关岭南地区的历史叙述和解释模式的建构,堪称贡献殊多。本节开头提到的作《百越先贤传》的欧大任,也是黄佐的弟子和协助他编纂《广东通志》的学者。

　　黄佐(1490—1566),字才伯,香山人。根据黄佐叙述其先世的历史,黄氏先祖为元西台御史,以直谏忤君意,被贬岭南,卒于途,"子从简藐然孤子入广,留家南海之西濠,是为始迁祖也"。元末时,从简跟随何真起兵,由此可知其家出身本是明初归附的军籍。黄佐的高祖温德是从简的孙子,明初时被派到香山卫所守御。① 其孙黄瑜在明景泰年间登乡贡进士,后任长乐知县,其家寓居番禺(即广州),有《双槐集》及《双槐岁钞》行世。② 黄佐之父黄畿也是一位颇有名气的学者。出生在这样一个家庭的黄佐自小治经史之学,正德中,举乡试第一;嘉靖初,始成进士。黄佐任官至南京国子监祭酒,并以理学名世,但其史学成就也十分卓著,除了著有《革除遗事》等史书外,在地方历史的编撰上,更有开风气、定规矩之功。他的地方历史著作主要有《广东通志》七十卷、《广西通志》六十卷、《广州府志》六十卷、《香山县志》八卷、《广州人物传》等。③ 其中

---

① 黄培芳:《郡志自叙先世行状》(文裕公撰),《黄氏家乘》卷四,道光二十七年(1847)刊于广州纯渊堂,第1—2页;从简随何真起兵事又见嘉靖《广东通志》卷五十九,第1页。

② 谢廷举:《明故文林郎知长乐县事双槐黄公行状》(弘治十年),收入黄瑜《双槐岁钞》,中华书局,1999。

③ 黄畿及黄佐传见黄培芳《黄氏家乘》卷三,第7—9页。

《广州人物传》是他早期的著作,在凡例中,他提到"[三国]吴陆胤所撰《广州先贤传》,多苍梧、交趾人,殊不可晓,今皆附书"①,可见,黄佐的"广州"只限于明代广东的范围,正如为《广州人物传》作序的姚涞所说,"余与黄子皆史官,天下所当为者,未尽于此也,而黄子先成此者,志厚乡也"②。黄佐通过编撰地方文献,比较成体系地建立起有关广东地方历史的解释,标志着在本地成长起来的读书人对本地历史和文化的重视意识的提高。

在明朝正德、嘉靖年间,除了黄佐,在广州府还涌现出一批在朝廷政治和学术上都有相当大影响的仕宦,如梁储(1451—1521)、霍韬(1487—1540)、湛若水(1466—1560)和方献夫(卒于1544)等。他们位高权重,特别是霍、方等人,在"大礼议"中支持嘉靖皇帝,一时权位隆高;他们甚至借着在朝廷这场争论中所占的上风,提倡兴建家祠,强化宗族观念,巩固其既有的权势。有明一代,是广东士大夫借着个人地位的提升,将地方既有的秩序整合到王朝秩序之中的重要时期。③ 明代广东士大夫和广东本身地位的上升,是和明代中央政府对地方的管治能力加强有关的,不过,明代中央政府管治能力的延伸,并不只是一种从上而下指令的结果,同时也是地方上的势力在本地化动力的驱动下,主动与国家意识形态和王朝政策相互配合的结果。④ 可以说,经历了明代中期广府地区士大夫势力的上升,以及他们很快地在地方上建立起与国家正统与王朝秩序相配合的社会之后,"粤"或"粤人"的定义,已经脱离了古代"百越"所含的蛮夷意义,而这个转变,是通过建立起一套有关广东"向化"过程的历史叙述来实现的。

---

① 黄佐:《广州人物传·凡例》,广东高等教育出版社,1991,第6页。
② 黄佐:《广州人物传·凡例》,第1—2页。
③ 关于这方面的讨论,可参见科大卫的"Becoming Cantonese, the Ming Dynasty Transition"一文。
④ 有关这方面的讨论,可参考刘志伟《在国家与社会之间:明清广东里甲赋役制度研究》,中山大学出版社,1997。

教而化之

地方史志中有关本地文化变迁的历史，主要是通过有关地方风俗的演变过程来论述的。这种地方风俗的记录，虽在阐述地方特色，但其立意，在于实现地方"向化"的追求，所谓"为政之要，辨风正俗，最其上也"①。因此，在明清地方志"风俗"篇中，对一地之风俗的评说，常常是以中州礼乐文明为标准的。由于实际的地方文化多少总与抽象的"中州礼乐"有差别，当地方志讨论到地方风俗的时候，不免会面对一种矛盾和紧张的状态——如果强调了地方风俗和"中州礼乐"的一致性，那么不同的地方风俗，如"粤俗"与"潮俗"又如何呈现自己的特色？如果强调了地方风俗与"中州礼乐"的差异，那无异在说当地还没有开化。无论方志的纂修者是否意识到这个问题，他们都有意无意地运用了一套文化渗透论和进化论的语言，去化解这个矛盾。黄佐在嘉靖《广东通志》"风俗"篇中，就用一种非常凝练的历史叙述方式，勾画出一幅广东文明教化的历史长卷：

> 汉，粤人俗好相攻击，秦徙中县之民，使与百粤杂处。
> 晋，南土温湿，多有气毒。……革奢务啬，南域改观。
> 南朝，民户不多，俚獠猥杂，卷握之资，富兼十世。
> 隋，土地下湿，多瘴疠，其人性并轻悍，权结箕踞，乃其旧风。
> 唐，间阎朴雾，士女云流讴歌，有霸道之余旺，俗得华风之杂。
> 宋，海舶贸易，商贾交凑，尚淫祀，多瘴毒。……民物岁滋，声教日洽。
> 元，今之交广，古之邹鲁。
> 本朝，衣冠礼乐，无异中州，声华日盛，民勤于食。②

---

① 应劭：《风俗通义·序》，上海古籍出版社，1990，第3页。
② 嘉靖《广东通志》卷二十，第1—7页。

黄佐这篇"广东文化发达史纲要",一开始突出了"中县之民"移居粤地及由此带来的深远影响;它说明了本地土著和自然环境的特性,以及这些特性如何逐渐发生变化;它指出了政治、礼制、教育和商业的发展,如何使这个地方"向化"和繁盛,最后达到明代"无异中州"的局面。这个过程,总结成以下这种历史表述,后来一再被各种地方文献引用,到今天,几乎成为关于广东文化与历史的不刊之论:

> 自汉末建安至于东晋永嘉之际,中国之人,避地者多入岭表,子孙往往家焉,其流风遗韵,衣冠气习,熏陶渐染,故习渐变,而俗庶几中州。①

这种历史叙述从明代以至今天,其正确性似乎从来不会被人怀疑。广东原是"岭外",自然是野蛮愚昧的,但在"中国之人"带来的衣冠气习熏陶下,逐渐"向化"。根据这种逻辑,如果说地方文化和中原文化还有什么不同,只是"向化"程度的差异。既然这个向化过程是与时俱进的,那么年代越后的方志,所描述的地方风俗,自然比年代越远的方志更为正面。以新会县为例,嘉靖《广东通志》指新会"病事艾灸鬼神,丧多用浮屠,信风水,亦有火葬者"②;但乾隆六年(1741)的《新会县志》却申明"民间冠婚丧祭多循朱子家礼"③;后来的道光《广东通志》和道光二十一年(1841)的《新会县志》,便自然沿用了这个更新近的说法。④ 光绪六年(1880)的《清远县志》是另一个例子,显示编纂有意识地反驳前志的说法,将未进化的"陋俗"的历史往前推了数个世纪:

> 又按:旧志载小民喜火葬,今四属并无火葬之事,即询诸故老,

---

① 嘉靖《广东通志》卷二十,第9页;道光《广东通志》卷二,1988年重印本,第1780页。
② 嘉靖《广东通志》卷二十,第9页。
③ 乾隆《新会县志》卷一,第31页。
④ 道光《广东通志》卷九十二,1988年重印本,第1790页;道光《新会县志》卷二,第62页。

亦未有闻火葬者,此俗变移,想必在数百年前矣。①

县志编修往往因袭前志,很多时候,编纂不加说明就照录前志的记载。他们一旦对前志的事实提出商榷,与其说是因为搜集了更新或更准确的材料,不如说是他们要刻意宣示某种观点,或维护某集团的政治或经济利益,或为本邑的文化或其他方面的发展说项。上述的例子,说明了地方读书人如何利用县志这块园地,展示他们地方文化进步的成就。

在"粤人"(不管是广义或狭义的)从"教化"的角度来显耀自己文化优越性的同时,潮人、韶人和惠民当然也可以通过同样的方式,为自己的文化身份辩护。这种做法在各地的地方志中有明显的表现。例如,有关教育在地方上得到普及的叙述,尤其是北方的名宦或流寓入粤后如何帮助地方建立学校的故事,便常为潮州地区的士大夫所津津乐道。苏轼(1037—1101)在贬谪至惠州期间,曾经这样写道:

> 始,潮人未知学,公命进士赵德为之师,自是潮之士皆笃于文行。②

苏轼这句话后来屡为《潮州府志》和各版本的《广东通志》引用,作为证明潮州自唐代以来便得到中州文化的熏陶的证据,③ 而赵德和韩愈,更成为潮州士大夫格外推崇的前贤,被认为是潮州向化的鼻祖。可见,"北人南移说"和"中原教化论",也同样出现在关于潮州府地区的论述中。从这种"教化"理论出发,广人和潮人既然来自中原,或者受中原之"风"的熏陶,这两个区域到了明清的时候,自然都变得"有文化",即使彼此的方

---

① 光绪《清远县志》卷二,第13页。在此之前的《清远县志》分别在康熙和乾隆年间编纂。
② 王水照校释《苏东坡选集》,上海古籍出版社,1984,第407—409页。
③ 例如:嘉靖《潮州府志》卷五,第1页;戴璟修辑嘉靖《广东通志初稿》卷十八,第6页;雍正《广东通志》卷五十一,第14页;道光《广东通志》,1988年重印本,第1795页;屈大均:《广东新语》,第322—323页。

言习尚不一样，但那不过是"俗"之不同。任何人只要证明自己的祖先来自中原，或者证明自家世世代代受到中原文化的熏陶，都可以分享广义上的"广东文化"，问题只在于是否具备这种意识，以及是否具备所需的权力和文化资源。

地方志书所揭示的国家观念，实际上也是地方文化表述的一体两面。广东地区之所以变得有文化，是因为受到中原文化的熏陶。要证明自己"纯正"的广东人身份，必须证明自己是迁移自北方的移民，或者受到过中州礼俗的感染。这样的主题不但出现在官修的方志里，也见于私人修纂的刊物甚或通俗文学之中。

到底官修志书的地方文化观，对普罗大众有可能产生什么影响？官方和士大夫的国家观念，透过什么管道得以深入民众？无可否认，像《广东通志》一类的官方出版物的流传相当有限，要理解大多数人的想法，我们或可尝试从零散的民间文献着手。当然，我们不得不提醒自己的是，既然从文献着手，我们所能了解到的充其量只是一个文字的传统，至于过去的口述传统，则得依赖于民俗工作者所搜集的材料了。

让我们先从较接近官修方志的一部私人撰述——道光十年（1830）出版的《岭南丛述》入手。《岭南丛述》有60卷，包括天文、岁时、舆地、宦纪、人事、百花、草木、神仙、怪异、诸蛮等共40目，俨然一部微型的广东通志。据对东莞地方文献甚有研究的杨宝霖教授考，《岭南丛述》的作者是东莞人邓淳（1776—1850），其曾祖、祖父和父亲，都是举人或进士。邓淳自己虽然功名只达庠生，道光元年（1821）辟举孝廉方正，却颇获历任粤督起用，个人亦热衷于参与省城的政治事务。阮元修《广东通志》时，命其采访东莞事，成《东莞志草》50卷以进，入志局任分校之职，增删明以前列传；道光十三年（1833）获卢坤聘主东莞石龙龙溪书院；道光十九年（1839）林则徐来粤查禁鸦片，邓淳条陈十条。道光二十一年（1841）英人单方面将告示贴于新安，强占香港，据说广东巡抚怡良徘徊观望，不置可否，邓淳连同学海堂学长曾钊等，"集郡绅于学，具词以请，谓伪示横悖已甚，宜加痛剿，并诣制府陈焉"①，起草《恳严行剿办英夷呈文》，呼吁省宪"为国宣猷，为民除害"。翌年，邓淳又为广州团练作《讨英檄》，控诉英军"据我土地，戕我文武，淫我妇女，掠我资财"②。

邓淳是道光《广东通志》的编纂之一，而在《岭南丛述》的 10 位参订者中，番禺人仪克中也参加了《广东通志》的采访工作，可以相信《岭南丛述》的数据源和官修的《广东通志》相若，但具体的选材和撰述，则因邓淳个人的兴趣而异。邓淳在《自序》中说，《岭南丛述》与《通志》相异之处是，前者在选材方面雅俗兼收。与此同时，为表明其认真负责的态度，邓淳亦强调他所用的每条数据皆有文字为证，"是编以征引事实为主，故言不妨雅俗兼收，然字字皆前人撰述，不敢臆断"③。我们可以说，《岭南丛述》的采辑对象比《通志》较为普及，但编者对于他读书人的身份亦非常在意。

那么，像《岭南丛述》一类的书籍，出于一个"严夷夏"的年代，出自一个极力捍卫乡邦文化的绅士之手，其所表述的地方文化与国家文化，所用的话语和官修的《通志》又有何异同呢？从以下"凡例"一节可见一斑：

——岭南自宋而后，风景人物，直与中州相埒。五代以前，虽有畸人杰士，然大半皆越人，诸蛮杂处，故不无椎野之习。兹编采辑宋元以前书籍，亦以考据，必探其原，不必以今昔不侔为讳也。

——岭南自秦伐山通道以来，其间治乱不一，宋南渡后，中州士夫接踵侨居，文明愈启，然山箐海寇，往往有梗化者，惟我圣朝郅治，覃敷海隅，罔不率俾，为亘古未有之隆，此诚万年有道之灵长也，故终之以靖氛。④

---

① 梁廷枏：《夷氛纪闻》，上海商务印书馆，1937 年重印本，第 59—60 页。
② 杨宝霖：《爱国志士邓淳和他的〈岭南丛述〉》，载《东莞文史》编辑部编《东莞近百年文化名人专辑》(《东莞文史》第 29 期)，政协东莞市文史资料委员会，1998，第 1—10 页。
③ 邓淳：《岭南丛述·凡例》，序于道光十年(1830)。
④ 邓淳：《岭南丛述·凡例》。

由此可见，在邓淳眼中，朝廷军事势力的扩张，意味着齐民的开始，教化的延伸。上引"凡例"，主旨和《广东通志》实大同小异，其中尤其值得注意的主题至少有三：一是称为"越人"的原居民，习俗野蛮；二是广东的文明是由来自中州的移民开启的；三是广东的文明始于宋代。有关中原文化何时进入广东，在各《通志》或《岭南丛述》一类著述中，说法略有分歧，但它们经常表达的一个共同主题是，当代的广东人之所以有文化，是因为他们是来自北方的移民的后裔。

在上述文化渗透论的框架下，一部广东文化史，实际上也是一部广东移民史。《通志》表述的是一段广义的迁移史，至于个别家族的迁移史，则插入在明清以来如雨后春笋般出现的族谱之中。这些族谱大多出自史传上不闻其名的地方读书人之手，其叙述家世源流的部分，大多说其先世在宋室南渡时从中原地区迁到广东南雄，后来皇帝派兵搜捕逃匿至此的胡妃（一说苏妃），祖先为了避难，乃再度南迁到广东珠江三角洲地区。1957年出版的黄慈博编录的《珠玑巷民族南迁记》和近年的《南雄珠玑巷南迁氏族谱、志选集》，便收录了许多长短不一、内容纷异的珠玑巷传说。珠玑巷传说的杜撰成分，自不待言，但引起研究者兴趣的是它的叙事结构。其中有关官府向这些南逃的氏族颁发"文引"的情节，更是许多珠玑巷传说都不会缺少的部分，这是明代定居在珠江三角洲的氏族，证明自己在当地的入住权具有官府认可的合法依据的一个十分重要的故事元素。①

关于珠玑巷的传说，不但在族谱中辗转抄袭，而且还流传于制作简陋的民间故事小书中。一本印刷装帧十分粗糙、以《附刻苏妃新文　南雄珠玑巷来历故事》为题的小书，就详述了"苏妃"的故事，说南迁的氏族"赴县陈告，不准立案，不给民引［应作'文引'，下同——引者］，复赴府告，准给民引，立号编甲，陆续向南而来"；同时，更煞有介事地罗列了

---

① 有关讨论参见 David Faure，"The Lineage as a Cultural Invention: The Case of the Pearl River Delta"，*Modern China*，Vol. 15，No. 1，1989，pp. 4-36。

一百个名字,说"太府发了文引,足一百户人收拾,卜于三月十六日在珠玑巷赶程往南而来,带子携妻亲侣戚属而行,人口甚众。四月十五日,力至岗州大良地面,幸遇土人冯元成接歇数天,会同赴县告案立籍。……知县李丛芳准他们在大良都古节里增图甲,以定户籍"①。由此可见,即使是民间故事的撰述者,也十分明白"取文引、定户籍、增图甲"是一个群体在地方上取得入住权的制度上的条件。

这类小书虽然制作粗糙,但却是使像珠玑巷一类的故事得以广泛流传的通道之一。像县志和族谱这一类出版物,毕竟流通有限,而真正把士大夫的地方文化观和国家意识广泛散播的,更多是这些长期以来被忽略以致今天散处各方的小书。

在王朝时代,士子为了提升个人的地位,为求在官僚机构里谋得一官半职,唯一的途径就是参加科举,因此,某省某县的科举成绩,既表现了地方的教化程度,也表现了地方士子在官僚体制中占据了怎样的席位。不管在哪一个阶层的人的心目中,考得功名,当上大官,和天子拉上关系,往往都是梦寐以求的景象,这在口头传说、戏曲、小说、歌谣和杂文中都有所反映。笔者所见的一本在光绪年间出版,题为《广东名人故事》的小书,便是这类文献之一。② 这本木刻小书制作粗糙,丁方如巴掌大,但在体例上却仿效官修方志。书的前半部分,内页分上下两栏,上栏模仿方志的选举志,列举明至清光绪年间考获功名的广东人的姓名,下栏按顺序分为四目,略述广东情况。

顾名思义,《广东名人故事》的主题,就是褒扬广东人物的光荣事迹。不难发现,这本小书后半部分所讲述故事中的主人公,他们之所以是名人,都和朝廷有着这样或那样的关系,而在故事中突出的情节,是他们

---

① 《附刻苏妃新文 南雄珠玑巷来历故事》(佚文),广州明文堂藏板,出版年不详,大英图书馆藏。

② 此书出版年份不详。唯一的线索是该书记载"广东状元"的一章(第17页)中,最后提到的一名广东状元的考取年份是光绪二十一年(1895),据此估计此书在1895年后完成或出版。

或才华出众，或运气极佳，或身怀异术。其中最显著的例子是明朝官至礼吏兵三部尚书的梁储，《广东名人故事》说他"七岁能诗"。至于明朝著名的理学家，位居吏部尚书的湛若水，根据《广东名人故事》的描述，他之所以能够有这样的成就，是因为他为他的父母择了一块风水宝地。即使是在明正统年间造反，几乎把广州攻陷，在官方史志里被定性为盗贼的黄萧养，在《广东名人故事》里也有一席位，故事说他在监狱里被同僚所救，全靠一只老鼠通风报信。我们都知道，在民间故事的叙述传统里，天才儿童、风水宝地、动物人格化等，都是十分常见的元素。尽管《广东名人故事》以印刷形式出现，但这些故事在口述传统里，大抵也普遍流传，许多人的地方文化观，往往就是透过这些在士大夫看起来荒诞庸俗的故事塑造的。

随着印刷术的进步与普及以及大众传播媒体的发展，这些借着口述传统或制作粗糙的出版物流传的故事，到了清末民初的时候，渐渐发展成报纸上以广府话撰写的连载小说。这些小说，部分在报纸上连载后，更出版成书。在1920年前后，广州出版了不少以"广东"为名的"新小说"，如《广东英雄》《广东豪杰》《广东才子》《广东奇人》《广东女英雄》《广东女才子》《广东花月记》等。① 上述梁储的故事，到了1930年代左右，在"爬格子动物"的笔下，也以连载长编小说的形式刊载，后来更合为一本题为《太师梁储传》的小说。② 作者"中山客"在第一章写道：

  广东一省，状元有，宰相有，名士有，武将有，皇帝都有，有

---

 ① 见广州《国华报》1918年8月10日广告。这批小说皆出自一位叫刘杰伯的作家之手，于1918年由广东公书局印行。

 ② 此小说最初在《现象报》连载，据梁群球主编的《广州报业》（中山大学出版社，1992，第418页）记载，《现象报》创刊于1914年，在1938年停刊，抗战胜利后复刊，至1950年再停刊。此外，在小说第2辑第4页提到"古代讲圣谕这个习例，其作用相等于如今唱党歌读遗嘱一样，如今开会，照例先整这两味"（最后一句的意思是"照例先进行唱党歌和读遗嘱这两个程序"），估计此小说写于1925年孙中山逝世之后。

亲都至少成双成对，太师呢？我并无呃人情事，计到上溯五十年，搵匀广东省，就只得梁储一个，我话梁储是广东第一人；我自问并无杯奖错，点解？无他，独一无二也，一切事物，最难得者独一，你夫人见你咁好也不外就这独一两个字，所以独一太师梁储，依我推断，便推之为第一人。有人话梁储蛋家仔耳，是船生水住，实不知是否广东人，你推之为广东第一人，到底你起过字容，梁老储是否广东仔也？乜话，梁储不是广东人？据我所查，梁储正一地道广东骨，旧是[应为"时"——引者]人是追封三代，已经巴闭，皇帝都系七庙，侯王勋贵，才是五代，梁储呢却是覃恩五代，同王爷一例无差，梁老储的上五代，讲得有头有路，有名有姓，你话佢蛋家，真系冤枉。①

除却这类小说的鄙俚成分，我们发现，它所表达的文化意识与士大夫笔下的通志或族谱中所表达的其实有直接的联系。首先，出将入相，在科举考试里取得成就，是衡量地方人物名气最重要的标准；其次，出身"纯正"，祖宗家世有迹可查，才能入"广东人"之列，如果是"蛋家"，就不是广东人了。这种根深蒂固的"正统"观念，在通俗小说中表达得尤其露骨。这段话还透露出一个非常重要的信息，就是过去完全属于贵族士大夫文化规范的庙制，这个时候通过这些可能出自低层士绅之手的民间故事的传播，很可能已经成为普通百姓所熟悉的文化规范，他们甚至懂得用梁储能把上五代祖先讲得头头是道，作为他不是蛋家的证明。联系到一些当代明清社会史学家所指出的在明清以后宗法伦理庶民化的趋势②，我们可以相信这种小说故事，是把士大夫文化规范传达到下层社

---

① 《太师梁储传》(佚名)第1辑，第1页，陈湘记书局，出版年不详。引文中部分广府方言释词如下："呃人"，骗人；"搵匀"，找遍；"杯奖"，夸奖；"点解"，为什么；"巴闭"，威风；"有头有路"，头头是道。又，文中有一句谓"到底你起过字容"，意思是"到底你查过他的底细没有"。

② 相关的讨论可参见郑振满《明清福建家族组织与社会变迁》，湖南教育出版社，1992。

会的一种媒介。还必须一提的是，这本小说是在 1925 年至 1930 年代撰写的，当时国民政府已在大原则方面提倡五族共和，在具体政策方面则扶助少数民族，对过去被视为"卑贱之流"的水上居民，也不再称为"蛋民"，而采取与陆上居民一视同仁的政策。① 显然，这类通俗小说的作者并没有意识到要与官方口径一致，仍然把"蛋民"排除在"汉种"甚至"广东人"之外。事实上，当时某些报章如在广州出版的《国华报》和《越华报》，其有关所谓"蛋民"的报导还经常是语带轻蔑的。②

我们可以估计，这些出版物的读者对象是教育程度较低的平民百姓；我们也可以估计，由于这类书籍质量低劣，公共图书馆大多不予收藏，私人藏书家也往往不屑，因此目前传世者已经不多，当时在民间流传的品种和数目一定远比我们今天仍能眼见之数要多。尽管这些出版物的作者往往以化名出现，出版时地不详，我们很难像利用官方或士大夫写作的文献一样，对它们做出系统的著录、考订，但它们却是历史学家从不同的角度探讨地方文化观的表述的重要线索。皇帝、天下、地方荣耀等观念，往往通过这些以方言撰写、以本地读者为对象的文献，再通过那些粗通文字的平民百姓的口头转述，在下层民众中传播。我们也不应忽略口述传统和书写传统之间复杂的互动，饱读诗书的士大夫和目不识丁的老百姓，实际上共享着一个十分类似的文化认同的过程。在文化认同这个问题上，用以划分"精英"和"平民"的"阶级"或"阶层"理论，就似乎不是十分有效的分析工具了。

---

① 据陈序经载录，1932 年，广州市政府调查人口委员会发表了一篇《告水上居民书》，呼吁水上居民如实填报人口状况，说明只有"填报人口之后，我们才能获得市籍；有了市籍，才有市民资格，才能受政府一切法律保障"。见陈序经《蛋民的研究》，上海商务印书馆，1946 年版，东方文化书局，1971 年重印，第 103—104、107—108 页。

② 例如，《国华报》1931 年 5 月 26 日和 9 月 19 日便分别有"蛋民仇杀：攻打四方城失败，无端将老母难为"和"蛋妇深夜偷汉之败露"等报道。《越华报》1932 年 6 月 26 日亦有"蛋民串掳之宜防"的报道。

由方言到种族

长期以来,在地方文献中有关地方历史的叙述,一直是以文化进化论和文化传播论为主导的,这个局面直至19世纪末出现种族的理论,根据血统去做文化分类,才有所改变。19世纪之前的文献中,当然也会有从地域、方言、风俗以至族群去进行的分类,只是这种分类,更多是一个文化意义上的分类。在一般的观念上,文化的获取,不完全是与生俱来的,而是可以透过教化而达致的。陈寅恪早就指出,南北朝胡汉之别在文化不在种族。① 余英时也言简意赅地说明,传统中国分别"中国"与"非中国"的重点不在种族和血统,而在文化;南北朝时期的史书上常有"中国人""华人""夏人""汉人"的名词,其含义都是文化的。② 因此,明清文献上所谓"粤人"和"汉人",并不是两"类"人,"粤人"是构成"汉人"的一部分,他们之中既有中原移民的后代,同时也包括了经过累世教化转变为汉人的土著。古人的着眼点,显然放在当地风俗相对于中原文明的"向化"程度上,并没有特别拘泥于人种学意义上的血统属性。因此,中原移民对地方社会的重要性,也在于他们是中州礼乐文明的传播者和王朝教化的执行者。

按照这套逻辑,既然粤人可以经历"向化"的过程,则潮州、客家、瑶、蛋、狼、壮等人,虽本属化外,也自然可以经过"向化"而成为化内之民。然而,说谁"向化"与否,如何掌握由化外到化内的标志,就是一个话语权的问题了。明清以降,由于广府人在广东政治经济格局下处于中心地位,不少史志文献多出自广府人之手。在广府人的笔下,潮州、客家、瑶、蛋、狼、壮之所以和自己不同,根据的是方言和风俗差异的表象,而接着要解释这些客观的差异,则归咎于他者"向化"未深。然而,

---

① 陈寅恪:《唐代政治史述论稿》,第16—17页。
② 余英时:《国家观念与民族意识》,载《文化评论与中国情怀》,第18—21页。

当文字的操控权不再仅仅掌握在广府人手里,当其他方言群的自我意识越趋强烈时,他们便不一定接受广府人这种一厢情愿的论述。客家人的历史叙述,便是从一个别人撰写的历史,演变为自己写自己的历史的过程,更确切地说,是演变为自己意识到自己"是"客家人,并为自己所认同的群体撰写历史的过程。这个过程典型地反映出所谓族群的区分,其实是一种发现"己"的意识,然后把"己"和"他"划分开来的结果。时移世易,当客家人大量编写自己的历史时,刚碰上19世纪末20世纪初种族观念的引入,这样一来,客家人就与过去广府人和潮州人建立自己的历史解释的情况有所不同,引出了不同的结果。

19世纪中叶以前,有关"客家人"的描述,一般都是透过广东其他方言群的历史叙述表达出来的。所谓"客家",在字面上本来就是对"另类"的称呼,早期有关"客家"的记述,也大多出于非"客家"人之手,即使在这些著述的撰作人中,有些人所讲的语言可能就是后来被称为"客语"的方言,但他们自己不见得就有很鲜明的"客家人"或"客人"的意识。① 例

---

① 有关近期族群理论如何运用于客家研究上,可参见 Nicole Constable (ed.), *Guest People: Hakka Identity in China and Abroad* (Seattle and London: University of Washington Press, 1996)。有关广东客家的迁移历史,客家人族群意识的兴起,以及客家研究的学术史,可参考梁肇庭的研究。梁之见解颇为独到,所用材料亦十分细致,可惜英年早逝,其遗下的手稿由 Tim Wright 整理出版成 *Migration and Ethnicity in Chinese History: Hakkas, Pengmin, and Their Neighbors* 一书,1997年由斯坦福大学出版社出版。其生前出版的两篇有关的论文分别为 "The Hakka Chinese of Lingnan: Ethnicity and Social Change in Modern Times", in David Pong and Edmund S. K. Fung (eds.), *Idea and Reality: Social and Political Change in Modern China, 1860-1949*, New York: University Press of America, 1985, pp. 287-326;《客家历史新探》,《中国社会经济史研究》,第1卷,第1期,1982,第101—105页。不过,值得注意的是,虽然梁肇庭使用"文化群体"(cultural group,指拥有共同文化和传统的群体,不管他们自己是否意识到这种共同性)和"民族群体"(ethnic group,指这些群体感受到另一群体威胁时,有意识地强调他们的文化共同性以加强团结和动员力量)两个概念,来讨论客家自我意识兴起的过程,但在 *Migration and Ethnicity in Chinese History* 一书收入的各篇文章中,特别是从迁移史的角度讨论客家和棚民问题时,梁往往有把客家本质化的倾向。近年另一本指出"客家人"和"客家话"这两个概念的含混性,尝试解构其形成过程的著作,是刘镇发的《客家——误会的历史、历史的误会》(学术研究杂志社,2001)。

如，梁肇庭（Sow-Theng Leong）据万历《永安县志》的记载指出，永安县是隆庆三年（1569）年析长乐和归善二县之地设置的，虽然长乐和归善二县是许多后来被标签为"客家人"的移民聚居地，但万历十四年（1586）纂修的《永安县志》中还没有出现"客家"这个说法。① 万历《永安县志》的纂修者是归善县（今惠阳县）人叶春及，今天的惠阳也属客家地区，如按今天的标准，叶春及应该算是客家人，但叶本人是否会认为自己是客家人，恐怕难以查考。清代出版的永安县志，所描述的客家人的形象都十分正面，例如，康熙二十六年（1687）《永安县志》谓："县中雅多秀珉，其高曾祖父多自江闽潮惠诸县迁徙而至，名曰客家。比屋读诵，勤会文富者，多自延师厚修脯美酒馔；贫者膏火不继，亦勉强出就外傅，户役里干，皆奇民为之，中无士类焉。"这番刻画后来仍为道光二年（1822）《永安县志》所袭用。②

相形之下，出于"粤人"或"潮人"之手的文献中有关客人的记述，却大多是负面的，③ 情况就像"粤人"在来自北方的士子的笔下所描述的一样。例如，崇祯《东莞县志》称为"犵獠"的人，很可能指的就是后来被称为"客家人"的群体。④ 顺治初年，揭阳爆发"九军之乱"，雍正《揭阳县志》称此"九军"的成员为"猪贼"，谓"猪贼暴横，欲杀尽平洋人，憎其语音不类也"。在这里，"平洋人"指的是操"福老话"的人群，而"语音"显然是当地操"客语"和"福老话"两个群体用以识别敌我的一个重要标志。⑤ 在传

---

① 参见 Sow-Theng Leong, *Migration and Ethnicity in Chinese History: Hakkas, Pengmin, and Their Neighbors* (edited by Tim Wright, with an introduction and maps by G. William Skinner), Stanford: Stanford University Press, 1997, p. 64. 笔者曾复查万历《永安县志》，确认该书无"客家"这一说法。

② 康熙《永安县次志》卷十四，第1—2页；道光《永安县三志》卷一，第34—35页。

③ 这些负面的描述的例子可参见上引梁肇庭书，第65页。

④ 崇祯《东莞县志》卷八，1995，第992—993页。

⑤ 有关韩江流域地区客家族群观念的形成过程，参见陈春声《地域认同与族群分类：1640—1940年韩江流域民众"客家"观念的演变》，《客家研究》，创刊号，2006年6月，第1—43页。

统的文献中，加了"犬"旁的名称，有贬抑其为非我族类之意。

乾隆十九年(1754)《增城县志》，一方面承认客家人到了增城后有助于开发垦殖，但另一方面，也表达了本地人对来自英德、长宁等县的移民在当地开发土地日多的不满：

> 自明季兵荒迭见，民田多弃而不耕，入版图后，山寇仍不时窃法，垦复维艰。康熙初，伏莽渐消，爰谋生聚，时则有英德长宁人来佃于增，村落之残破者，葺而居之。未几，永安龙川等县人，亦稍稍至。当清丈时，山税之占业浸广，益引嘉应州属县人，杂耕其间，所居成聚，而杨梅、绥福、金牛三都尤夥。
>
> 客民习田勤耐劳勚，佃耕增土，增人未始不利。然其始也，不应使踞住荒村；其继也，又不应使分立别约，遂致根深蒂固，而强宾压主之势成。①

嘉庆二十五年(1820)《增城县志》，沿袭了上述乾隆十九年(1754)《增城县志》这些话，再进一步说"客民最健讼，其颠倒甲乙，变乱黑白，几于不可穷诘。大率客民与土人讼，必纠党合谋，客民与客民讼，亦分曹角胜"②。正如上述雍正《揭阳县志》突出了"语音不类"的问题一样，乾隆《增城县志》也谈到当地客民的语音，说他们"虽世阅数传，乡音无改，入耳嘈嘈，不问而知其为异籍也"③。可见，这时语音本身已成为人群分类的标签，道光《广东通志》说"兴宁、长乐音近于韶，谓我为𠊎，广人呼为𠊎子"④。直到最近，"𠊎子"仍然是广东地区许多本地人对客家人的一种称呼。

嘉庆二十年(1815)，惠州府和平县人徐旭曾在惠州丰湖书院任教，当时"博罗、东莞某乡，近因小故，激成土客斗案，经两县会营弹压，由

---

① 乾隆《增城县志》卷三，第9—10页。
② 嘉庆《增城县志》卷三，第28页。
③ 嘉庆《增城县志》卷一，第9—10页。
④ 道光《广东通志》卷九十二，1988年重印本，第1781页。

绅耆调解，始息。院内诸生，询余何谓土与客？答以客者对土而言，寄居该地之谓也。吾祖宗以来，世居数百年，何以仍称为客？余口讲，博罗韩生，以笔记之"。徐认为，当时的客人是在宋元之际随宋室南逃而来到岭表的，"有由赣而闽，沿海至粤者，有由湘赣逾岭至粤者"，当他们在当地定居下来后，"粤之土人，称该地之人为客；该地之人亦自称为客人"。徐甚至断定，"今日之客人，其先乃宋之中原衣冠旧族，忠义之后也"。徐这番被当代学者认为是迄今所见最早的客家人源出中原说的文字记录，以《丰湖杂记》为题，被收入和平《徐氏族谱》，再收进1991年新编出版的《广东和平徐氏宗谱总谱》。① 徐旭曾大抵是以"客人"自居的，这种身份认同可见于他以下的一段话：

> 彼土人以吾之风俗语言，未能与彼同也，故仍称吾为客人。吾客人亦因彼之风俗语言，未能与吾同也，故仍自称为客人。客者对土而言，土与客之风俗语言不能同，则土自土，客自客，土其所土，客吾所客，巩[疑为"恐"字——引者]再阅数百年，亦犹诸今日也。②

然而，值得我们注意的是，直到徐旭曾这个时候，"客人"与"土人"之别，仍然是以风俗和语言为基础的，而从"院内诸生询余何谓土与客"

---

① 见严忠明《〈丰湖杂记〉与客家民系形成的标志问题》，《西南民族大学学报（人文社科版）》，总第25卷，第9期，2004年9月；郑德华：《客家历史文化的承传方式——客家人"来自中原"说试析》，《学术研究》，第3期，2005。

② 徐旭曾：《丰湖杂记》，收入徐金池编纂《广东和平徐氏宗谱总谱》卷二，1991年编印，1993年重印，第18—19页。罗香林在1930年代得徐氏后人抄示和平《徐氏族谱》，摘出部分篇章，收入其《客家史料汇编》，当中亦包括《丰湖杂记》一文，唯个别字句与《广东和平徐氏宗谱总谱》刊载者略有出入，见罗香林《客家史料汇编》，南天书局有限公司，1992，第297—299页。徐旭曾，字昕光，嘉庆四年（1799）进士，官至户部员外郎，曾掌教粤秀、丰湖书院。徐旭曾的《丰湖杂记》关于土客问题的言论，是对惠州丰湖书院学生提问的回应，可见当时在惠州一般人对何谓土与客并无清楚的概念。另外，1991年编印的《广东和平徐氏宗谱总谱》收录了从明弘治至清嘉庆年间以至1990年代的历次修谱序言，当论及和平徐氏源流时，这些序言都没有提到"客人"或"客家"这种身份认同。当我们阅读徐旭曾《丰湖杂记》一文有关"客人"身份的叙述时，不宜过分夸大地将之理解为"客家人"意识的强烈表达。

这个问题和徐"客者对土而言"这个回答看来，当时的人对于所谓"客人"尚未有一种清晰的认识和本质性的界定。

咸丰至同治年间，土客矛盾愈趋尖锐，械斗之风不可遏止，在许多发生土客械斗的地区的地方志中，客人常常被称为"匪"。① 随着土客械斗把敌我之分推至极端，客家人的自我意识也变得空前高涨。他们一旦掌握到文化资源，如著书、撰文、修志，便要对自己的身份和先祖源流做出自己的表述。② 同粤人潮人一样，客人用以证明自己的文化身份的正统性渊源的方法，同样是用"中原来源说"。

客家士子用以支持"中原来源说"的论据，除了他们所认识的历史上发生多次的动乱而导致的大规模移民迁徙，还有他们对客语的来源的论断。徐旭曾认为，"客人语言，虽与内地各行省小有不同，而其读书之音，则甚正。故初离乡井，行经内地，随处都可相通"③。大埔县的林达泉(1829—1878)、镇平县的黄钊(1787—1853)两位客家士子，更进一步撰文力图证明客音源自中原古音。④ 林达泉说：

　　大江以南，徽音异苏，苏异浙，浙异闽，闽异粤，粤异于滇黔，

---

① S. T. Leong, "The Hakka Chinese of Lingnan: Ethnicity and Social Change in Modern Times", p. 306. 同治《高要县志》卷二，第 30 页；同治《新会县志》卷十，第 7 页；光绪《新宁县志》卷十四，第 22—37 页；光绪《高明县志》卷十五，第 17—27 页。

② 学额亦是客家人极力争取的文化资源，据梁肇庭考，早在乾隆二十五年 (1760)，开平县的客籍生员便向官府要求落籍以取得学额，结果没有获许。其后粤客矛盾越趋激烈，官府在很多粤客杂处的县份设立客籍学额，包括新宁(1788 年)、开平和东莞(1811 年)、新安和高明(1812 年)。参见上引施肇庭书第 62 页。又参见道光三年(1823)《开平县志》卷六，第 23—24 页；嘉庆二十四年(1819)《新安县志》，第 12 页；道光十九年(1839)《新宁县志》卷六，第 33 页；光绪十九年(1893)《新宁县志》，第 267—268 页。

③ 徐旭曾：《丰湖杂记》，收入徐金池编纂《广东和平徐氏宗谱总谱》卷二，第 19 页。

④ 林达泉：《客说》，收入温廷敬编《茶阳三家文钞》卷四，出版年份不详，序于宣统二年(1910)，文海出版社，1966 年重印，第 2—3 页；黄钊：《石窟一征》卷七，同治元年(1862)，台湾学生书局，1970 年重印，第 1—17 页。

滇黔异于楚南江右。其土既殊，其音即异，惟于客也否。客于县而他县之客同此音也，客于府而他府之客同此音也，于道之省，无不如此。是称客无殊其音，即无异也。且土之音，或不叶于韵，客则束发而授语孟，即与部颁之韵，不相径庭。盖官韵为历代之元音，客音为先民之逸韵，故自吻合无间，其有间则杂于土风耳，非其朔也。

从客音和官韵相近的现象，林达泉更进一步推论说：

> 由是观之，大江以北，无所谓客，北即客之土。大江以南，客无异客，客乃土之耦。生今之世而欲求唐虞三代之遗风流俗，客其一线之延也。①

林是大埔县的举人，同治三年（1864）在家乡组织团练；黄钊来自嘉应州镇平县，曾主讲韩山书院。林黄二人，俱是当时有名的客家士子，他们撰写这类文章，很明显是有意识地为自己所认同的客家人说话的。

光绪十五年（1889年）《嘉应州志》的出版，是族群意识强烈的客家士子利用官方史志的地盘，建立起自己认同的文化和历史陈述的一个典范。嘉应州在明洪武时称程乡县，属潮州管辖，清因之，雍正十一年（1733）改为直隶嘉应州，下辖兴宁、长乐、镇平、平远四县；嘉庆十二年（1807）升为府，复置程乡县，十七年（1812）复改州废程乡县；宣统三年（1911）改为梅县。在光绪《嘉应州志》之前，有乾隆《嘉应州志》，在乾隆志中，仍然用上述苏轼论韩愈在潮州所做的文化贡献来论证本地文化，该志云：

> 故苏文忠谓：自是潮之士皆笃于文行，延及齐民至今，号称易治。嘉应，本潮属也。古为程乡，义化之风濡染，尤切先儒。②

---

① 两段引文皆引自林达泉《客说》，收入温廷敬编《茶阳三家文钞》卷四，第3页。
② 乾隆《嘉应州志》卷一，《舆地部·风俗》，广东省中山图书馆，1991，第44页。

可见，乾隆《嘉应州志》在叙述当地的文化时，所强调的仍然是当地与潮州的关系。然而，到光绪《嘉应州志》，我们看到所叙述的地方文化，重心却转移到客语群体上去了。其总纂是温仲和（1849—1904），嘉应人，光绪四年（1878）选学海堂专课肄业生，光绪十五年（1889）成进士。① 在《嘉应州志》中，身为总纂的温仲和，在很多篇章里同时也担任"复辑"的角色，加入自己的按语。在《方言》一卷中，温仲和的按语往往引经据典，力图证明"吾州方言，多隋唐以前之古音"，甚至发现，"通儒所谓一线廑存之古音，竟在吾州妇孺皆知之土音中，特不经证明，人自不觉耳"②。温仲和认为客话多古音古语的主张，似乎参考了他的老师、学海堂学长陈澧（1810—1882）对广州话所做的判断，陈澧曾作《广州音说》，说广州方音合于"隋唐时中原之音"③，而温则在《嘉应州志》的《方言》一卷中说：

> 仲和昔侍先师番禺陈京卿尝谓之曰：嘉应之话，多隋唐以前古音。与林太仆所谓合中原之音韵者隐相符契，故今编方言以证明古音为主，而古语之流传，古义之相合者，亦一一证明之。……夫昔之传经者，既以方音证经，则今考方言自宜借经相证，其间相通者，盖十之八九，以此愈足证明客家为中原衣冠之遗，而其言语皆合中原之音韵，林太仆之说为不诬，而先师所谓多隋唐以前之古音者，实有可征也。④

在《礼俗》一卷中，温仲和也加了不少按语，详细地论证客家礼俗如何符合正统的规范，⑤ 这在地方志书中是十分少见的。更特别的是，温仲和对明代广东著名学者丘濬以《朱子家礼》为依据编的一本较通俗的《家

---

① 容肇祖：《学海堂考》，《岭南学报》，第3卷，第4号，1934，第76页。
② 光绪《嘉应州志》卷七，第34—35页。
③ 陈澧：《东塾集》卷一，菊坡精舍藏板，光绪十八年（1892），第27—29页；相关讨论详见本书第三章。
④ 光绪《嘉应州志》卷七，第86—87页。
⑤ 光绪《嘉应州志》卷八，第53页。

礼》予以严厉的批评,认为他有违古礼,这在广东其他方志中也是十分罕见的。丘濬声名卓著,其编修的《家礼》也在广东地区广泛流传,地方志每每以该地已采取"丘文公"的家礼,作为地方风俗如何符合规范的标榜。温仲和这种做法,似乎是想透过批评在广东地区流行的既有观念,以论证客家文化更胜一筹。

这些广府或客家士人论证自身方言更近古音的说法,论据是否充分,论证能否成立,不在本书讨论之列,笔者更注重的事实,是他们叙述的模式——他们都无一例外地把自己认同的文化与想象的中原文化挂钩。同样的论述逻辑,也可以在潮州士子的著述中找到。客家的论述尤其值得注意之处,是客族自我意识最强烈之际,正好是近代种族观念和国家观念根植中国之始,这导致客族的自我叙述模式发生了划时代的变化,也促成了清末以来广东地方文化观的一个关键性的转折。

如果说在嘉庆至光绪年间,已经具有强烈的"客人"身份意识的客家士人用以说明"客家"文化的中州渊源时,所用的论据主要还是以地域和方言分类为基础的"移民说"的话,那么,到光绪末年以后,在这种移民说基础上,叠加了更浓厚的以血统为基础的种族观色彩。人种学意义的民族观念在19、20世纪之交传入中国,很快就形成了以血统界定族群的传统。[①] 在种族观念的影响下,粤客之别以至粤客之争的焦点,发生了微妙的变化,从方言之别转变为人种之分。有趣的是,这场争论的触发点,是出现在清末由清廷颁令各地编撰的乡土教科书有关人类种族的叙述中的。乡土志和乡土教科书,是光绪末年至辛亥革命前在中国出现的一种新的地方文献,有关这类教科书所反映的地方与国家观念,我们将在下节专门讨论,这里先看看广东乡土教科书中有关人类种族的论述,如何浓缩地反映了新旧交替的读书人在吸收了新的种族和国家观念的时

---

① 有关20世纪初种族观念在中国的理解和运用,见 Pamela Crossley, "Thinking about Ethnicity in Early Modern China"; Frank Dikötter, *The Discourse of Race in Modern China*;韩锦春、李毅夫:《汉文"民族"一词的出现及其早期使用情况》,《民族研究》,第2期,1984,第36—43页。

候,是怎样重新调整其族群认同的表述语言的。

根据清廷颁布的例目,各地乡土教科书的编纂当以新编的乡土志为基础,而乡土志的内容则应包括历史、政绩、兵事、耆旧、人类、户口、氏族、宗教、实业、地理、道路、物产、商务等项目。① 在这里,与我们的讨论有关的是"人类"这一条目,根据《学务大臣奏据编书局监督编成乡土志例目拟通饬编辑片》的规定,乡土志中的"人类"篇应包括以下内容:

> 本境于旗汉户口外,有他种人者,务考其源流,叙其本末世系,现在户口若干,聚居何村何山,其风俗大略,均应编入,其种约分:回、番、畲、猓、苗、瑶、獞、狑、犺、狼、皿、狭、打牲、貂、黎、土司,如土司不属府州县者,则由布政司查明编辑。②

按照这个例目,当时在广东出版的各种乡土志和乡土教科书都有"人类"一章,从中可以看到,编纂者如何把种族理论和我们在上几节讨论过的"迁徙同化论"结合起来,力图证明自己所认同的方言群体是"纯粹"的"中国种"或"汉种"。光绪三十二年(1906)出版的《广东乡土史教科书》沿袭着这时已成为"成说"的粤人中原南迁说云:

> 南宋时,中原人避乱,多迁居南雄珠玑巷,故粤人多中国种。③

光绪三十四年(1908)出版的《广东乡土地理教科书》亦云:

> 盖自秦谪徙民处粤,为汉种入粤之始。唐宋时代,中原人士,

---

① 《学务大臣奏据编书局监督编成乡土志例目拟通饬编辑片》,《东方杂志》,第 2 卷,第 9 号,1905,第 218—223 页。
② 《学务大臣奏据编书局监督编成乡土志例目拟通饬编辑片》,《东方杂志》,第 2 卷,第 9 号,1905,第 220 页。
③ 黄映奎、黄佛颐:《广东乡土史教科书》,第 2 课"广东人之种别",粤城时中学校刊本,光绪三十二年(1906)。

多避乱岭表，自是汉种盛焉，汉种盛，粤种遂衰。①

这里述说的历史，与以往的说法在内容上并无二致，但一个"种"字的使用，却使这一历史叙述突出了"种族"的观念。《广东乡土地理教科书》接着解释，所谓"粤种"，就是尚存的"獠""俚""黎""歧""蜑族"及"猺猺"诸种；而"汉种"则是"秦以后入粤者"。

在同一观念下，县一级的乡土志也有类似的论述，《广宁县乡土志》"人类"一章说"他种人及旗户，本境俱无"②。这一以"种"的分类来区分人群，泾渭分明地划清"汉种"与"他种"界线的观念，在以客家为主要居民的县级乡土志中也有清楚的表述，如《始兴县乡土志》的"人类"篇谓：

本境僻处偏隅，除土著外，从无旗籍汉军，至于回番猓苗狖犽等类，从未曾有。惟南境深山中，旧有来自连山猺人，结庐佃，种杂粮，然近来游匪出没无常，猺人佃山者，闻风远徙，数年前几绝猺足迹。③

这段话的意思就是说，当地本来是有与属于汉种的土著有别的"他种"的，只是近年已几乎绝迹。又《始兴县乡土志》的"氏族"篇云：

本境氏族陈、李、何、张、刘、邓、曾、钟为大，卢、黄、吴、赖、官、华、林、朱、萧、聂次之。其受氏多溯炎黄后裔，汉魏晋隋，邈难稽矣。有随宦至粤，唐朝相传者三十七代，有南宋流寓者传二十九代，惟明初自福建上杭迁居者族类最多……合本境论，皆土著，无客籍。作氏族记。④

---

① 黄培坤、岑锡祥：《广东乡土地理教科书》，第 19 课 "广东人之种族"，粤东编译公司，光绪三十四年（1908）再版。
② 伍梅、龚炳章编辑《广宁县乡土志·人类》，出版年地不详，第 18 页。
③ 张报和总纂《始兴县乡土志·人类》，清风桥文茂印局，出版年不详，第 36 页。
④ 张报和总纂《始兴县乡土志·氏族》，第 36—37 页。

我们可以很清楚地看到，《始兴县乡土志》中的所谓"土著"，指的是"炎黄后裔"的大族，而"客籍"只是指新近迁徙来的居民，与当时用作指称操客语的"客家"是不同的概念。明清以后，始兴县的居民基本上操客语，所以，这里的"土著"应该指的就是今天被称为"客家"的人群。可见，在晚清的乡土志中，因应"乡土志例目"的要求，编纂要回答一个谁是"汉种"，谁是"他种"的问题，就连他们原来熟悉的"土—客"之分，也要置于这种种族区分的框架中去表述。这一点在当时已经很明确使用"客家"的名称来定义自己身份的地区的乡土志中，可以看得更为清楚，《兴宁县乡土志》的"人类"篇云：

> 邑中人类，本中原衣冠旧族。宋南渡时，播迁转徙，多由闽赣而来，语言风俗，与土著异，故当时土著称为客家。厥后由县转徙他方者，遂自称客家，而并无改其语言风俗，示不忘本也。考据家谓其语言多存古者，风俗犹有古礼焉。相传卢、蓝、毛、赖、潘五姓为土著种族，至今婚娶犹有卢、毛、钱一款，询厥原因，盖为当日土族索取新人过路钱而设，日久相延，遂成故事，今无此风，钱仍归媒。若今所称卢毛等五姓，均系宋元间由中原迁来者，非复当日卢毛土著也。至于猺本盘瓠种，散处岭表间，所在多有。明弘治十六年，流猺作乱，据大望山。正统间，其种尚多，土人彭伯龄为水口副巡检，专事抚猺，成化丁酉罢其制，但取其属一长者畀之，名曰抚猺老人。清初县东六十里铁山嶂，尚有猺民，磊石为居，其人朴野，鲜机智，近百年来既消归乌有矣。猺之别种曰畲，刀耕火种，采实猎毛，盖亦猺类也。粤人于山林中结竹木障覆居息为輋，故称猺所止曰輋。向北，猺亦有称畲长者（《天下郡国利病书》）。按：畲、輋古，今字輋为輋之讹，畲，土畲之讹）。按《广东通志》云：惠潮间多輋民；《广东新语》言：兴宁大信有輋民。兴宁向属惠州，大信向属兴宁，今邑北百三十里泰宁堡毗连大信地方，有所谓上輋下輋苗輋荷峰輋者，殆当时輋人所居之地，久遂沿为地名，特种族泯

灭，不可考耳。蛋籍向系河泊所（明洪武初置），在兴宁者，奏编属县下六都，立其中甲首甲以领之，然课类犹称河泊焉（《天下郡国利病书》）。今惟麦氏二三人，尚是当时蛋族。此外，有系出蒙古者，惟沙氏丁口五六百人，其言语风俗，亦既习与俱化矣。回番各种无。①

《兴宁县乡土志》的作者很明显要把他们认为属于中原衣冠旧族的"汉种"的客家，与原在本地的"土著"区分开来，从上文有关当地卢、蓝、毛、赖、潘五姓的叙述中可见一斑。作者说"今所称卢毛等五姓，均系宋元间由中原迁来者，非复当日卢毛土著"，即使有过卢、毛等五姓为"土著种族"的说法，也不过是根据口耳相传的。这里强调的是客家人来自中原的文化正统性，由于他们是"中原衣冠旧族"，所以"语言风俗，与土著异，故当时土著称为客家"。《兴宁县乡土志》的作者还强调的是，当地的"猺"已经消归乌有，"蛋"也所余无几，而其"氏族"一章中所记载的，均属"丁口达万人以上"的大族，实际上也就是客家人士，而仅剩"二三人"的"蛋族"麦氏，当然就不入"氏族"一章了。简单来说，就是兴宁县绝大部分的居民，都是汉种。

种族理论被这样运用来作为区分人群种类的根据，意味着某方言群体力陈自己是"汉种"的同时，往往含有要把别的方言群体划为"他种"的倾向。传统方志中的粤客之争，在新式的乡土教科书上继续体现出来，但由于乡土教科书作为新式教材的性质，一旦出版流传，便更容易引发

---

① 罗献修辑《兴宁县乡土志·人类》，钞本，广东省中山图书馆藏。引文中"按：畲、輋古，今字輋为輋之讹，畲，土畲之讹"一句意思不明，可能为抄写时笔误，疑应为"畲、輋，古字，今字輋为輋之讹，畲，土畲之讹"，大意为："輋""畲"同属古字，今人所用的"輋"和"畲"，是"輋""畲"二字的误写。引文中"粤人于山林中结竹木障覆居息为輋，故称猺所止曰輋"，"在兴宁者，奏编属县下六都，立其中甲首甲以领之，然课类犹称河泊焉"，均出自顾炎武《天下郡国利病书》光绪二十六年（1900）广州广雅书局刊本（卷一百，第12页，卷一百四，第54页）；然而《天下郡国利病书》（《四部丛刊三编》本）原编第27册第44页中的原文与此处引文略有出入，其中"輋"字写作"輋"。

出更大的社会反响。光绪三十三年（1907），上海国学保存会出版了由顺德著名学者黄节编撰的《广东乡土地理教科书》，其中"人种"一章，以图表形式（参见附图 2.1），将客家划出"汉种"，与"福猪"和"蜑族"并列为"外来诸种"。此举旋即引起当时一些具有强烈的"客家"和"福老"认同的士子的抗议。同年 3 月 29 日，客家人于汕头主办的《岭东日报》发表了一篇名为《广东乡土历史客家福老非汉种辨》的论说文章，对黄节的说法提出抗议，谓：

> 近见国学保存会，出有广东乡土历史教科书一种，为粤人黄晦闻所作，其第二课[应为第十二课——引者]广东种族，有曰客家福老（原书且作猪字）二族，非粤种，亦非汉种。其参考书复曰：此两种殆周官职方所谓七闽之种，不知其何故出此？岂其有意诬蔑欤？不然，何失实之甚也！

该文接着又详细铺陈各种历史根据，以说明客家和福老先世来自河南，同属中原遗裔。该文曰：

> 考潮州一郡，自秦史禄留家揭岭，其戍卒多流寓于此，及汉平南越，揭阳令史定（当即史禄之后）首以县降，自是以来，多位流人所居。晋代初立万川（即今大埔县），介以安置流人，大抵汉越杂处，此自秦汉至六朝，潮州民族之大概也。即吾粤当时之民族，亦俱类是。客家福老二族之称，实起于唐宋以后，盖自唐代，潮州人士，始稍萌芽，若陈元光之武功，赵德之文学，虽为潮人，然其先实中原故族，元光平漳州，其将卒悉河南人，设郡后，来者益多，聚居城邑，土人（猺族，即闽之旧种）畏之，称为河老，河老者谓其自河南迁来也（见《郡国利病书》），此为福老之旧族。及唐末之乱，王潮陷漳州，其将士亦皆河南人，避乱之士，复多归焉，与旧族杂居，变其语音，是为福老之新族，其族蕃衍，遍播于漳泉兴化之间，以及于潮琼滨海之地。盖福老之名，原为河老，其后讹河为学（今其族

尚自云河老，而客家则呼为学老），而末学之氏，不能深考本原，以其来自福建，遂定为福老之称，甚且书为狪或獠字，而不知其同为中原遗裔也。

至客家一族，亦出于河南光州，其证据尤显，至今客家人之曾主河南者，云客族方言与光州之光山县无异，盖多为住山之民。其转徙亦在唐末，与福老同时。初居汀之宁化，其后遍植于汀州一郡，与江西之赣州、广东之惠、嘉、钦、廉、潮之大埔、丰顺，以及诸邑近山之地，多其族所住。其族以少与外人交通，故其语言风俗，独能保中原之旧，陈兰甫京卿所谓客家语言，证之周德清《中原音韵》，无不合者也。黄氏以语言特别，断其为非汉种，不知其所谓别者，以其别于中原正语乎？抑别于粤省土语乎？夫福佬之转徙较先，且与土族杂处，其语言诚不无小变，然细按之则仍为一脉，其不同者，但音韵之讹转歧出耳。若客族之近于中原正语，则较诸粤省民族，且有过之，黄氏何所见而云此也。

乃又以惠潮嘉地接闽疆，潮人有福老之称，遂臆为七闽之遗种，不知闽越之民，亦属越种（西人称为印度支那族），当汉武时，已徙其民江淮间，其有窜匿山谷者，如猺民之类，与吾粤正同。其余若白眉全郎之属，语言风俗，皆与汉族特异，此真七闽之土族，作者乃以客家福老二族当之，谬矣。

在当时的政治语境中，该文作者还认为，黄节挑动的不仅仅是土客之争，更要在"汉族"之中自生畛域。而黄节身为国学保存会的成员，在作者看来，就更有"种族之见大深"和"排满"之嫌。该文继续说：

夫中国宗法之制，相传最久，故家族乡土之见，亦因之而最深，彼此互诋，习久讹传，遂忘其同出一祖，而西人采中国之风土者，亦复因讹袭谬，如所谓汀州之哈加族，实为客家二字之讹，乃屠氏中国地理教科书仍之，且谓其受创后窜伏一隅，几若其地之尚有异族者，不知汀州一属，皆客家遍殖之地，固无所为受创而窜伏也，然此犹可谓失之不考，若黄氏之所云，则真百思而不得其解矣。得毋其以种族之见太深，排满之不足，于汉族之中复自生畛域乎？彼六县排客之事，冤无天日，今之客族，方议破此问题之界限，而黄氏此书，乃欲以饷粤省儿童，使其先入于心，早怀成见，益启其阋墙之衅，以为亡国之媒，非黄氏贻之祸乎？考之事实已相违，施之教育又不合，黄氏苟出于有心蔑视也则已，如其为无心之差误，则吾望其速为改正也！①

与此同时，以丘逢甲和邹鲁为首的正在广州积极投身革命的客籍人士，成立了"客族源流调查会"，证明客家人确属汉种无疑。据邹鲁事后忆述，他当时曾"联全粤客福所隶数十县劝学所，与之辩证，并止其出版"②。潮州府大埔县劝学所的代表，亦曾致函学部投诉，从以下学部的回复可见，当时官府也担心这样的争论最终会导致"妄分种族之祸"：

> 学部为剳饬事，兹据广东潮州府大埔县劝学所总董廪贡生饶熙等禀称：上海国学保存会所编广东乡土历史地理教科书二种书中，以客家福老为非汉种，拟为周官职方七闽之族，荒谬无稽，恐启妄分种族之祸，请将改书版权撤销等因。查广东乡土历史地理教科书，前经呈部，已将书中错误之处，逐条签出，批令改正后，再呈部校阅。除一面咨照两江总督剳饬上海道饬令改正，停止原书发行外，相应剳饬该司转饬该总董等遵照可也，切切，此剳。③

学部同时饬令两江总督暨上海道处理此事，并提到"该[广东]省法政

---

① 《广东乡土历史客家福老非汉种辨》，《岭东日报》，光绪三十三年二月十六日（1907年3月29日）。
② 邹鲁、张煊：《汉族客福史》，国立中山大学出版部，1932，第21页。该书原出版于1910年，1932年再版时，正值邹鲁出任中山大学校长期间。
③ 《剳广东提学使广东乡土教科书已令改正转饬大埔县劝学所总董等遵照文》，《学部官报》，第31期，光绪三十三年（1907）七月二十一日，第44—45页。

学堂曾本是书宣讲，几酿事端"①。结果，国学保存会在光绪三十四年（1908）再版的《广东乡土地理教科书》，干脆将图表上有关客家部分全部删去，以避开这个敏感的话题。②（参见附图2.2）

客家士人对黄节此举反应之强烈，在当时的乡土志中也有所反映。在《兴宁县乡土志》"耆旧录"一章述及当地一位热衷于收集乡邑文献的客家士子胡曦时，便有这样的描述：

> 岁丁未（即1907年——引者）卒，先卒前数日，见广州某编乡土史，诋客族非汉种，群起与争，尚考证客族源流，洋洋万言，完稿后与友人纵谈至夜半，旋瞑目，年六十四。③

然而，这宗事件并没有教其他乡土教科书的作者在遣词用字上完全

---

① 《咨江督转饬国学保存会改正广东乡土教科书文》，《学部官报》，第31期，光绪三十三年（1907）七月二十一日，第45页。学部在之前曾表扬过上海国学保存会出版的乡土教科书，称其"取材雅饬，秩序井然，在新出乡土历史中足推善本"，也针对教科书其他内容做了一些修改的指示，见《邓祐祺呈国学乡土教科书请审定令禀批》，《学部官报》，第26期，光绪三十三年（1907）六月初一日，第39—40页。

② 黄晦闻：《广东乡土地理教科书》，第12课"人种"。有关"客族源流调查会"的成立，见罗香林《客家研究导论》（希山书藏1933年初版，上海文艺出版社，1992年影印），第5—6、27—28页。罗香林又指出，黄节撰写这一课的根据是上海徐家汇教堂所编的《中国舆地志》。有关此次广府人与客家人之论争的背景，可参见上引梁肇庭书，第83—84页。

③ 罗献修辑《兴宁县乡土志·耆旧录》。胡曦（1844—1907），字晓岑，癸酉科（1873）拔贡，翌年入京朝考报罢，后又屡荐不受，自是不复应考。胡修辑乡邦文献甚多，其中包括《兴宁图志》十二卷、《兴宁图志考》八卷等。胡与黄遵宪相交甚殷，黄曾有编辑客家山歌的计划，谓"我晓岑最工此体，当奉为总裁"。见杨冀岳《黄遵宪与胡晓岑》，载兴宁县政协文史委员会编《兴宁文史》第17辑《胡曦晓岑专辑》，1993，第46页。罗香林在1959年为胡曦撰写的年谱中亦提到教科书一案，谓："上海国学保存会顺德黄节晦闻，撰地理教科书，于客族源流，多所误解。粤中客属人士，闻之大哗，多为文与辩。并呈大吏，禁止刊行。经广东提学使，牌示更正。兴宁兴民学校诸教习，乞先生为粤民考，以示信将来。先生为文数千言，详实称最。未几即婴疾不起，盖绝笔矣。"见罗香林《胡晓岑先生年谱》，载兴宁县政协文史委员会编《兴宁文史》第17辑《胡曦晓岑专辑》，1993，第163页。

消除广府人对客家人的歧视。宣统元年(1909)出版的《新宁乡土地理》，作者显然站在广府人的立场，每论及客家人士时，多以"匪"字称之，甚至在"山岳"一章，也加入这样的按语：

> 大隆山：……客匪常据此山为乱，图新宁之治安者，不可不预防也。①

新宁县(后改称台山)向来是客家人和广府人冲突最烈的地方，同治六年(1867)，两广总督及广东巡抚奏请，割新宁县属部分地方，析为赤溪厅，将客家人移居至此。②《新宁乡土地理》的作者雷泽普显然是操粤语的新宁县人③，他同时也编纂出版了《新宁乡土历史》，并在序言中语重心长地说：

> 普不揣固陋，爰辑《新宁乡土历史》一书，一则以采前贤不朽之芳烈，冀以动小学生向善之感情；一则以记客匪之猖獗，志土人之流离，使小学生知吾邑当日果有如是之奇祸也。④

可见广府人对客家人仍然一直心存歧见。为了进一步消除广府人的歧视与偏见，针对黄节《广东乡土地理教科书》所引起的争端，邹鲁和张煊写就了《汉族客福史》一书，宣统二年(1910)得旅居南洋的客福人士集资印发。在这本书里，两位作者力图申明客家人和福老人身上汉族血统的纯粹性，最后总结曰：

---

① 雷泽普：《新宁乡土地理》，宣统元年(1909)初版，出版地不详，第12页。
② 雷泽普：《新宁乡土地理·赤溪厅之析置》。
③ 需要指出的是，新宁和新会、恩平、开平这些称为"四邑"的地区所流行的粤语一般被语言学家称为"四邑片"，与以省城为中心的"广府片"在语音词汇方面颇有差别。
④ 雷泽普：《新宁乡土历史自序》，载《松下述学集》，粤东编译公司，1923。《新宁乡土历史》原书，笔者只见下册，估计与同一作者编的《新宁乡土地理》出版时间相若，即1909年。

尝考客家福老出自河南,河南在华夏之中。是客福为汉之嫡裔,于汉族客福之原始详之,不待言也。至客家福老迁播之时期有四,第一时期始于秦汉之用兵,盛于孙氏之招贤;第二时期疾五湖之乱华,避黄巢之反叛,趋而南下;第三时期则宋明忠义之士,奉故主南奔而不返;第四时期则扩充势力于南洋群岛、安南缅甸等处,他如避地避世之故,言语同异之辑,均载篇章,各有专论在。统而言之,大江以北,无所谓客,无所谓福,北即客之土,福之源也。大江以南,客无异客,客为土之偶,福为河之称也。客家之对,则为主人,福老之称,原为河老。①

值得注意的是,客家和福老人士在这宗事件上联合起来,除了因为《广东乡土地理教科书》把他们都划为"外来诸种",还有一些不容忽略的历史背景。陈春声指出,自咸丰十年(1860)汕头开放为通商口岸后,逐渐成为整个韩江流域的经济和文化中心,潮州府和嘉应州两地的商人和文人,不管讲什么方言,都集中到此地活动。光绪二十八年(1902),温仲和与丘逢甲等客家文人在汕头创办的新式学堂"岭东同文学堂",兼收潮、嘉二地的学生。自光绪二十九年(1903)起,由客家人在汕头主办的《岭东日报》,辟有"潮嘉新闻"专栏,专门刊登潮州和嘉应州各地的来稿,在报纸的时评中,往往也是"潮""嘉"并称,而在"潮嘉新闻"中,罕有"客家"和"福老"两个方言群冲突和分界的具体例证,日常生活中更多发生的,还是所谓"姓自为争,乡自为斗"这类土、客二族内部"歧中又歧"的现象。不过,陈春声也指出,恰恰也是因为在城市中共处,客家人和福老人因接触而产生的认同或分类的感觉也逐渐变得明显起来。此尤可见于当时在《岭东日报》上刊登的一些分析潮嘉地区土客之别的论说文章,以及有关岭东同文学堂中发生的土客争端的报道。这种"客""福"共处的

---

① 邹鲁、张煊:《汉族客福史》,第19—20页。

状况，可以说是邹鲁和张煊出版《汉族客福史》的背景。①

除了汕头，广州当然也是另一个让"广府""客家""福老"等几个方言人群汇聚碰撞的中心。邹鲁在几十年后忆述这宗教科书事件时，谓自己当时刚好在广州法政学堂就读，一面积极投身革命活动，一面在广州筹办一所潮嘉师范学校。上述《学部官报》提到"该省法政学堂曾本是书宣讲，几酿事端"，可以估计，邹鲁是在广州法政学堂就读期间接触到黄节此书，并因此较容易集结客福人士的力量，提出抗议的。②

《广东乡土地理教科书》引发的争论和随后《汉族客福史》的出版还需要置于晚清的政治情景中加以理解。《汉族客福史》的作者邹鲁在撰写此书代表客福人士发出抗议之声的同时，也在参与策动一场种族革命，鼓吹"同文同种"的汉族团结起来，与异族统治者对抗。因此，作者虽代表客福人士抗辩，但却处处避免挑起"汉族以内"的群体斗争。丘逢甲在为此书撰写的序言中云：

> 世而大同也，民胞物兴，何辨乎种？更何辨乎族？然世未进大同，而又值由国家竞争进而为种族竞争时代，则不能不辨其种，尤不能不辨其族。辨之维何？盖将联其同族，结乃团体，振乃精神，以与异族竞争于优胜劣败之天耳。非然者，自分畛域，猜忌分离，同族已为鹬蚌之相持，异族必为渔人之得利。以汉族处近日竞争集矢之秋，凡属同族，同德同心，尚难免于劣败之列，若稍存畛域，

---

① 参见陈春声《地域认同与族群分类：1640—1940年韩江流域民众"客家"观念的演变》，《客家研究》，创刊号，2006年6月，第1—43页。《岭东日报》的相关报道，可见于《潮嘉地理大势论》（光绪二十九年十一月初十日）、《哀告岭东同文学堂任事诸君》（光绪二十九年十一月二十二日）、《同文学堂祝辞》（光绪三十年三月十五日）等数篇文章。

② 邹鲁在这本完稿于1943年的回忆录中，多少淡化了当年这宗教科书事件，他说，"经过了这次交涉，不但客家福佬的知识分子和广府人都对我感情很好，就是黄晦闻先生本人也对我没有丝毫芥蒂，反和我十分要好"，而在"潮嘉师范成立之后，接着更正了客福非汉族的误解，不但我交游日广，而且广州党人对我更加亲切，公推为同盟会的主盟人"。见邹鲁《回顾录》，岳麓书社，2000，第18—19页。

则种绝族灭之祸，旋踵即至，每一念及，为之悚然。

不过，大抵是为免触犯"满汉之别"这个敏感的政治话题，丘逢甲并没有点明他视为"异族"的，要与之竞争的，其实是满族，而他清楚说明是"异族"的"苗猺黎獞"等，不过是"历史之遗物"，他在序言中继续说：

> 溯汉族辟土开疆，奠定中原以还，始而播衍于中国，继而扩殖于南洋，虽地居不同，语言各别，初不过转徙有前后，变化有钜微，其同为汉族则一也。否则如苗猺黎獞之异族，自汉族繁殖之后，即有存者，自为风俗，成历史之遗物耳，何至于与汉族相混哉？

丘逢甲认为，恰恰因为要促进汉族的同德同心，畛域之见是要不得的，所以，各种关于客家人的不准确的描写、侮蔑以及所引发的误会，应该尽量予以纠正。丘是这样解释福老人士对《广东乡土地理教科书》事件的强烈反应的：

> 乃近有著作，竟贸然不察，以客家福老语言之差异乎广音，遂以客家福老为非汉族，且以老为猺。更有一二著作，以客家作哈加，抑何其愼哉？夫以老作猺，只见一书，谬妄人所共知；以客家为哈加，则始见于屠寄《中国地理》初二版，其后一二讲授家，遂依此以编讲义，屠寄之致误，不过译西书之音所致，而西书之由此名词，则以其见中国南方，有称后来之北人为客家，遂以为汉族之外，另有一种。屠寄译书，未察由来，将客家之音，译为哈加，遂致此误，其后已自知之，故三四版时，经自行删改。今以平心论之，在此等著作之初心，谓其有意自分畛域，蹈兄弟阋墙，当亦所无，而无稽之语，稍有见识者见之，亦当不值一笑，实不容稍为之辩，然恐以讹传讹，万一流于互相歧视，互相离异，至演成种灭族绝之祸，则涓涓之塞，又岂能已哉？①

---

① 以上三段引文出自丘逢甲《汉族客福史序》，载邹鲁、张煊《汉族客福史》，第2—3页。

有意思的是，身为上海国学保存会创办人的黄节，其实也为了同一个政治目的，发表过一番种族论说。黄节（1873—1935），字晦闻，广东顺德人，与章太炎、邓实等人在上海创办国学保存会，以保存和弘扬国学国粹为己任，隐隐然有反清复汉之志，对种族问题自有一番见解。① 光绪三十一年（1905），黄在该学会出版的《国粹学报》中，曾以连载方式发表《黄史》一文，深叹在满洲人的统治下，"中国之不国也"，情况就如元朝蒙古人的统治和北魏鲜卑人的统治一样。他论证说，唯一合法管治中国的人，是源出昆仑山的一族人，也就是黄帝的子孙——汉人。② 黄节显然在借用西方"nation"同时指代"国家"和"民族"的双重又相关的含义，来发挥他的政治主张。他关心中国是否成"国"，就是"中国"是否由合法统治中国的种族——汉族——来统治的意思。黄节的言论也代表了国学保存会的知识分子的言论，他们认为，相对于世界各国其他种族而言，中国人人种属于"黄种"，而"黄种"的意思就是"黄帝"的后裔，全体汉族既是"黄帝"的后裔，在生物意义上便属于一个统一的整体，在政治意义上也就继承了统治中国的合法性。当时反清的知识分子，就是这样强调汉人在血统上的纯粹性和在文化上的优越性，从而肯定汉人管治中国的正统性的。不过，国粹派以种族论为基础的政治主张，在黄节和其他成员编纂的乡土教科书中，体现得极为有限。大抵由于乡土教科书须经学宪审定，因此，这些乡土志或教科书涉及人种的讨论，都很自然地不会触动到最敏感的满汉问题。

然而，放眼中国的黄节，同时是原籍顺德的广府人，也难以泯除方

---

① 尽管如此，由于对党派政治不信任，黄节没有加入同盟会，其反清的表述亦十分含蓄，不至于触犯清廷，他编撰的乡土教科书，亦得到省教育当局的核准。有关清末"国学"观念的形成和国学保存会的具体情况，见 Laurence Schneider, "National Essence and the New Intelligentsia", in Charlotte Furth (ed.), *The Limits of Change*: *Essays on Conservative Alternatives in Republican China*, Cambridge [Mass.]: Harvard University Press, 1976, pp. 57-89；郑师渠：《国粹、国学、国魂——晚清国粹学派文化思想研究》，文津出版社，1992。

② 黄节：《黄史》，《国粹学报》，1905，第1卷，第1号，《史篇》。

言群之偏见，以致在编纂给儿童阅读的乡土教科书时，随意地把所谓"客家"和"福佬"划为非汉种。如果我们把黄节在教科书中所做的划分，联系到他在《国粹学报》中的政治言论，按照他的论述逻辑，不是汉人的人，就不是黄帝子孙，也就没有统治中国的权利，那么，被他划为"外来诸种"的客人，岂非与满族这样的"非汉种"无异？岂非就没有统治中国的权利？黄节可能在撰写儿童教科书时，没有意识到这样的政治后果，但他这种不经意的叙述，在当时的政治情景中，却引起了正在积极参与革命活动、政治动员能力极高的客福士子的不满。与此同时，客家士子在汕头主办的《岭东日报》，也成为他们反复强调其关于客家来源问题的态度的基地，加上当时潮嘉二属人士各自建立起来的会馆和劝学所等机构，所有这些舆论和组织力量，都对政府形成了一定的压力，最终迫使上海国学保存会在报纸上刊登启事，表示"拟于再版时改正，其余未经集罄之书，概行停售"①。最后，国学保存会更把《广东乡土地理教科书》改版重印。客家士子在这次争端中得胜，绝非偶然，也预示了他们日后在广东的政治社会舞台上将扮演更重要的角色。

朱希祖曾指出："地方之分土客，本古今之通例也，然时移世易，则主客不分，如鱼之相忘江湖焉，广东之客家则异是。"②客家自成为一独立于粤、潮之外的族群，就是时移世易、种族观念被引进中国的结果。20世纪以前，广府人和潮州人关心的只是他们是否"与中州同"，而不是强调自己和别的方言群的民族身份的区别；可是，客家人因为被视为非汉人，便极力论证自己的"民系"身份，考辨的结论当然是，客家人才是最纯种的汉人。本来汉人的身份认同是没有种族因素的，但客家人创造他们汉人身份的时代，正好是革命党人把种族问题突现得最尖锐的时代，结果客家人的身份认同的形成倒是带出了"民系"或现在称为"族群"的意义。这种具有种族和血统意义的"民系"或"族群"观念到了20世纪渐趋成

---

① 转引自陈泽泓《爱国未有不爱乡——试析黄节编著广东乡土教科书》，《广东史志》，第2期，1999，第54页。

② 见罗香林《客家研究导论》，"朱序"，第1页。

熟，并反过来成为影响广府人和潮州人身份认同的论据。因此，20世纪以来广东人分为三大民系的格局，是不同的方言群在不同的时代，面对不同的境遇，用不同的语言去建立自己汉人身份的结果。

像"人类"或"种族"等外来词汇，虽以汉语重新组合而成，但其所表达的却是来自欧洲的新思想和新观念。由于这些新词汇是以汉语组合的，汉语原有的意思，又会影响到使用者对这些概念的理解和诠释。正是在这样一个复杂的语言交流的情景里，中国的知识分子"制造"着他们理想的国家——既制造了观念，也制造了实体。不论是清政府的官员，或是国学保存会的成员，还是县一级的读书人，都在竭力寻找一种新的国家概念，来充实自己的政治理想和主张。不过，在维护自己认同的文化和语言群体的利益的时候，他们对"国家"和"种族"的定义又会有所调适，以符合自己的需要。由种族观念而引起的方言群之间的歧视，以及它对广东读书人如何定义地方文化的影响，到了民国年间因为客家人在政治上影响日隆，再得到进一步的发挥，这将在本书的第五章详细叙述。下面我们再讨论一下清末以"乡土"概念表达的地方文化观，如何呈现出强烈的国家观念。

由乡及国

"种族"概念在清末固属新鲜，"乡土"这个用词虽看起来无甚新意，但把"乡""土"二字组合起来并由此产生了新的理解，实际上也是晚清的发明。上文引用到的乡土志和乡土教科书之所以在晚清以一种新体裁的面貌出现，恰恰就是因为此时不论在朝廷还是某些读书人的讨论中，国家理论和制度的变化，迫使地方读书人重新定位乡土和国家的关系。

乡土志和乡土教科书出现的背景，可追溯到光绪二十九年至三十年（1903—1904）清廷颁布的《奏定学堂章程》及一系列的相关章程（亦即癸卯学制)。① 其中《奏定初等小学堂章程》的立学总义，乃以国民教育为纲，特别强调教育和国家的关系，"乡土教育"（包括历史、地理和格致等科目）就是在这个前提下，成为实现小学阶段国民教育目标的一种手段。② 其背后更重要的政治议程，是借着教授乡土知识，激发学生爱乡爱土之情，鼓动其忠君爱国之心，为开办地方议会，预备立宪打下基础。光绪三十一年（1905），清廷颁布详细的乡土志例目，下令各府厅州县各撰乡土志，经通过后，以之为各地出版乡土教科书和推行乡土教育的基础。③ 就笔者所见，光绪三十二年（1906）至辛亥革命前广东编纂或出版的乡土志和乡土教科书便至少有十多种。编纂有些是以省城为活动中心的地方文人，有些是从旧式教育转到新式教育的过渡人物，也有些是具有革命倾向的地方领袖。与此同时，位于上海的国学保存会，也开展了一个全国性的编纂乡土教科书的计划，其中广东部分，主要由黄节执笔。④

　　乡土教育是晚清政府自上而下的措施，尽管政府没有提供具体的内容和材料，但地方读书人却相当敏感，很快便顺应朝廷之令编纂了不少乡土教材，而这首夹杂在晚清新学制各种举措中的小插曲，也迫使地方读书人去思考"乡土"与"国家"的关系。恰恰由于政府没有明确的指示，他们在这个范畴内得以有一定的空间，去想象"乡土"和"国家"以及两者之间的关系。乡土教材虽属昙花一现，但这种想象对于日后中国地方读书人用国家观念取代天下观念时重新定位国家与地方的关系而言，是具有深远影响的。

---

　　① 有关清末政府颁布各地编纂乡土教科书和乡土志章程的背景及广东的有关情况，详见程美宝《由爱乡而爱国：清末广东乡土教材的国家话语》，《历史研究》，第 4 期，2003。
　　② 有关壬寅学制和癸卯学制的制定概况，可参考钱曼倩、金林祥《中国近代学制比较研究》，第 2 章，广东教育出版社，1996。
　　③ 《学务大臣奏据编书局监督编成乡土志例目拟通饬编辑片》，《东方杂志》，第 2 卷，第 9 号，1905，第 217—218 页。据来新夏的《方志学概论》（福建人民出版社，1983，第 14 页），当时全国各地共修成乡土志达千余种，但多数未及刊印。
　　④ 《国粹学报》，第 1 卷，第 3 号，"广告"，1905。

到底什么是"乡土"呢？清廷颁布的乡土志例目的答案并无新意，不过是说"乡土凡分为四，曰府自治之地，曰直隶州自治之地，曰州曰县"。这样的划分和传统方志按国家行政区划而分为省府州县等志，无甚差别。然而，地方文人在编纂乡土教材时，却十分意识到将"乡土"和"国家"这两个命题联系起来。《首版潮州乡土地理教科书》不但大力强调爱乡与爱国的关系，在谈到潮州人到海外谋生甚众的情况时，作者更特别强调乡土教育的重要：

> 夫地理学之关系于爱国心至钜，爱国必基于爱乡，故乡土地理之编尤亟亟不容缓，潮州乡土地理又有甚焉者。海通以来，列强竞以中国为大舞台，东南之门户，实左右之。交通既便，我父老子弟之工商于南洋群岛者，亦波波相续，不可以数计，外人于是乎出其种种之险计，欲以笼络之，同化之，大浸稽天而碰砠柱不移，盖于爱国心是赖不胁，此间乐不思蜀。吾其如交通之便，何哉？夫我父老子弟以何因缘而浚发其爱乡土心，则广设学校。贤父兄曰："以我乡土志教育其子弟，其宜也胁。"则是书之影响，岂惟海滨邹鲁树中国保障，其亦有海外邹鲁之希望也夫！①

"乡"和"国"的关系建立起来，"近"和"远"的距离也随之拉近了，而教授儿童，当然最好由就近的事物谈起，响应清政府"惟幼龄儿童，宜由近而远，当先以乡土格致"的呼吁，②《新宁乡土地理》的作者说："惟是乡土固宜爱恋，而所以使人人生其爱恋乡土之心者，必自妙年始；所以使妙年生其爱恋乡土之心者，又必自乡土地理之教授始。"③儿童较易明白和接受的，往往是身边熟悉的事物，这样的儿童教育理念，自然与乡

---

① 蔡惠泽：《弁言》，载翁辉东、黄人雄《首版潮州乡土地理教科书》第1册，晓钟报社，宣统元年(1909)。蔡似为汕头中华新报社成员。
② 璩鑫圭、唐良炎编《中国近代教育史资料汇编：学制演变》，上海教育出版社，1991，第295—296页。
③ 雷泽普：《新宁乡土地理·自叙》。

土教育的宗旨契合。

乡土感情的培养，首先要把受教育者带入他们所熟悉的本地现场，《嘉应新体乡土地理教科书》的编纂便以游记体的形式，介绍当地的人文地理："小学教育最重兴味，方足启发儿童心性，是编特遵学部审定最新初等小学地理教科书（商务印书馆出版）体例，用游记之笔，以叙述三十六堡大势，似与依次胪举板滞无情者有别。"①据此，该书的课文编排和写作方法，都极力让学生有亲临现场的感觉：

> 嘉应居广东之东，吾人爱慕乡土，不可不先事游历，今与诸生约，遍游一州，自城内始，后及于三十六堡。（第一课 发端）

> 早起，游城内一周。文有知州署，掌全州政治者；有吏目署，掌巡捕者；有学正署，掌州学者。武有游击署、城守署，掌防守者。（第二课 城内）②

即使是相对具有普遍意义的格致常识，也可以透过介绍地方物产，来传播爱乡爱国的观念。过去限于本国教材不足，教授格致科目的教师往往需要利用中译的日本教材，结果令学生对身边的事物反视而不见，以致有人评论说："吾见讲格致学者，执东洋标本图说，言历历甚可听，乃指堂内植物以名询，或瞠也。"③宣统元年（1909）出版的《潮州乡土教科书》，便注明"是册所辑动植矿物皆儿童日所习见者，故无须绘图而自觉了然心目"④。以下就是该编纂具体的实践：

> 芥：气味辛烈，俗呼为大菜，经霜而味益美，民家以盐蓄之曰

---

① 萧启冈、杨家鼐编《学部审定嘉应新体乡土地理教科书》，"编辑大意"，启新书局，宣统二年（1910）。

② 萧启冈、杨家鼐编《学部审定嘉应新体乡土地理教科书》，第1—2课。

③ 林宴琼：《学宪审定潮州乡土教科书》，"崔炳炎叙"，中华新报馆，宣统二年（1910）。崔是潮阳县知县。

④ 林宴琼：《学宪审定潮州乡土教科书》，"编辑大意"。

咸菜，潮人以为常食之品焉。①

本来是在日常生活中不知不觉地学习和在平常人家里代代相传的知识，现在煞有介事地出现在学堂教科书里，究竟这样的教学内容对知识的传递会造成怎样的影响，是另一个值得展开讨论的课题。我们只要想到当时不少地方还用着《三字经》《百家姓》《千字文》《增广贤文》这些蒙童教材的时候，实在不能不佩服这类编纂的创意。

人文现象比较容易表现地方的历史和文化特色，自然物种固然也有地域的差异，不过，编纂在自然科学的内容里，加入他所认识的人文元素，就不仅仅是为了叙明差异，而更是为了表现文化特征：

乌与鸦实二种也……南人喜鹊恶鸦，与北人喜鸦恶鹊相反。（第七课 乌鸦）②

把上述内容置于旧方志中，其实不出"建置""舆地"和"物产"等类目，不过，在传统的帝国观念里，这些类目所隐含的是贡赋体系下地方对朝廷的奉献关系。那么，清末新政主导下的乡土教材所讲述的土产土货，又如何与尚未明晰的国家观念联系起来呢？在这里，"利权"的观念发挥着关键的作用。一些乡土格致教科书，在述及当地出产的情况时，字里行间透露的是对洋货威胁土产的忧虑，例如，《最新澄海乡土格致教科书》讲到当地的甘蔗业时，便有这样的感叹：

糖

甘蔗植于园圃，含糖甚多……糖之出口，以红糖为多，每岁运往天津营口等处营销，邑人业此起家者甚众。今则洋糖日增，土糖

---

① 林宴琼：《学宪审定潮州乡土教科书》，第21课"芥"。
② 蔡鹏云：《最新澄海乡土格致教科书》第1册，第7课，汕头图书报社，宣统元年（1909）。

渐为所夺，不讲求新法以抵制之，糖业衰败将有日甚之势矣。①

开化文明，保护利权，发展商业，被认为是富国强兵、免受列强欺凌的不二法门，《仁化乡土志》和《始兴县乡土志》的作者，不约而同地表述了类似的思想。《仁化乡土志》曰：

> 举乡土之故实，课乡土之童蒙，则见夫文明教化，昔何其盛，今何其衰，奋然起急起直追之思想；则见夫疆域隘塞，高岸为谷，深谷为陵，默然有宜室宜家之思想；则见夫劳动劬勤，日出而作，日入而息，翻然有改良进步之思想；则见乎居易贸迁，通万国之民，聚万国之货，慨然有优胜劣败之思想。以此数种思想，互相切磋，刺击于青年之脑经，我国民其有豸乎？②

《始兴县乡土志》亦云：

> 俾童年熟悉，匪特不忍轻去其乡，且知中国疆土，不可尺寸与人，预养其尚武精神，期能强立于全权世界，保种也。动植矿物各产，商务虽少特别，然能改良进步，则商战竞胜，可以挽利权，裕国课，塞漏卮，是为急切，关系谋国者，急宜开其源也。帙既成，为授小学计，他日升中学，入大学，忠君报国，此其嚆矢也。③

《始兴县乡土志》的作者，更在"实业"一节中，将传统四民观念的"工"和"商"的意思按照他自己的理解加以发挥，大肆呼吁维护利权，发展工业，务求在商战中取胜：

> 工之类不一，本境木工、土工、缝工居多……现在风气未开，游闲者多，奏技者寡，非设法急开工艺厂，必至利权日损，民无所

---

① 蔡鹏云：《最新澄海乡土格致教科书》第4册，第17课。
② 《仁化乡土志·绪言》，钞本。
③ 张报和总纂《始兴县乡土志·序》。

依，合计七十二行，工匠不过三千二百二十人之数，然专门名家者，寂无闻焉。

商战之世，非商无以裕国，非特别之商更不足以致远。本境未立商业学堂，询以货币、汇划、银行、簿记等事，茫然也。……除广闽豫嘉四馆外，土人为行商坐贾及佣工诸人，不过二千四百六十余人，倘仍因循守旧，不讲求商学，恐工不能精，商不能战，贫匮日甚，必难立于优胜劣败世界，为官绅者尚其早为改良进步计也夫。①

《最新澄海乡土地理教科书》的作者，显然为汕头开埠以来的新景象感到骄傲，该书第十四至十八课的题目分别是《铁路》《电线》和《邮政》，谈到汕头的一般情况，则是：

汕南对岸为妈石，英领事署在焉，德领事署设于汕之东偏，又东为崎碌，地尤冲要，筑炮台，驻营兵，以防不测。埠内建善堂，立商会，置医院，设电灯，近复拟创自来水公司，布置亦颇周焉。②（商埠二）

"利权"观念强调的是，己国在经济和技术的发明和权益不能为外国剥夺，这个论述逻辑，是秉承道光以来面对外国的"船坚炮利"，须"师夷长技以制夷"方能自强的思路而衍生出来的。因此，外国势力在中国的存在，虽然是对中国权益的侵害，但源自外国的物质建置，却是中国"改良进步"的象征。不论是"土产"还是"洋货"，乡土教材的编纂都能够灵巧地借用来表达他们对现代性的追求，把"乡土"和"国家"两极连接起来。

器物建置固然是晚清上下为达致富国强兵的主要途径，但对于当时许多知识分子来说，确立"国民"观念，重新界定统治者与被统治者的关系，对建立一个强大的中国来说更为根本。正如梁启超所言，"国也者，

---

① 张报和总纂《始兴县乡土志·实业》，第39页。
② 蔡鹏云：《最新澄海乡土地理教科书》第2册，第16课。

积民而成"①。"何谓国民",是晚清读书人反复讨论的一个话题。处身在这个语境中,如何把"乡民"和"国民"联系起来,便成为乡土教材编纂需要解决的另一个重要课题。宣统元年(1909)出版的《新宁乡土地理》的作者便是这样层层递进地叙述"国"和"乡"的关系的:

> 夫乡土地理之义,果何自来哉?曰国民、曰乡民、曰土人,此等名称既为人人所公认,但言人民而实之以乡国,以见为国民者不可忘国,为乡民者不可忘乡,为土人者不可忘土。书曰:惟土物爱厥心臧。即此意也。②

《仁化乡土志》的作者,更把"国民"与"祖宗"的观念联系起来,谓"授邑以后,一棘一荆,皆我祖宗所披斩,一草一莱,皆我祖宗所开辟。花卉鸟兽之奇,山川人物之盛,代有纪录,美不胜书,皆我国民后生所当留意者焉"③。在此观念基础上,《仁化乡土志》进而把近代的"国"和"族"的观念合二为一,用来叙述宋代的历史:

> 自炎宋咸平三年置仁化县,于是仁化县之仁化县人,生于斯,长于斯,聚国族于斯矣。(第三课　既置本境以后)④

在"乡民"与"国民"两个概念之间建立关系的同时,乡土教材的编者实际上也在参与界定什么是"民"的问题。从朝廷"编户齐民"的考虑出发,乡土志例目分别在"实业""宗教"和"人类"等几个类目里,引导着乡土教材把境内的人口加以区别,除上文引及的"人类"条目外,"实业""宗教"所代表的两种人口分类是:

> 实业　凡齐民不入他教者,务查明实业,分而为四。士若干,农

---

① 梁启超:《新民说》,载《饮冰室合集·专集》之四,第1页。
② 雷泽普:《新宁乡土地理·自叙》。
③ 《仁化乡土志·绪言》。
④ 《仁化乡土志》卷之一,《历史录》。

若干，工若干，商若干。

宗教 本境所有外教，务查明编入：回教人若干（回教与回种有分别，回种系真阿拉伯人，可编入人类门，回教有阿拉伯人，有旗汉人，入教者均编入此），喇嘛黄教红教人若干，天主教人若干，耶稣教人若干。①

换句话说，根据乡土志例目，所谓"齐民"的身份界说，从宗教方面论，必须不入他教；从职业方面论，必须属于传统"四民"中的一种；就种族（人类）而言，除旗、汉户口外，属于"他种"者，须作为另类处理。《兴宁县乡土志》和《广宁县乡土志》"实业"一章的内容，就体现了乡土志例目从朝廷"编户齐民"的视角出发的人口分类：

县属民户男女口约二十七万余人，除奉天主耶苏两教外，其在齐民执业者，一曰士……二曰农……三曰工……四曰商……②

凡齐民不入他教者查明实业，编入：士约计一千余人；农约计四万余人（有耕山者有耕田者）；工约计八万余人；商约计一万余人。③

有趣的是，地方读书人这种把乡民和国民自然而然地联系起来的逻辑，正是梁启超在1900年后论述国民观念时大加质疑的。梁在光绪二十五年（1899）发表《论中国人种之将来》时，还认为中国一族一乡一堡的自治传统，正是中国得以在世界成为"最有势力之人种"的实力所在。但是，在光绪二十八年（1902）后，梁启超陆续发表的文章，便认为"乡"和"族"等组织，是建立"国"的绊脚石。在《新民说》一文中，梁说"故我民常视其国为天下，耳目所接触，脑筋所濡染，圣哲所训示，祖宗所遗传，皆使

---

① 《学务大臣奏据编书局监督编成乡土志例目拟通饬编辑片》，《东方杂志》，第 2 卷，第 9 号，1905，第 220 页。
② 罗献修辑《兴宁县乡土志·实业》。
③ 伍梅、龚炳章编辑《广宁县乡土志·实业》，出版年地不详，第 19 页。

之有可以为一个人之资格,有可以为一家人之资格,有可以为一乡一族人之资格,有可以为天下人之资格,而独无可以为一国国民之资格";在《新大陆游记》中,梁遍游美洲后,有感而发地谈到中国人的缺点,说中国人"有族民资格而无市民资格""有村落思想而无国家思想"。① 由此可见,不同层次的读书人,由于见识、经历和政治需要的不同,在理解和诠释国家、国民等观念时,其旨趣有何等大的歧异。

不过,梁启超的言论虽然因为不断的印制而得以流传下来,但其影响却不一定比编纂乡土教科书的地方读书人大。从有限的资料所见,乡土教科书的编纂在民国时期不是在地方上从事具体的中小学教育工作,就是担任校长或县议员一类的公职。② 这一层知识分子是统治当局和具有全国性地位的思想领袖所传达的信息的守门人(gate-keeper),许多政治和社会观念,实际上是经过他们的过滤和诠释,才传递给广大的学生和普通市民或乡民的。在编辑乡土志或乡土教科书时,他们用的材料或许陈旧,但他们一方面需要响应政府从上而下的新政,另一方面经过官方和民间传播各种新的教育、政治、社会和经济观念的耳濡目染,自然会结合自己对地方情况的认识和观感,把旧材料加以重新组合和发酵。笔者在本书第五章将会论证的是,清末民初的地方读书人所编撰的乡土教科书,为"国家"和"乡土"填充了他们认为应该填充的材料,而到了使用这些乡土教科书教育出来的一代以及他们的后辈,"国家"和"乡土"已经变成不言而喻不证自明的实体了。

小结:文化—种族—国家

自宋代伊始,最典型的地方史著作,莫过于由地方官员或本地士人

---

① 梁启超:《论中国人种之将来》,载《饮冰室合集·文集》之三,第48—49页;《新民说》,载《饮冰室合集·专集》之四,第6页;《新大陆游记节录》,载《饮冰室合集·专集》之二十二,第121—122页。

② 有关各编纂的背景,详见程美宝《由爱乡而爱国:清末广东乡土教材的国家话语》,第73—75页。

纂修的方志，不论在体例或内容上，方志所呈现的以王朝为中心的资治意义，都是再明显不过的。① 至清朝推行新政，废科举，建学堂，行宪政，立议会，鼓吹编纂包含新条目、新内容的乡土志和乡土教科书，此时，惯于编纂传统方志的文人，又要处理一个如何将"乡土"和现代意义上的"国家"观念联系起来的问题。

然而，不同的地方史的作者所认识和认同的地域文化，实际上是千差万别的，彼此在表达一种共同的天下或国家意识时，字里行间也渗透出他们对自己认同的文化和族群的偏袒。他们以广东一省和各府州县为单位编纂地方史时，实际上也在界定何谓"粤人"。在这个问题背后，更核心的问题是"谁是齐民"或"谁是中国人"，在现代国家观念还没有出现的时代，这个问题的答案很大程度上是一个与文化挂钩的答案；在现代国家观念出现之后，则是一个与民族挂钩的答案。

19、20世纪之交，中国知识分子的国家观念产生了关键的变化。传统的国家观念是一个与文化和信仰配套的体系，并且和政治体制及统治科层有机地结合在一起；迄清末，汉族知识分子对异族主导的政治体制不满，迫使他们必须把政府和国家两个观念拆分开来，并用种族（race）观念充实国家（state）观念，为汉人重新掌政铺路。19世纪的种族观念打着科学的旗号，在今天看来，是有许多值得反思的地方。人类在客观上存在着体质、外形、肤色以及语言上的分别，在文化上存在着风俗和习尚的不同，固然是无可置疑的事。但这种客观的分别如何被明晰化，以致成为僵化的分类，却往往经历了一个漫长的历史过程，当中牵涉到很多政治和经济资源的操控，而貌似客观的学术研究往往又会"制造"和改变现实，使得民族标签的命名和内涵经历不断地更新，成为人们牢不可破的信念。

---

① 有关传统官修方志的政治目的的一般性讨论，可参见来新夏《方志学概论》，第98—103页。

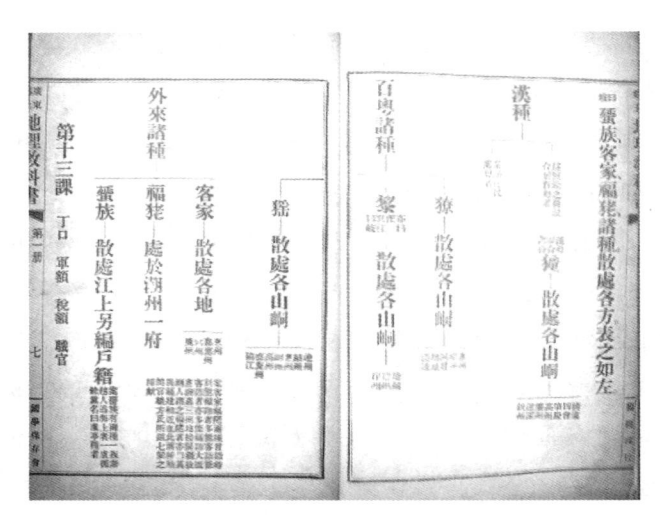

图 2.1　黄晦闻《广东乡土地理教科书》1907 年版,"人种"篇

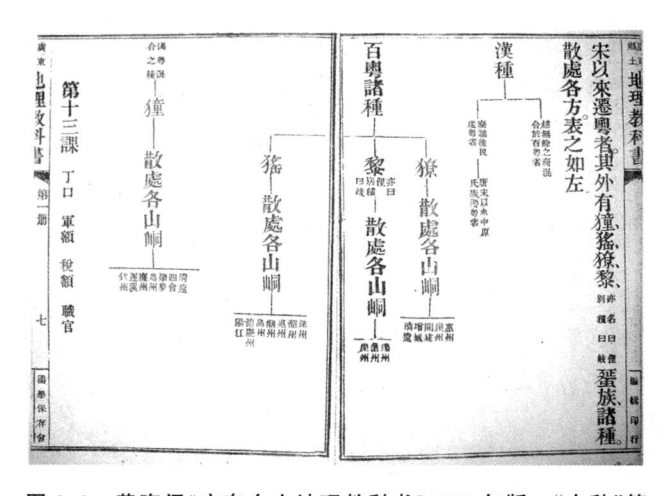

图 2.2　黄晦闻《广东乡土地理教科书》1908 年版,"人种"篇

第三章　书写粤语

在17—19世纪欧洲各民族国家相继崛起的过程中，政府统一国家的手段之一，就是在小学阶段开始推广国语。① 中国自1920年代积极推行的国语运动，也属同出一辙。民国以前，虽有官话，但在近代国家观念兴起之前，官话并没有享有"国语"的地位，只是作为各地士人在官场和社交圈子里的沟通媒介。② 更何况，士人真正用以比高低的，是写作的能力，而当时书写的语言（文言文）又和用于日常对话的方言并无直接的对应关系。不过，正如上一章所说，由于北方（或中原）长期被认为是正统文化的根基所在，北人的文化优越感，使他们来到南方这片方言千差万别之地，不免有"嘈嘈难入耳"之感；另外，南人也竭力为自己的语言寻求文化的正统性依据。与此同时，广东的方言，以广府话为例，渐渐发展出一套颇为成熟的方言文学和戏曲作品。到了清末的时候，白话同时成为清廷普及教育和革命者反体制的工具，广府话的书写传统，到这个时候就大派用场了。本章以"书写粤语"为题，企图探讨地方语言在读

---

① 本章的讨论，颇受 Richard Foster Jones 有关英语发展史的研究的启发，参见 Richard Foster Jones, *The Triumph of the English Language: A Survey of Opinions Concerning the Vernacular from the Introduction of Printing to the Restoration*, Stanford: Stanford University Press, 1953。

② 叶宝奎认为，"官话"一词，最早见于明代，明代的官话音以《洪武正韵》为准绳，而《洪武正韵》的源头则是唐宋以来形成的"读书音"，也称"正音"或"正声"。叶认为，这套官话音与方言口音（包括北音和南音）同源而异流。有关官话音与方言口音的关系，语言学界似尚未有定论，此在叶著中亦有反映，见叶宝奎《明清官话音系》，厦门大学出版社，2001。

书人心目中的角色，以及在近代中国国家概念形成的过程中所经历的微妙变化。粤语借靠汉字"书写"出来的传统，已存在了至少好几个世纪，但中国读书人由于过去的天下观念和后来的国家观念，并没有让它发展成一套全面的"文体"，使它始终处于一从属地位。

从南蛮缺舌到中原古音

在传统中国文人的观念中，语言向有雅俗之分。顾炎武有云，"五方之语虽各不同，然使友天下之士而操一乡之音，亦君子之所不取也。……是则惟君子为能通天下之志，盖必自其发言始也"①，可见，正是中国士大夫的"天下"观念，使方言边缘化。不过，广东读书人自有其一套论辩方法，把"边缘"向"中心"靠近。自明代以来，广东的方言特色更每每为人所注意，并在地方文献上留下不少记录。以省城为中心的广府话，又称为"粤语"，在以广府人为主导的士大夫书写的地方文献里，自然被认为比潮语和客语更像"人话"。嘉靖十四年(1535)《广东通志初稿》指潮语"侏□"。② 乾隆《潮州府志》说"潮人言语侏俚，多与闽同，故有其音无其字，与诸郡之语每不相通"③。乾隆《增城县志》说当地"语音与番禺无甚异，近山者刚而直，近水者清而婉，士大夫习见外客，多不屑为方言，接谈之顷，靡靡可听。其余则侏□渐染，且以土字相杂，陈诉公庭，辄假吏胥达之"④。嘉庆《增城县志》在乾隆版的基础上，略为修改，说"士大夫见客，不屑方言，多以正音"⑤。在这里，"正音"指的大抵是官话语音，但增城地区的士大夫说官话的水平，则无法考究。笔者在上一章曾经提到，增城是广府人和客家人杂处之地，在广府人主导的方志里，客

---

① 顾炎武：《日知录集释》卷之二十九，《方音》，岳麓书社，1994，第1035页。
② 嘉靖《广东通志初稿》卷十八，第7页；乾隆《增城县志》卷二，第29页。
③ 乾隆《潮州府志》卷十二，第11页。
④ 乾隆《增城县志》卷二，第29页。
⑤ 嘉庆《增城县志》卷一，第28页。

家人的形象比较负面，对于客语的描述，情况也自然相若。乾隆《增城县志》说："至若客民隶增者，虽世阅数传，乡音无改，入耳嘈嘈，不问而知其为异籍也。"嘉庆《增城县志》亦不过照抄如仪。①

广府人认为潮语和客语不够"纯正"，那么在北方人的印象中，包括粤语在内的南方语言就更不堪入耳。"广东人说官话"，是北方人从来就怕的，但要出仕当官，广东士大夫就不得不学好官话，政府也特意在闽广地区，多设学校教授官话，效果却差强人意。雍正皇帝便曾在六年（1728）下令广东官员要学好官话：

> 谕闽广正乡音：
>
> ……朕每引见大小臣工，凡陈奏履历之时，惟有福建广东两省之人，仍系乡音，不可通晓。……官民上下，语言不通，必致胥吏从中代为传达，于是添饰假借，百弊丛生。……应令福建广东两省督抚，转饬所属各府州县有司及教官，遍为传示，多方教导，务期语言明白，使人通晓，不得仍前习乡音。②

这种现象和朝廷相关的对策，在雍正八年（1730）任惠州知府、两年后任广东按察使的河北人张渠的描述中也有所反映。他说：

> 省会言语，流寓多系官音，土著则杂闽语。新会、东莞平侧互用。高、廉、雷、琼之间，益侏？难解。官司诉讼，恒凭隶役传述。至于吏、礼、户、库，往往呼此而彼应，即胥役亦不甚辨。幸近奉功令，士子应试皆先学习官音，庶臻同文之盛矣。③

其后，乾隆皇帝对于广东潮州府属各县"设立官学教习官音有名无

---

① 乾隆《增城县志》卷二，第29页；嘉庆《增城县志》卷一，第28页。
② 嘉庆《新安县志》卷上，第15—16页。
③ 张渠：《粤东闻见录》，广东高等教育出版社，1990，第46页。

实"一事，又大表不满，下令详细查办。①

北方人来到广东，总觉得入耳尽是"南蛮鴃舌"②，这种印象一直到19世纪以至今天都没有多大变化，外地人面对广东方言之繁杂难辨，往往印象深刻，而多花点笔墨予以记载。光绪十年（1884），江苏人张心泰在两广侍任多年，他在游记里记载道：

> 潮音仅方隅，其依山居者则说客话，目潮音为白话。说白话者之土歌，即有所谓輋歌秧歌之类；说客话者之土歌，为采茶歌山歌，各以乡音叶韵，而客音去正音为近。白话南北行不数十里，惟东走海滨则可达福建漳泉，西滨海又间达本省雷琼，不下千余里也。③

对于两广方言整体的印象，张心泰的说法是：

> 西省语音平，东省多蛮，颇难辨。④

长期以来被人贴上这样一个"蛮音"的标签，广东士子自然心有不甘，于是纷纷在不同场合进行反驳。早在乾隆《高州府志》中，其编纂便澄清古人讲"鸟舌"只是指那些歧人、黎人等真正的南方蛮子而言，不是指广府人。编纂又称，如果随便采取一个宽泛的定义，则所有吴越地区的人讲的语言，都可以算作"鸟舌"，乾隆《高州府志》曰：

> 古称鴃舌者，为南蛮歧猺诸种是也，若比充类言之，则吴越无不是也。高凉自冯氏浮海北来，世悍南服驰声上国风气日开，南渡以后，中州士大□［疑为"夫"字——引者］，侨居岭表，占籍各郡，

---

① 《清高宗纯皇帝实录》卷八百九十七，乾隆三十六年（1771），第56页。关于清初广东地区推广官音的情况，可参见杨文信《试论雍正、乾隆年间广东的"正音运动"及其影响》，载单周尧、陆镜光主编《第七届国际粤方言研讨会论文集》（《方言》2000年增刊），商务印书馆，2000，第118—136页。
② "南蛮鴃舌"语出《孟子》，见《孟子正义》，中华书局，1987，第396页。
③ 张心泰：《粤游小志》卷三，第14页。
④ 张心泰：《粤游小志》卷三，第19页。

乡音参合，言语随方可辨而悉矣。高郡方言，大概与会城相仿，但音稍重而节略促。吴川较清婉而过于柔，石城则参以廉州，惟电白大异，与福建潮州同，俗谓之海话。诸县中间有一二乡落，与嘉应语言类者，谓我为哎，俗谓之哎子，其余则彼此相通矣。①

乾隆《番禺县志》的编者也强调方言俗字是全国普遍的现象，广东不是独一无二的：

> 然方言俗字，大江南北亦同之，不独潮中为然，大抵音本有古字，因音略异，遂别撰字以实之，虽中土皆然。自宋以来，小学废，文人学士，俱沿俗说，不独边方也。如版本音通，后讹奏版为奏本，手版为手本，路一程为一栈，讹为一站，宋元史俱随俗书之，迄今竟成故实，如此等类，不可胜数。爹爷爸娘奶之称，遍于宇内，其来亦久，岂专在粤？亚本为阿，汝闻之古乐府，不自于今。今吴越中，于父母兄嫂之称，亦加阿字，何以云粤为异？崽字自唐已然，本为子字，古音亦读宰，见《离骚》中，后人不知即子字，因妄撰崽字及仔字耳。余多类此，到处俗皆然，不独此方也。②

道光《肇庆府志》更进一步提出，很多本地语音都属古音：

> 按新语［即《广东新语》——引者］，土音往往有所本，如谓父曰爹，南史湘东主人之爹是也……载土音甚伙，兹略采其行于肇者，至十三州县，语音各别，按之古韵，皆可通。③

不过，为广府话申辩的最具权威性的论说则非学海堂著名学长陈澧的《广州音说》莫属。他力证广府话如何与隋唐古音契合，说：

---

① 乾隆《高州府志》卷四，第86—87页。
② 乾隆《番禺县志》卷十七，第17—18页。
③ 道光《肇庆府志》卷三，第32—33页。

广州方音合于隋唐韵书切语,为他方所不及者,约有数端。余广州人也,请略言之……广音四声皆分清浊,故读古书切语,了然无疑也。余考古韵书切语有年,而知广州方音之善,故特举而论之,非自私其乡也。他方之人,宦游广州者甚多,能为广州语者亦不少,试取古韵书切语核之,则知余言之不谬也。朱子云"四方声音多讹,却是广中人说得声音尚好"(《语类》一百三十八),此论自朱子发之,又非余今日之创论也。至广中人声音之所以善者,盖千余年来中原之人徙居广中,今之广音实隋唐时中原之音,故以隋唐韵书切语核之,而密合如此也。请以质之海内审音者。①

陈澧的意思就是,谁敢说广东人语音不正?就连朱子也说广东人的语音比其他地方的人更接近中原古音哩!陈澧这番话后来被一再引用。饶有趣味的是,陈澧先世本居绍兴,六世祖宦于江宁,祖再迁广东,父亲"以未入籍不得应试",至陈澧"乃占籍为番禺县人"②。而从上引《广州音说》一文所见,陈澧已经以广州为其"乡",并认同"广州人"这个身份了。

无论广东士子怎样竭力为粤语辩护,掌握写作文言的能力,始终是他们参加科举考试、晋身仕途、打入中国文化圈以及维持士大夫身份的必要条件。当然,所谓"文言",也不是一成不变的,不同时代的士子对于文章的风格和体例有不同的要求和倡议,甚至为此争论不休。一种新的文章风格能否大行其道,往往视乎其能否得到各地士子的认同。由于文言是跨越方言界线的,尽管某些地区的士子说不好官话,但这并不会对他们的文言写作能力构成障碍,不管对于北京或是对于广东的士子来说,他们学习文言写作,所下的功夫是一样的。从官员巡视地方学校,注意到学生用方言念书的现象的记载看来,广东的学生大多是用方言来念诵文章的,再者,许多方言包括粤语、潮语和闽南语,都有读书音和

---

① 陈澧:《广州音说》,收入《东塾集》卷一,第28页。
② 汪宗衍:《陈东塾(澧)先生年谱》,第1页。

语音之分。① 可见，在还没有进入"我手写我口"的时代，"我口"怎样说，并不妨碍"我手"如何写。广东士大夫透过科举及文言写作能力的表现，可以和北方的士子并驾齐驱，他们之所以一再强调自己方言的正统性，其实是要加强他们对国家文化及传统的认同。然而，也由于"写"和"说"的分离，尽管他们一方面强调粤语属"中原古音"，但另一方面，却始终认为粤语写作不能登大雅之堂。只要我们回顾一下粤语写作的发展历史，就会了解到，国家意识如何深深影响到人们对本地语言的观感，从而影响到该语言的发展和地位。

从口述到书写

方音本无字，要把粤音写成文字，长期以来的习惯是在汉语方块字的基础上修改而成。早在宋代，岭南地区使用"俗字"的做法便为流寓广西的过客所注意，成书于宋代的《岭外代答》收入了广西地区常见的数种俗字及其解释，其中"奀音勒，言瘦弱也"一条中的"奀"字，② 至今在两广地区仍沿用不衰。嘉靖《广东通志》谈到广东的方言、方音和俗字的情况时，也列举了一些例子，当中不少已成为我们今天的"常用字"——"奀音勒，不大，谓瘦也"，"无曰有，音毡，谓与有相反也"。当然，也有一些俗字似乎是没有广泛流传沿用的，例如，通志中提到的"汆"和"氽"二字，分别指"人在水上"和"人没入水下"之意，今天就比较少见了。③

粤语写作的成熟也表现在各种主要以娱乐为主的文体的大量出现。然而，一种文体能否得到广泛接受，还视乎人们尤其是读书人给予它什么社会地位。粤语从口述传统到书写传统的过渡和两者的互动过程，让我们了解中国读书人在认同国家的大前提下，如何为自己的方言定位。

---

① 李新魁：《广东的方言》，广东人民出版社，1994，第312—314页。
② 周去非：《岭外代答》卷四，知不足斋丛书本，第7页。
③ 嘉靖《广东通志》卷二十，第13—15页。

关于早期粤语写作的历史,难以利用文献做系统的追溯。零星和间接的证据显示,最初的粤语写作并非独立成篇,而是夹杂在半文半白的篇章里。可以想象,这些文章之所以存在,是因为它们不是用来看,而是用来在某些公开或仪式性的场合上朗读的。由于这些作品绝大多数是手稿,我们就算有机会看到这些手稿,也很难判断其写作年代。

熟悉乡村社会的人都知道,这类半文半白的文字被公开诵读的其中一种场合,是乡村里的宗教仪式,这些仪式往往由道士主持。在乡村社会的实际生活里,道士的社会地位不高,但在宗教的层面上,道士以沟通天上与人间的"官员"自居,他们要向玉皇大帝通报信息,必然要以合乎礼仪和法道的行为和语言去扮演这个角色,需要打起"官腔"去念诵科仪。由于他们语文能力有限,这些手写的科仪,大多以半文半白的方式写作,"文"是他们的角色需要,"白"是他们的能力所限,并且因为他们所操方言有别,而形成各地的特色。

当代学者在香港新界搜集到的道士科仪钞本、通俗的家礼、红白二事的手册等,能够让我们窥见粤语写作在传统乡村社会的使用情况。1978年至1980年代中,香港中文大学的科大卫博士暨多位师生在新界地区进行口述史计划,并搜集了大量民间资料,装成多册新界历史文献,现存香港中文大学。在这批文献中,有许多道士科仪的钞本,大约在1940—1960年代抄写,但字里行间也透露出这些钞本可能来自更早的版本。例如,在一本名为《释殿科》的科仪书上,就有"光绪丙戌(1886年)"的年份和有关该书抄自较早版本的记载。① 在一本治鬼辟邪的科仪书里,所列举的清皇帝年号至咸丰止,并记载了1809年海盗张保火烧番禺县新造乡一事。② 我们可以猜度,这类文白并存的文献的更早版本一定早于1940年代,而个别的证据也显示,至迟在咸丰年间,这类文献已经在广东地区使用。

广东地区尤其是珠江三角洲较早有关乡村道士主持宗教仪式的文献

---

① 见《粉岭历史文献》第7册,香港中文大学图书馆藏。
② 见《粉岭历史文献》第9册。

记载，以清初屈大均的《广东新语》最为人所熟知。在《广东新语》中，屈大均描述东莞县、博罗县、永安县等地，有师巫逐鬼的习俗，其中提到："予至东莞，每夜闻逐鬼者，合吹牛角，呜呜达旦作鬼声，师巫咒水书符，刻无暇晷。"又云："永安习尚师巫，人有病，辄以八字问巫……巫作姣好女子，吹牛角鸣锣而舞，以花竿荷一鸡而歌。其舞曰赎魂之舞，曰破胎之舞，歌曰鸡歌，曰暖花歌。"①由此可见，至少自清初始，广东地区便有乡村道士的传统，但在这里屈大均没有提到科仪书的使用情况，我们在半文半白的科仪书在什么时候开始流行的问题上，仍然很难有确切的答案。

《广东新语》成书于17世纪，上面提到的在新界地区所见的科仪书则最早只能够追溯到19世纪中，到底这两者之间的内在联系如何？也许我们可以从文体方面稍做猜度。在新界地区所见的科仪书的篇章多为七言韵文，语言通俗，内容结构首尾呼应，让人易于记忆。比如说，大抵是用来为儿童驱治麻疹的《麻歌》，叙述了乡村妇女从一月到十二月的活动；《十殿科》描述了地府阴曹十个宫殿的景象；而《鸡歌》则把鸡从头到尾描绘一番，同时夹杂着乡村日常生活的叙述。这种文体的结构及通俗的用字在在显示出这类文本与口述传统密不可分的关系。粤语属有音韵语言，道士在朗读这些科仪时，往往以民间熟悉的南音或清歌形式表达，更说明了这类文本，只有倚靠口述传统，才可以展示其生命力。②

方言写作的口述传统往往在民间歌谣的基础上发展出来，中国文人向来有记录民间歌谣的传统。嘉靖《广东通志》记载了南海、顺德、新会、增城一带的歌谣传统，附带讨论了其中运用方言、方音和俗字的情况。③

---

① 屈大均：《广东新语》，第216、302页。
② 有关口述传统中使用口诀及其他有助于记忆的技巧，见 Walter Ong, *Orality and Literacy: The Technologizing of the Word* (London, New York: Methuen & Co., 1982), pp. 33-68；关于口述传统的创造和不断更新的过程，参见 Jack Goody, *The Domestication of the Savage Mind*, pp. 9-35。
③ 嘉靖《广东通志》卷二十，第13—15页。

明代邝露（1604—1650）和清代王士禛（1634—1711）的诗作里，提到广东唱诵"木鱼歌"的习俗。屈大均《广东新语》"粤歌"一章也记载曰，"粤俗好歌，凡有吉庆，必唱歌以为欢乐。……其歌也，辞不必全雅，平仄不必全叶，以俚言土音衬贴之"，又说这些歌谣"名曰摸鱼歌，或妇女岁时聚会，则使瞽师唱之"①。乾隆年间，四川进士李调元曾任广东学政，四处搜集地方歌谣，分为粤歌、蛋歌、猺歌、狼歌、獞歌等类目，辑成《粤风》四卷。不过，文人学士对民间歌谣习俗感兴趣，将之收集记录，再经过刻印成书，往往会有所润饰，例如，《广东新语》记载的木鱼歌，便可能经过屈大均或后世文人的润饰，以致方言俗字不多。②

　　大量方言俗字，保存流行于民间印制粗糙的歌书里。在广府话地区，这类歌册便至少有木鱼书、龙舟、南音、粤讴等种类。除粤讴外，其他三种都是以七言结构为基础的韵文歌册。相类的文本，亦可见于潮汕、闽南和浙江等地区。在各种运用粤语写作的文类中，"木鱼书"是至今能够追溯的最早的品种。从木鱼书本身考察，也能够证实咏唱木鱼的传统源远流长。迄今所见，现存出版年份最早的一本木鱼书是康熙五十二年（1713）版的《花笺记》。③ 在康熙版《花笺记》里，粤语中诸如"咁"（这样）、

---

① 屈大均：《广东新语》，第 358—359 页。

② 在民间文学从口述转成文本的过程中，衍词用字往往经过文人的过滤而出现变化。在《广东新语》这个例子里，我们更可以见到印刷传统如何进一步改变文本。在康熙庚辰水天阁版的《广东新语》中（卷十二，第 16 页），用上了"咁好"（这么好）这个粤语词汇，但在 1974 年中华书局排印的现代版《广东新语》里，便去掉了口字旁，成为"甘好"，依此流传下去，很有可能会改变原来的意思。

③ 现存版本最早的《花笺记》是康熙五十二年静净斋藏板刻本，与道光二十年（1840）的翰经堂本和刻印年份不详的福文堂本皆藏于法国巴黎国家图书馆。据杨宝霖教授考，现存于世界各地的《花笺记》版本共有 27 种之多，并在 19 世纪时被翻译成英文、俄文、德文、法文、荷兰文和丹麦文。杨又根据《花笺记》评者钟映雪的生平考证，认为《花笺记》当成于明末清初。见杨宝霖《〈花笺记〉研究》，载《东莞诗词俗曲研究》下册，乐水园印行，2002，第 721—766 页。又参见郑振铎《巴黎国家图书馆中之中国小说与戏曲》（原于 1927 年出版），载《中国文学研究》，古文书局，1961 年重印本，第 1275—1313 页；谭正璧、谭寻：《木鱼歌·潮州歌叙录》，书目文献出版社，1982，第 5—6 页。

"唔"(不)、"点"(如何)、"睇"(看)、"在行"(熟练)、"的息"(小巧)和"埋堆"(聚在一起)等沿用至今的字词,俯拾即是。

大部分木鱼书的故事都非常冗长,题材繁多,有帝王将相的历史传说,有才子佳人的爱情故事,也有充满生活气息的地方风物描写。许多故事的主题和结构,在元代的杂剧传奇中,都有迹可循。木鱼书的用户相当广泛,流传甚广。据梁培炽考,就他所见的木鱼书而言,从康熙年间到民国初年,印刷木鱼书的书坊有五十多家,分布在广州、佛山、顺德、东莞、台山、香港,甚至旧金山等地。① 梁培炽还提到,其祖叔生于光绪二十六年(1900),曾回忆过去处处皆闻诵唱木鱼歌的景象。② 1921年生于广州的地理学家曾昭璇教授,谓其幼年与母亲同睡,睡前必听母唱一段木鱼书,才能入睡,故《背解红罗》《单思成病》等木鱼书的情节还印象深刻。③ 对东莞地方文献甚有研究的杨宝霖先生亦说:"今天六七十岁的东莞人,尤其是妇女,一提起《花笺记》,是无人不知的。"光绪年间,其祖父与亲友雅聚,即延请瞽师唱木鱼,其父及姑母,均善唱"摸鱼歌",无日无之。④

学者往往根据文本、表演形式和演唱者的类型,来区分木鱼、南音和龙舟,认为唱龙舟者多为手持小鼓的乞丐,唱南音的则往往是盲人。⑤ 不过,从这类文本本身看来,民间不一定有这种严格的分类,尽管龙舟歌册往往只得三四页长,而南音和木鱼书则大多长达数十页,但也有例子是在同一本歌册的封面上,往往同时印上南音、木鱼和龙舟等字样。杨宝霖先生便说,东莞百姓很少用"木鱼书"这个名称,不管长篇短篇,

---

① 梁培炽:《香港大学所藏木鱼书叙录与研究》,香港大学亚洲研究中心,1978,第247—256页;Zheng Su De San, "From Toison to New York: Muk'Yu Songs in Folk Tradition", *Chinoperl Papers*, No.16, 1992, pp.165-205.
② 梁培炽:《香港大学所藏木鱼书叙录与研究》,第224—227页。
③ 曾昭璇教授致笔者函,2001年3月。
④ 杨宝霖:《〈花笺记〉研究》,载《东莞诗词俗曲研究》下册,第721—722页。
⑤ Sai-shing Yung, "Mu-yu shu and the Cantonese popular singing arts", *The Gest Library Journal*, Vol.2, No.1, 1987, p.17.

多称为"歌书",短篇的也有叫"择锦",他自己小时候,也从未听过"木鱼书"或"木鱼歌"之名。① 有时候,这三个用词指的是歌唱的形式,而并非指文本,也就是说,同一段词,可以唱成南音、龙舟,也可以唱成木鱼。②

除了木鱼、南音和龙舟外,另一类在船民(以前称为疍民)中流行诵唱的称为"咸水歌"和"淡水歌"的歌谣,也偶有印成歌册的。③ 这些歌册注明哪些句子属"男答",哪些属"女唱",并在男答的一段末端加上"姑妹",女唱的一段末端加上"兄哥"等字样,似乎要复原真实场景中男女对唱的情况(参见图 3.1),这也与光绪三年(1877)出版的《羊城竹枝词》所描绘的情景相当契合。《羊城竹枝词》中有云:

> 渔家灯上唱渔歌,一带沙矶绕内河,
> 阿妹近兴咸水调,声声押尾有兄哥。④

这种种文本的存在,显示了粤语地区源远流长的歌谣风俗,长期以来,陆续以不同的形式被记录成文字,形成了方言写作和出版的传统。这些文本的作者大多名不见经传,其消费者或演唱者,往往受教育水平不高,或为妇女,或是乡村道士、乞丐、盲人、疍民等在传统社会里被认为地位低微的人物,因此,这些歌册也往往被归类为不能登大雅之堂的下里巴人之品。不过,"雅""俗"虽然看来是对立的两极,但在中国社会中,"士"长期以来是许多人以之为楷模的理想典型,所以我们在"俗文

---

① 杨宝霖:《东莞木鱼初探》,载《东莞诗词俗曲研究》下册,第 603—604 页,此文多处提到清末民初诵唱木鱼的盛况。
② 许复琴亦认为,粤讴、木鱼歌和南音"在本质上却很难分野,只以唱法不同,形式不同,赖作它们的区别"。见许复琴《广东民间文学的研究》,海潮出版社,1958,第 32 页。
③ 广东省立中山图书馆藏有《淡水歌》和《咸水歌》各两卷,出版年地不详。现藏于香港中文大学图书馆的 *Walter Schofield's Collection of Cantonese Songs* 也收入了一些"咸水歌"和"淡水歌"歌本。
④ 《羊城竹枝词》卷二,吟香阁藏板,光绪三年(1877),第 41 页。

学"中,常常会看到"雅"的表述。与此同时,由于这些歌谣都是用活生生的方言写成的,这套方言也是士大夫日常使用的、最觉亲切的语言,因此,我们在"俗文学"里,也常常找到"文人雅士"的足迹。

文人讴歌

"俗中有雅,雅中有俗"的现象,以上文提到的木鱼书《花笺记》为典型。传世《花笺记》有多个版本,某些版本载有清初东莞人钟映雪的评说,其中静净斋藏板的《花笺记》,据考就是钟的家刻本。正是钟映雪用"评"这种方式,把《花笺记》提升到"雅"的层次。宣统《东莞县志》中有钟的传记,据记载,钟七岁曾应童试,与弟仕侯同补弟子员,乾隆元年(1736)"举博学鸿词,又举孝廉方正,均力辞不就"。《东莞县志》并没有特别说明钟与《花笺记》的关系,只提到他"诗词歌赋,各擅其妙,于纲常伦纪,死生离合,莫不淋漓歌哭,辄百十篇,情文兼致"①。从其功名事业来看,钟只能算是一个地方文人,但他既以文人自居,则在评《花笺记》时,亦自是一副文人口吻。他把《花笺记》定为《第八才子书》,与《水浒》《西厢记》并列,且写了一篇洋洋数十页的评述,其中有云:

> 予幼时,闻人说:"读书人案头无西厢花笺二书,便非会读书人。"此语真是知言,想见此公亦自不俗。②

他对《花笺记》推崇备至,称之为"绝世妙文",并认为:

> 《花笺记》当与美人读之……
> 《花笺记》当与名士读之……
> 《花笺记》当向明窗净几读之……

---

① 宣统《东莞县志》卷六十八,第7页。
② 静净斋评,《绣像第八才子笺注》卷一,"自序",福文堂藏板,第15页,法国巴黎国家图书馆藏。

>《花笺记》当以精笔妙墨点之……
>《花笺记》当以锦囊贮之……
>《花笺记》当以素缣写之……①

广东民间工艺博物馆藏有一件名为"仿舒窑花笔书盒"的瓷器摆件，丁方如巴掌大，呈线装书盒模样，上书"花笺记"三字，大抵就是钟映雪谓"《花笺记》当以锦囊贮之"的一种体现吧。② 然而，钟评《花笺记》，并非没有心理障碍，否则，也不会在《自序》中一开始便说：

>予批《花笺记》甫毕，客有过而讥之者，曰："子之评此书也，善则善矣，然独不思此书虽佳，不过歌本，乃村童俗妇人人得读之书。吾辈文人，又何暇寄笔削于歌谣之末乎？"予闻此语，怃然者久之，不禁喟然而叹曰："呜呼！尔之为此言也，毋乃深没古人之肺腑乎。古人之为此书也，亦大不得已耳，彼其心岂但欲与村童俗妇此一辈作缘哉？彼当日者固负不世之才情，苦于无处吐露，故不得已而作此一书，看其何等工良，何等心苦。固将欲与一时一室之知己，共赏鉴之，且将欲使普天下万万世之锦绣才子，共取而读之，读之而叹之，叹之而识其何等工良，何等心苦，而且慕其不世之才情，使一人之风流而天下之远，万万世之久，犹将如见之也。"③

钟映雪为自己辩解的理由，就是把《花笺记》说成是古人用心良苦之作。事实上，许多比钟映雪更有名的广东文人也十分热衷于欣赏、评点甚至创作粤歌。南海招子庸(1786—1847)于道光八年(1828)出版《粤讴》一册四集，凡九十九题，为珠江花艇的妓女咏叹佳人不幸，才子薄情，

---

① 《绣像第八才子笺注》卷一，"自序"，第17—18页。
② 广东民间工艺博物馆藏，"仿舒窑花笔书盒"，标签写有"清 黄古珍，道光/光绪"字样。
③ 《绣像第八才子笺注》卷一，"自序"，第1页。

处处暗喻文人"同是天涯沦落人"的失意落寞之情,广为传诵。仅广东省立中山图书馆,便藏有自道光至民国年间至少 9 种不同版本的《粤讴》。①就笔者在其他图书馆所见,民国年间机器印制的《粤讴》歌册,更是不胜其数,可见其流传之广。招子庸撰编《粤讴》,是下过一番心血的,他运用了大量方言俗字,结合许多比兴衬托的技巧,使文辞显得通俗亲切却又十分丰富流丽。他考察并小心运用粤东方言俚语,使之读起来不会佶屈聱牙,又作"方言凡例",让不懂粤语的读者明白好些粤语助语词的意思。同治《南海县志》的编撰者说粤讴是"巴人下里"之音,但谈到本乡招子庸的创作,则认为"饶有情韵"。② 我们只要随便选一首招子庸的"粤讴"来读读,也许会更容易明白他的作品为什么能够这样广为传诵:

结丝萝

　　清水灯心煲白果,果然青白,怕乜你心多。白纸共薄荷,包俾过我。薄情如纸,你话奈乜谁何。圆眼沙梨包几个,眼底共你离开,暂且放疏。丝线共花针,你话点穿得眼过。真正系错。总要同针合线,正结得丝萝。③

像招子庸这样有相当社会地位的文人,着意考究俗字的运用,以真姓名撰编出版粤讴,在当时并不多见。光绪十六年(1890)出版了一本《再粤讴》,作者"香迷子",不过是拾人牙慧④。后来从光绪年间一直到 1960 年代流行于粤方言区域,半个世纪以来内容大同小异,一版再版的《岭南

---

① 广东省立中山图书馆藏《粤讴》版本包括道光八年版、广州登云阁版、广州十六甫萃古堂版,清末民初的石经堂、五桂堂、麟书阁、通艺局石印版等,还有一本以比较完整的版本为蓝本的钞本。
② 同治《南海县志》卷二十,第 3—4 页。
③ 招子庸撰,陈寂评注《粤讴》,广东人民出版社,1986,第 157—158 页。部分释文如下:"怕乜你心多","怎么会怕你多心?";"俾","给";"奈乜谁何?","能埋怨谁呢?";"点","如何"。
④ 香迷子:《再粤讴》,五桂堂,1890;梁培炽:《南音与粤讴之研究》,美国旧金山州立大学民族学院亚美研究学系,1988,第 184 页。

即事》，虽收集粤讴多首，也不过是堆砌而成的嬉笑色情之作。

据冼玉清考，招子庸是南海进士，道光年间曾任数县县丞。他常流连珠江花舫，端午斗龙舟时，簪石榴花祖胸跣足立船头，左手执旗，右手擂鼓，狂态颇为世俗所骇。招子庸曾受业学海堂学长张维屏，与不少粤中名儒亦过从甚密，为招子庸《粤讴》作序题字者，不少为当日的名儒，但均以化名示人，其中作序的"石道人"是黄培芳（字香石），另一个题字者"珏甡"则是谭莹（字玉生），黄谭二人都是学海堂学长。① 容肇祖也提到，他的舅父邓尔雅曾藏有学海堂学长张维屏手书粤讴数首的扇面。从赖学海《雪庐诗话》，容肇祖亦推断文人开始写作粤讴的时候，大约始于嘉庆末年。② 当时经常与招子庸流访花艇听粤讴的，还有曾任粤秀、越华、羊城三院山长的谢兰生（1769—1831）。在他的日记中，屡有约同招子庸听粤讴南音的记载，当时招子庸才三十出头，刚中举人数年。③ 在谢兰生嘉庆廿五年（1820）十一月初四日的日记中，便提到"傍晚与铭山[即招子庸——引者]上酒楼，赴曾君之约，铭山席中为人制金橘越讴即成，亦雅事也"④。翌年八月廿四日赴晚宴，筵开三席，子庸为席上客，"陪席凡七八人，皆善越讴者……二鼓后终席乃散。时论工越讴者，皆推程玫子为最云"。这位"程玫子"，大抵在当时广州酒楼花艇上演出者中颇

---

① 冼玉清：《招子庸研究》，《岭南学报》，第 8 卷，第 1 期，1947，第 70—71、97 页。

② 容肇祖：《粤讴及其作者》，《歌谣》，第 2 卷，第 14 期，1936 年 9 月 5 日。

③ 谢兰生：《常惺惺斋日记》，嘉庆廿五年（1820）十一月二十日条，中国国家图书馆藏。有关此日记之介绍，可参见麦哲维（Steven Miles）《谢兰生〈常惺惺斋日记〉与嘉道间广州城市生活一览》一文，《华南研究资料中心通讯》，第 33 期，2003 年 10 月 15 日。

④ 谢兰生：《常惺惺斋日记》，嘉庆廿五年（1820）十一月初四日条，其他有关记载如嘉庆十五年六月十六日、七月初十日、八月初十日、十一月二十日、十二月十七日；道光元年（1821）六月廿二日、七月廿四日、八月十五日；道光五年（1825）八月初三日等。

有名气，在谢的日记中多次提及。① 同年九月初三日的记载，更显示与谢兰生往还的好些文人，都十分喜爱粤讴，"午后到新楼，诸子已集，来者八人，多善讴者"，某人甚至"兴发，唱曲不辍，胜席上所唱远甚"。②

另一个文人参与创作方言文学的例子是嘉庆二十一年至道光四年（1816—1824）出版的多个版本的《文章游戏》，编者是在广东寓居了几近10年的杭州士子缪莲仙，该书收入不少半文半白的竹枝词，作者包括有名的番禺举人刘华东，以及学海堂学长仪克中和吴兰修。不过，正如书名所言，这只不过是他们偶一为之的游戏文章。有趣的是，他们写游戏文章，游戏文章也写他们——刘华东、伦文叙一直以来都是广东通俗文学和戏剧常见的人物，缪莲仙也成为流传已久的南音《客途秋恨》的主人翁，这个传统甚至延续到今天以电视和电影为主要娱乐媒介的电子时代。流行坊间的《岭南风月史》也记载，学海堂学长陈澧撰写的一首词曾为某位名叫柳小怜的名妓唱诵，而另一学海堂学长张维屏，更被誉为"风流教主""辄偕二三知己，载酒珠江"。③ 在大众文学的世界里，"雅"和"俗"，"士大夫"和"庶民"之间，往往存在着许多接合点。从以上例子可见，一方面，运用方言写游戏文章者，不乏有名之士；另一方面，这些名人的逸事趣闻，也是无名写手常用的素材。

理论上说，某种方言文学的对象自然只限于某个方言群，不利于这种文体的传播；不过，由于广东人自19世纪以来遍布海外，粤语文学和戏曲的市场规模，实在不可小觑。自19世纪中叶以来，有不少广东人迁移到上海、香港、东南亚以及北美，不论是绅商还是劳工，粤方言文学的市场亦随他们的足迹扩大至世界各地。广州、佛山、东莞、香港等地，成为印制这些读物的重镇，印量多了，制作成本下降，再加上印刷技术

---

① 见谢兰生《常惺惺斋日记》，道光元年八月廿四日、十月初四日、十一月初六日、十二月二十日；又，道光三年（1823）八月初六日载"中席，往觅铭山，过船听玫子度曲，二鼓同还万松山馆"。

② 谢兰生：《常惺惺斋日记》，道光元年九月初三日。

③ 酒中冯妇：《岭南风月史》，叙事至清末，疑为民国年间作品。

渐渐从木刻演变为铅印,更进一步推动了方言文学的流传。

粤剧的粤味

　　另一种应用粤语写作的文本是由地方戏曲演变而来的。可惜,粤剧早期的历史空白甚多,什么时候开始有"粤剧"或"广东大戏"这样的说法的,论者意见莫衷一是。梁威认为,"粤剧"一词可能在光绪年间开始流行,当时不少广东戏班到海外演出,一名在新加坡游历的清廷官员,在其于1887年撰写的游记中用了"粤剧"这个说法。"粤剧"一说也有可能转译自英语,当广东戏班在海外演出时,外国人称之为"Cantonese Opera",回来时便顺理成章称为"粤剧"。① 不管"粤剧"这个词是否在光绪年间才开始出现,各种证据显示,原来在广东演出的戏曲,并没有什么粤味,也就是说,粤语的成分不多。粤语大量掺进戏曲以至成为其主体,是光绪末的事,也恰恰在这个时候,粤剧成了革命先锋在海内外宣扬革命和爱国意识的媒介。

　　在以粤语演唱为主体的粤剧崛起之前,自明中叶起流行于广东的唱腔是来自他省的"弋阳腔""昆腔"和"秦腔"。清初的时候,又有"广腔"一说,论者认为是专指来自广州的戏班所唱的腔调。② 其后,又有"本地班"和"外江班"的区分。一般认为,外江班是指姑苏班、徽班、江西班、湖南的湘班、汉班以及陕西班、豫班等,演唱昆曲、秦腔、弋阳腔、祁阳腔等声腔,而"本地班"则指全体由本地人组成的戏班。论者通常引清代杨掌生《梦华琐簿》中的"广东乐部分为二,曰外江班,曰本地班","大抵外江班近徽班,本地班近西班,其情形局面,判然迥殊"这番论述为

---

　　① 梁威:《粤剧源流及其变革初述》,广州市政协文史资料研究委员会、粤剧研究中心编《广州文史资料》第42辑《粤剧春秋》,1990,第8页。
　　② 赖伯疆、黄镜明:《粤剧史》,中国戏剧出版社,1988,第8—10页。

证。① 关于这个问题，冼玉清的见解比较有说服力，她据有关的碑刻考证，认为"本地班"和"外江班"的区分并不在于前者属广东人（本地），后者指来自广东省以外（外江）的戏班，实际上，所谓"本地班"也唱他省的唱腔。"本地班"和"外江班"最关键的区别，在于只有外江班才能演"官戏"，其组成的公所势力庞大，而本地班是不能染指"官戏"的。②

到底清末以前两广地区的戏曲是用什么语言演唱的，我们只能靠零碎的材料猜度。在康熙年间一个苏州过客眼中，"桂林有独秀班，为元藩台所品题，以独秀峰得名，能昆腔苏白，与吴优相若。此外俱属广腔"，"一唱众和，蛮音杂陈"③；湘人杨恩寿热衷于听曲，游历两广，在其《坦园日记》中记下了不少地方唱戏的情况，其中提到他在1865年于梧州观看某戏班演《六国大封相》，他觉得"土音是操，啁杂莫辨"④。我们很难判断这些"蛮音"或"土音"是否就是粤语，但当时的广东戏曲掺杂了本地方言，则似乎是很明显的；另一个可能当然是演员的官话不佳，让来自外省的观众听起来感到不伦不类。⑤

现存的粤剧剧本多少让我们了解到清代粤剧中包含的粤语成分。就笔者在台北"中央研究院"历史语言研究所所见的清代粤剧剧本中，像《八仙贺寿》《卖胭脂》《寒宫取笑》《皇娘问卜》和《打洞结拜》等，都是用较浅白

---

① 参见陈勇新《对粤剧历史的一点看法》，吴炯坚：《琼花会馆拾零录》，俱载《佛山文史资料》第8辑，1988，第1—2、8页。

② 冼玉清据"外江梨园会馆"碑考，见冼玉清《清代六省戏班在广东》，《中山大学学报》，第3期，1963，第105—120页。

③ 绿天：《粤游纪程》，雍正元年（1723）。这是蒋星煜在上海发现的手稿，笔者迄今未见，引自蒋星煜《李文茂以前的广州剧坛》，收入氏著《以戏代药》，广东人民出版社，1980，第108—109页。

④ 杨恩寿：《坦园日记》，上海古籍出版社，1983，第114页。

⑤ 唱曲用的官话，与以《洪武正韵》为准绳的官音又不完全一致，且有南北之分。见上引叶宝奎书，第62—84页。今天的粤曲，也偶有插入官话，有些传统曲目如《樊梨花罪子》更是全首用官话演唱，但演唱者往往是用"唱一首，学一首"的方式学习官话。尽管他们一般都认为自己唱的是桂林官话，但实际上二者又有相当的差距。

的文言文撰写的，不见有粤方言字。① 部分剧本如广州以文堂出版的《杨妃醉酒》则主要由北方白话构成，粤方言只字未见，更有甚者，在首页有关音乐的说明中更注明须用"正音外江琴调"，但何谓"正音外江琴调"，则一时未能查考。

同治十年（1871）出版的正班本《芙蓉屏》是笔者所见的较早运用了粤语的粤剧剧本。② 曲词的主体部分（包括唱词和念白）大多是文言文和北方白话的混合体，偶然会插入一些粤语方言和俗字，而在一个"花面"（花脸）角色出现时，其对白和唱词中的粤语成分就更明显了。以下《芙蓉屏》的一句道白，是图谋害死崔俊生（生角）以迫娶其妻王氏（旦角）的船夫顾阿秀（花面）道出的，粤语成分十分明显：

花面白：想我顾阿秀，欲学吕蒙正到来捞凑斋啫，冇乜好敬咯，

---

① 这些剧本俱出版年份不明，据李福清（Riftin）说，俄罗斯藏有《皇娘问卜》和《打洞结拜》，分别载明是道光二十年（1840）和道光二十三年（1843）版，见李福清《俄罗斯所藏广东俗文学刊本书录》，《汉学研究》第12卷，第1册，第365—403页；王兆椿引用《还魂记》部分段落证明粤语最早在粤剧剧本的运用，唯未说明该剧本的出版年份，见王兆椿《从戏曲的地方性纵观粤剧的形成与发展》，载刘靖之、冼玉仪编《粤剧研讨会论文集》，第18—42页。《寒宫取笑》和《打洞结拜》属清光绪十五年（1889）本地班艺人行会八和会馆建立时编撰的《大排场十八本》的其中两套，见关健儿《祖庙万福台是佛山戏剧发展的见证》，《佛山文史资料》第8辑，1988，第30页。

② 《芙蓉屏》现藏于台北"中央研究院"历史语言研究所，此数据承蒙邱澎生博士代为复印，谨致谢忱。该书封面印有"太平新街，分局设在第七甫，以文"等字样，即在广州以印制各种戏曲、唱本、杂书著名的印刷商以文堂，在曲本中册的第20页上有"同治十年春新出正班本芙蓉屏"等字样。《芙蓉屏》本事见于明末凌濛初《初刻拍案惊奇》卷二十七，更早的故事见于明中叶李昌祺《剪灯余话》中的《芙蓉屏记》（见瞿佑等著《剪灯新话（外二种）》，上海古籍出版社，1981，第248页）。明嘉靖时徐渭《南词叙录》著录有《芙蓉屏记》剧本一种，明末祁彪佳《明剧品》录有叶宪祖的杂剧《芙蓉屏》，两种剧本俱佚（见徐渭著、李夏波、熊澄宇注释《南词叙录注释》，中国戏剧出版社，1989，第211页；祁彪佳著，黄裳校录《远山堂明曲品剧品校录》，古典文学出版社，1957，第176页）。又，据上引关健儿考，清道光年间的《凤凰仪班》剧目中亦有一套叫《芙蓉屏》，其所用剧目是否即同治十年以文堂本，一时无法查考，关氏"道光年间"一说，亦堪质疑，因为其中列举的剧目，有名为《革命除专制》者，似为清末作品。

今早拾得一张波罗符，特来送与师父赍埋，赍埋。①

不过，以笔者所见的早期粤剧剧本来看，像上述《芙蓉屏》这个例子，似属例外。19世纪大部分的粤剧剧本，主要还是以北方白话为主，粤语的使用只是在插科打诨时才偶一为之。典型的例子是《游花园》，北方白话的"是"和包括粤语在内的南方语系中常用的"系"，两者意思相同，在此剧本中经常交替使用。② 后来在清末出现、民初重印的一些剧本中，则运用了大量粤语，例如，收入在《真好唱》的《二铁先生》和收入在《初学白话碎锦》的《伯父相睇》便差不多每一句都应用了粤语的词汇，诸如"点解"（为什么）、"唔俾"（不让）、"多得"（幸亏，谢谢）、"翻头婆"（再嫁的妇人）和"死咗"（已经死了）等。

然而，单纯的文本考据，并不能告诉我们到底戏台上演出的语言是粤语还是官话，我们不妨想象，尽管剧本是用文言或北方白话写的，但正如念文言文的书可以用粤语念一样，这些剧本也有可能用粤语演出，而演员的母语、师承，戏班传统、观众和演出场合，都可能是当时选择用什么语言唱曲的因素。不过，有例子显示，用粤语"唱"粤剧，应该是清末才发展起来的。《伯父相睇》一剧是用非常地道的粤语撰写的，用粤语唱念，似乎是自然不过的事，但剧本的首页，却有如下的注明：

白话唱，照字读，不用正音，便合滚花锣鼓。③

如果当日的"滚花"和今天的"滚花"并没有太大差别的话，则更能证

---

① 《芙蓉屏》卷二，第16页。这句话的意思是："想我顾阿秀，不过想学吕蒙正，来这里讨一顿斋菜而已。我没有什么可以用来送给师父你的，今天早上拾得一张波罗符，特意送与师父你，请你收好，收好。"

② 《游花园》，作者、出版年地不详，第1页，台北"中央研究院"历史语言研究所藏。

③ 《伯父相睇》，收入《初学白话碎锦》，以文堂，作者及出版年不详，第1页。

实所谓"白话唱,照字读,不用正音"的意思,就是用粤语唱。① 今天的粤剧剧本,是不会说明用粤语唱的,倒是会注明哪里要用官话唱或念。上引这番说明让我们了解到,曾几何时,用粤语演唱粤剧是需要提醒的。

到了清末民初的时候,粤剧吸纳了粤方言区南音、龙舟、粤讴和咸水调的传统,粤语渐渐成为粤剧剧本的主体。1915 年出版的《三凤鸾》,几乎全部以粤语写成,单字单词如"佢"(他)、"唔似"(不像)固然十分常见,甚至有符合粤语语法的完整句子,例如,"你食烟唔食?"(你抽烟不?)等句子。可以说,自民初起,粤剧不用粤语演唱,就不能称为粤剧了。

俗话传道

从上述的讨论可见,长期以来,粤语写作大多运用在歌册或戏曲等说唱文体上,地位自不可与文言甚或北方白话同日而语。不过,由于 18 世纪以后西方人士陆续进入广东地区,尤其是 19 世纪基督教在广东地区传教日广,自 19 世纪中期伊始,大量运用广东及其他方言编书写文章的动力不是来自广东人自己,而是西方的传教士。传教士们一般相信,到不同的地方传教,应该尽量使用当地的方言,才能最有效地把上帝的信息传达给世人,此信念尤以基督教(新教)的传教士为甚。和明代只周旋于朝廷官员和士大夫间的天主教人士不同,19 世纪才大量到达中国的基督教传教士都倾向于深入社会,从事传教和其他教育医疗等活动。② 因此,在广东地区,用粤语、客语和潮语译写的《圣经》和其他传教小册子,以及学习各种方言的工具书籍,在 19 世纪便应运而生。

---

① 据陈卓莹编著的《粤曲写唱常识》(广东人民出版社,1953,第 240 页),"滚花"相当于京剧的"摇板",梆子滚花就是把中板的有形的拍节符号去掉,唱得更自由自在,是最能够传情达意的一种腔调。

② 有关 19 世纪基督教在华南地区传播的情况,可参见吴义雄《在宗教与世俗之间——基督教新教传教士在华南沿海的早期活动研究》,广东教育出版社,2000。

据《日本现存粤语研究书目》所载,最早的粤语传道书籍之一是 1847 年在香港出版的《圣训俗解》,此后,一直到 20 世纪初期,以粤语编译的传教出版物陆续见于香港、广州、江门、上海各地,① 笔者在伦敦大英图书馆就见过一批这样的书籍。从咸丰九年(1859)著名传教士理雅各(James Legge)编写的《浪子悔改》一书中,可略见传教士运用粤语编写传教故事之一斑:

  有一个人,有两个仔,嗰个细仔,对佢嘅父亲话,我应得嘅家业,你分过我咯。②

而《马可福音》也在 1882 年出版了粤语版本,并注明是"按希利尼原文翻译羊城土话",其中有明显的粤语句子,如:

  上帝子耶稣基督福音嘅起首,照先知以赛亚书所载话,我打发我嘅使者……③

其中"嘅""话"和"起首"等词,便是典型的粤语俗字和粤语表述。

从这些用粤语编译的《圣经》和传教小册子的内容所见,难以直接看出中国人是否参与了具体的编写工作。不过,考虑到 18 世纪以来广州口岸靠中外贸易谋生的本地人与外国人频繁的接触,我们可以估计,没有本地人的参与,这些粤语传教出版物难以编译成功。当理雅各从 1843 年开始在香港进行传教活动时,他的助手便有何福堂、黄盛和罗祥等几个广东人,可以估计,这几位早期的华人基督徒,极有可能参与了理雅各的编译工作。④

---

 ① 见《日本现存粤语研究书目》,天理大学,1952,第 38 页。
 ② 大英图书馆藏有两个版本的《浪子悔改》,一个注明"咸丰九年增沙藏版",作者不详;另一个加上英语书名"*The Parable of the Prodigal Son in Canton Dialect*",(by James Legge),可知此书为理雅各编译。
 ③ 《马可福音传》,1882,第 1 页,大英图书馆藏。
 ④ 罗香林:《香港与中西文化之交流》,中国学社,1961,第 17、40 页。

传教士既相信使用方言能有效地传递上帝的意旨，因此，也不会满足于单一地使用省城话，他们甚至使用更"地方"的方言。例如，流行于恩平、开平、新会、新宁（今台山）的"四邑话"，便见于同治十二年（1873）出版的《由英话浅学启蒙书译》，该书明确标榜是以"粤东四邑土话"编写的，所谓"四邑"，即新会、新宁、恩平和开平。这些地区的粤语，和省城及邻近地区的粤语可谓大异其趣，从以下《由英话浅学启蒙书译》的节录即可见一斑，"地方"文化包含的多重"地方性"，在这个例子上也表露无遗：

第一章论书馆
　　嫩仔共女仔唔好成日去嬲，要梳光头，洗净手去书馆，至可惜系了呢个时候，时候一了，就唔得番咯，你个是唅读书，就知道所未知个闲野。到书馆必唔好讲时闻、或去嬲、要尽力去读书、你学熟读书、养大个时就心喜咯。①

用方言传教当然不是西洋传教士的专利，中国很早就有许多浅白通俗的出版物，传播道德和劝人向善。唐代传播佛教故事的"变文"，文字浅白，显然以普罗大众为对象。② 元代出现了许多以白话撰写的经书的通俗版，也以无甚教育的平民为对象。③ 至迟在明代已出现的宝卷，文字亦相当通俗。④

---

① 《由英话浅学启蒙书译》，同治十二年（1873），作者及出版地不详，第1页，剑桥图书馆藏。笔者求教于会讲台山话的朋友，她说这段文字的大意是："男孩和女孩不要整天去玩，要梳理好头发，洗好手才上学。最可惜的是让时间溜走，时间一旦溜走，就回不来了。你读书就学会那些原来不知道的东西。在学校的时候不要聊天，不要去玩，要尽力读书。读好书，长大成人时就好了。"

② 郑振铎：《中国俗文学史》，原于1938年出版，文学古籍刊行社，1959，第194页。

③ Victor Mair, "Language and Ideology in the Written Popularizations of the Sacred Edict", in David Johnson, Andrew Nathan, Evelyn Rawski (eds.), *Popular Culture in Late Imperial China*, pp. 326-327.

④ Daniel Overmyer, "Values in Chinese Sectarian Literature: Ming and Qing Pao-chuan", in David Johnson, Andrew Nathan, Evelyn Rawski (eds.), *Popular Culture in Late Imperial China*, pp. 220-221.

清初以来,康熙皇帝颁布的《圣谕广训》,在地方上也被改编成更通俗的版本,尤以方言繁杂的地区为甚。在广东,全然以粤语或其他方言编写的《圣谕广训》一时未见,但有证据显示,地方政府或善社、善堂等组织会聘用本地人,以粤语朗读官方或通俗版本的《圣谕广训》,这样一来,《圣谕广训》是否用方言编撰,并不妨碍它在地方上以方言传播。①

就笔者翻阅有关文献所见,至迟在同治年间,便出现了广东读书人以粤语撰写的善书。不过,比起外国传教士的传教小册而言,广东人自己用方言编写的善书并不纯然是用粤语写的,而是文言文、北方白话和粤语的混合体。最典型的例子是《俗话倾谈》和《俗话爽心》。《俗话倾谈》成书于同治初年,同治九年(1870)初刻,据《日本现存粤语研究书目》载,现藏日本于清末民初在广州出版的《俗话倾谈》便有 8 个版本。《俗话爽心》则有光绪三年(1877)版和 1919 的重印本。② 笔者见过的《俗话倾谈》的版本有同治九年(1870)、同治十年(1871)和光绪二十九年(1903)版,另外,在大英图书馆和剑桥大学图书馆藏,出版年份不详的《俗话爽心》,其封面印有穿西装结领带的男子图像,估计是民国重印的。由此可见,这两本同治年间初版的善书,流传了至少二三十年之久。考其作者邵彬儒,四会人,在同治年间为广州、佛山、三水等地的善社聘用,讲授《圣谕广训》及其他善书。③ 光绪元年(1875),邵彬儒和几个读书人在广州自行设立善社,劝人戒抽鸦片。④ 邵彬儒在这方面的名气历久不衰,一直到光绪二十一年(1895)两粤广仁善堂在《华字日报》上刊登的招聘善书讲

---

① 上引梅维恒(Victor Mair)文,第 341—342 页;关于方言在善书中的运用,参见 Cynthia Brokaw, *The Ledgers of Merit and Demerit*: *Social Change and Moral Order in Late Imperial China*, Princeton: Princeton University Press, 1991。
② 据日本天理大学出版的《日本现存粤语研究书目》,现存日本的《俗话倾谈》分别出版于 1871、1876、1879、1889、1903、1904、1908、1915 年等。
③ 光绪《四会县志》,卷七下,列传,第 107 页。
④ 《劝戒社汇选》,光绪二年(1876),作者及出版地不详,估计为广州,大英图书馆藏。

解员的广告上，还提到邵彬儒的名字。①

《俗话倾谈》典型地反映了粤语、北方白话和文言的混合使用，这种称为"三及第"的写作方法，后来在广府地区出版的报章杂文中屡见不鲜。描写叙述的部分混合了三种语言，但在对话的部分，则只用粤语和北方白话（参见图 3.2）。此外，文中又偶尔插入一把以粤语撰写的"第三者"的声音，对故事的人物加以评论，例如：

> 谁不知俊德见个样情形，听此等说话，心内带几分唔中意。又恼钱赵二人常来搅扰，俱是无益之谈，渐渐生出怒气。有时钱赵二人来探，值克德不在家，俊德不甚招接，钱赵二人知其憎厌。一日与克德饮酒时，姓钱带笑开言曰："老明，你地出来处世，真第一等人，与朋友交，疏财大义，可称慷慨英雄。"克德曰："好话咯，不敢当。"姓赵曰："在你无可弹，但系你令弟，与你性情争得远，佢待我亦唔丑见，佢待你太冷淡无情。论起番来，长哥当父，对亚哥唔恭敬，未免都不合理。"克德曰："唔知点样解，我又无骂佢，又无打佢。就见了我好似唔中意。个龟蛋想起来真可恶咯。"（渐渐起火咯。）姓钱曰："睇佢心事，好似思疑你做亚哥，瞒骗于佢。"克德曰："有点瞒骗佢呢。不过有好朋友来（姓钱共姓赵），饮多啲，食多啲，咁样之吗。"姓钱曰："佢唔系思疑你个啲，必定思疑你吞骗钱财，慌你春落荷包，个样是真。"（姓钱咁伶俐。）克德曰："我个心如青天白日（谁知墨咁黑）朋友所知呀。"②

以白话及粤语撰写的善书，除《俗话倾谈》外，笔者曾经阅读过的有

---

① 《华字日报》，1895 年 10 月 16 日。
② 邵彬儒：《骨肉试真情》，载《俗话倾谈》二集，春风文艺出版社，1997，第 94 页。部分释文如下："在你无可弹"，"就你来说，没什么好批评"；"争得远"，"相差太远"；"论起番来"，"说起来"；"唔知点样解"，"不知为什么"；"唔中意"，不喜欢；"思疑"，"怀疑"；"有点瞒骗佢呢？"，"我那有欺骗他呢？"；"慌你春落荷包，个样是真"，"恐怕你把钱财放进自己的口袋里（即侵吞），才是他真正的想法"。

光绪十五年(1889)在广州出版的《新刻八百钟》、民国年间在香港出版的《传家宝训》,主旨都是宣扬孝道、劝人戒烟之类。两本善书都以七言韵文的形式撰写,粤语的运用相当有限。由此可见,这些善书虽然以平民百姓为对象,但由于往往出自本地读书人之手,并且经过读书人之口,向普罗大众传播,没有必要全然写成粤语,比起广东地区的西方传教士撰写的以本地人为对象的通俗传教书籍,粤语的成分更少。

渐成规范

要把个别的粤语"写"出来,人们要么就借用一个意思相同或音义类近的汉字;要么就把某个汉字的写法略为修改,创制一个新字。这样的选用或创制,往往是十分随意,难以统一的,一直到粤音字典出现,粤字的写法方有标准化之可能。早期有关粤音和粤语词汇的记载,只能说明广东和省外的读书人,很早就注意到粤字饶有特色。屈大均在《广东新语》便列举了一系列广东土语①,其后更成为广东不少方志论及"土言"的主要参考。

清代出版了不少列举粤语词汇的语言工具书,但主要目的是帮助粤人学习官话。乾隆五十五年(1790)出版的《南北官话纂编大全》②,编者东莞人③张玉成便是如此载明其编纂此书之目的的。《南北官话纂编大全》列举的词汇按题目如"天文""人体""食物""职官""鬼神"等分类,南北音并列,同时附以粤语解释。到底何谓南音北音?我们也许可以从满洲人莎彝尊在咸丰三年(1853)编纂刊行的《正音咀华》的相关论述略知一二。《正音咀华》是专门为广东人学正音而编的工具书,其正音粤语对照的词

---

① 屈大均:《广东新语》,第336—337页。
② 见张玉成《南北官话纂编大全》,乾隆五十五年(1790)序,一贯堂,嘉庆二十五年(1820)重刻。
③ 张玉成注明自己是"宝安人"。"宝安"自晋至唐乃广东一县名,唐代易名为东莞。清人以"宝安"为地望,实际上指东莞。

汇表，按天文、时令、地舆、房屋、水火、人物、身体、称呼、工商等数十门分类排列，并用红字标记正音读法（参见图3.3）。该书附了一篇名为《十问》的文章，其中有云："何为正音？答曰：遵依钦定《字典》《音韵阐微》之字音，即正音也。何为南音？答曰：古在江南建都，即以江南省话为南音。何为北音？答曰：今在北燕建都，即以北京城话为北音。"①究竟乾隆初年的南北官话之分，是否如道光年间莎彝尊所言，尚待考据。除了《正音咀华》外，莎彝尊早在道光十七年（1837）便编纂了《正音辨微》，亦是专为广东人学官话而设的。② 莎在广东任教二十多年，能同时掌握广东话和官话，其出版《正音辨微》《正音咀华》二书，也得到当时广东学者的肯定。

另外一本在同治年间出版的《正音撮要》，其编纂高静亭是南海人，他说自己"生于南邑西樵隅辟之地，少不习正音，年十三随家君赴任北直，因在都中受业于大兴石云朱夫子数年，讲解经书，指示音韵，故得略通北语。及壮返里，入抚辕充当弁职，不时奉公入都，车马风尘，廿年奔逐南北，方言历历穷究，告致之后，小隐泉林，乡族后进及附近戚友问正音者，接踵而至，仆不揣冒昧，妄为指引"③。高静亭虽然不是什么文人学者，但他在北京和其他地方工作游历的经验，使他对学习官话的必要性有深刻的体会。他说：

> 余尝经过江南、浙江、河南、两湖地方，一处处方言土语不同，就是他们邻府邻县的人，也不通晓。惟有经过水陆大码头，那些行

---

① 莎彝尊：《十问》，载《正音咀华》，广州聚文堂刻本，咸丰三年（1853）。1895年的《华字日报》曾讨论过南北音的问题，认为"南音"是指明初定都南京时在南京说的官话，而北音则指后来明室迁都北京，流通于彼地的官话，见《华字日报》，1895年12月31日。

② 莎彝尊：《正音辨微》，道光十七年（1837）版。据梁作揖在《正音咀华》序称，在此之前，莎已经编过五本学习正音的书籍。

③ 高静亭：《正音集序》，载《正音撮要》，同治六年（1867）重镌，出版地不详，疑为广州。《正音撮要》后来在光绪和民国年间都有重印。莎、高二人生平，可参见叶宝奎《明清官话音系》，第230—231页。

户买卖人,都会说官话,但他望他的街坊的人说土话,我们又一句都董[应作"懂",下同——引者]不得了。后来进京住着,更奇怪了,街上逛的人多着呢,三五成群,唧唧呱呱打乡谈,不知说些什么。及至看他到店里买东西,他又满嘴官话,北话也有,南话也有,都说得清清楚楚的。问起他们来,据说各省乡村的人,要想出门求名求利,没有一个不学官话的,不学就不能通行了。但是各省人口音多是端正,他说官话,不觉为难,人都易董,独问[应作"闽"——引者]广两省人,口音多不正当,物件称呼又差得远,少年又不昔[应作"识"——引者]学,临到长大,就说不出来,多等做了官,还为这官话踌躇的呢。①

像《正音咀华》《正音撮要》这些学官话的工具书,虽然都列举了粤语词汇和句式,但当时严格意义上的粤语手册和字典,即尽量汇集各种常用字,并注明定义和读音者,不少却是出自西方传教士而非中国学者之手的。传教士不但靠无声的出版物进行着他们的传教活动,更要亲自到群众中去宣讲,因此便有学讲方言的需要。在省港澳等地区,19世纪的时候便涌现了大量教授粤语的书籍和粤音字典。1828年,东印度公司在澳门出版了传教士马礼逊(Robert Morrison)②编纂的《广东省土话字汇》(*Vocabulary of the Canton Dialect*),分为"英文和中文""中文和英文"及"中文词汇和用语"三部分,前两部分是中英文对照的字词列举,第三部分是分门别类的中文谚语举隅,不少更是广东独有的说法。例如,在"世务类"收入了一句"明知蚝壳墙,佢偏要撼埋去",编者除附以译成拉丁字

---

① 高静亭:《论官话能通行》,载《正音撮要》卷一,第5—6页。
② 马礼逊属伦敦传道会(London Missionary Society),于1807年抵达广州,是第一个进入中国的基督教传教士,参见 D. MacGillivray, (ed.), *A Century of Protestant Missions in China*(1807-1907), first edition 1907, reprinted San Francisco: Chinese Materials Center, Inc., 1979, pp. 1-2.

母的粤音读法外，还用英文解释了这句话的字面意思和实际含义。① 蚝壳是广东民居常用的砌墙材料，较之砖墙，有更好的隔热和防盗效果。这类地道的常识和相关的谚语，除了间或在本地文人的笔下偶有记载，在19世纪外国人编纂的工具书中，往往更容易找到。

1841年在澳门出版的 *Chinese Chrestomathy in the Canton Dialect*（《广府话文选》），就是一本供学习粤语用的文选集。据编者裨治文（E. C. Bridgman）解释，编写该文集的目的不但是作为外国人学习中文之用，更有助于中国的年轻人学习英文，同时，也可以展示以罗马字母拼写中文字的可能性。② 编者又注意到，许多粤方言字的写法往往是在发音近似的通用汉字的左侧加上一个"口"字旁，以表示在读音和用法上与通用汉字有异。他解释说：

> 在这帝国的每一个地方，字体一般是通用和统一的。唯一不同的是，有些字会被稍稍更动以表示地方的用法。在这些情况下，所改变的往往只是读音；但有些时候，人们会在通用字体的左侧加上一个"口"字，以表示该字体已经改变了［改变的是指意思或用法而言——引者］例如，喊嗱呤这三个字是用来代表"hampalang"（所有、全部的意思）这个发声的，它们本身是没有意思的。只有将它们并置起来读出，它们作为一个词组的意思才能被识别。③

另一个较早期的例子是1850年在广州出版的 *Questions and Answers*

---

① 编者对这句话的意译是："Clearly knowing that it is a oyster-shell wall, he determines to rush against it. ——Though he knows that a thing is bad and injurious still he will do it." 见 Robert Morrison, *Vocabulary of the Canton Dialect*, Part III, "Shei-Mow-Luy"（世务类）, Macau: The Honorable East India Company Press, 1828。

② E. C. Bridgman, *Chinese Chrestomathy in the Canton Dialect*, Macao: S. Wells William, 1841, Introduction, p. i, 大英图书馆藏，此书最早在1839年出版。

③ E. C. Bridgman, *Chinese Chrestomathy in the Canton Dialect*, Introduction, p. ii, 原文除"喊嗱呤"三字外，其余俱为英文，以上引文由笔者翻译。

to Things Chinese(《中国事物答问》),从序言所见,此书的中文部分出自 1841 年一个中国教师所编的 *Dialogues in the Canton Vernacular* 一书(此书名应为编者所译,意谓"粤音对话",原中文书名不详),编者再加上英译对照。不过,似乎编者更关心的是他们如何试验用石印印制中文书籍的问题,以及进一步在中国推广石印这种成本更低廉的印刷方式的可行性。①

同 *Chinese Chrestromathy in the Canton Dialect* 一样,*Questions and Answers to Things Chinese* 一书既为洋人学粤语而编,也为华人学英文而编。因此,该书的编排按题目分类,而题目的选取也反映了当时外国人尤其是传教士所关心的课题。知己知彼,他们首先想了解的当然是中国人的信仰和宗教,所以,其中好几个题目便是"儒教的宗教系统和特色""佛教的教义和派别""道教的教义和派别""神与鬼""轮回观"等。每页的编排分成左右两边,右边为粤语会话,左边则印有该段粤语会话的英文意译。以下一段摘自"儒教的宗教系统和特色"的中文部分:

请问中国儒释道三教,点分别呢?
儒系学者之称,故此叫做儒教,因为尊奉孔夫子为师,故又称圣教,如今读书人就系儒教哩。②

其他题目尚包括"教育与科举""中国政府""省政府""医药""中国的婚姻习俗"以及"刑罚"等。

除了适应传教士的需要,商业会话在当时也大有市场,一本名为《粤音指南》的书籍,便充分反映了当时省港澳地区的社会和商业状况。伦敦大英图书馆所藏的《粤音指南》有两个版本,较早的版本年份不详,但内容提到壬戌年会试,估计指同治元年(1862),则该书的编纂出版当在同

---

① *Questions and Answers to Things Chinese*,Canton,1850,"Introducing Remarks",作者不详,大英图书馆藏。

② *Questions and Answers to Things Chinese*,p. 1.

治元年之后。较新的版本名为《订正粤音指南》(Guide to Cantonese)，1930年在香港出版，编者为H. R. Wells，但注明是在一个名为"Fung Iu Ting"的中国人的协助下，把 Kuan Hua Chih Nan 改编为粤语出版的。Kuan Hua Chih Nan 当为《官话指南》，笔者所见最早的版本序于光绪七年(1881)，因以"明治14年"作年份标记，估计在日本出版。① 据某教会于光绪三十四年(1908)在上海印行的《土话指南》序说："《官话指南》，本为东洋吴君所撰。分有'应对须知''官商吐属''使令通语'等门，洵足为有志官话者初学之助。司铎师中董君见而爱之，译以法语，并音以西音，于难辨处加以注释，是以西士来华，莫不先行诵习，奉为指南。然于松属传教士，不克其用，未免有恨。概欲译以松属土音为快。余姑就众情，勉按原本，译以方言，惟其中有几处省郡等名，不便译出，故将原本地名，少为权易。"②可以估计，广东的《粤音指南》和上海这本《土话指南》，都是以之前在日本刊行的《官话指南》为蓝本的，而改编者不是传教士也是外国人。

19世纪末一位较多产的粤语教材编者要算是波乃耶(James Dyer Ball)，他的作品似乎在当时大受欢迎。他所编写的 Cantonese Made Easy (《易学广府话》)一书，1883年在香港出版，1888年再版；1892年他又出版了 Cantonese Made Easy Vocabulary (《易学广东话词汇编》)一书，分别在香港、上海、新加坡和横滨等地印行，并于1908年再版。波乃耶又进一步考察广东各地粤语之别，了解到西关话是当时公认的标准粤语。1901年，他出版了 Shun-Tak Dialect (《顺德方言》)一书，比较顺德话和广州话在发音以及量词和助词使用上的分别。他注意到：

> 南海是最接近顺德的县份之一，但一般认为南海话较"硬"，顺德话则较"软"……

---

① 《官话指南》，1881，牛津大学中国研究所图书馆藏，剑桥大学图书馆亦藏有同一版本。

② 《土话指南·序》，上海土山湾慈母堂第二次印，1908。

顺德话和广州话的分别，较诸不同的广府话和流行于省城的标准广府话之间的分别为小。不过，顺德话和西关话的分别，还是足以辨认出来的。①

编写粤语传教书籍和学习粤语的工具书，自然会碰到如何把字体和字音标准化的问题，多本由外国人编撰的粤语字典便应运而生。早在1855年，伦敦传道会（London Missionary Society）便在香港印行了《初学粤音切要》，该书声称包罗了"最常用的字体，并标以粤音"。1856年，又有传教士卫三畏（Samuel Wells Williams）编纂的 *Tonic Dictionary of the Chinese Language in the Canton Dialect*（《粤语语音字典》）出版。当时西方人编纂粤语字典的态度颇为谨慎，并尽量参照中国既有的准则，比如说，1873年在香港出版的 *English and Cantonese Pocket Dictionary*（《袋装英粤字典》），编者湛约翰（John Chalmers）便说：

> 某些常用的字象"唔"（m），"嘅"（ke），"冇"（mo），都是不被认可和只具地方性的，在大部分的情况下，我都用古文的"不""之"和"无"取代，惟字音则按方言读法标记。②

同样地，1877年在香港和伦敦出版的 *Chinese Dictionary in the Cantonese Dialect*（《粤语字典》）的编者 Ernest John Eitel 也参考了当时在广州通行的一些字典和韵书，并加以斟酌使用，他在序言中写道：

> 广州早在1856年便出版了一本 *Tonic Dictionary of the Chinese Language in the Canton Dialect*，该书在1877年已经绝版了，是以

---

① James Dyer Ball, *The Shun-Tak Dialect*, Hong Kong: China Mail Office, 1901, pp. 7-8, 大英图书馆藏。

② John Chalmers, *English and Cantonese Pocket Dictionary*, Hong Kong: Chinese Printing & Publishing Company, 1873, 第4版说明，引文原文为英文。

当地的字典 *Fan Wan*［这应该是"分韵"①的音译——引者］为基础编写的……

Fan Wan 的作者并非为语文的目的而编就该书的，因此，也不能提供流行于省城的粤语的正确声调和正确读音，它所提供的其实是南海一带的声调和读音。该书没有细心处理声调和读音的问题，它只是纯粹为商人编写的书。②

在处理异体字的问题上，Eitel 应用了中国既有的标准：

在遇到异体字的情况时，则以 *Kanghi*［指的应该是《康熙字典》——引者］为标准，标出某字最被认可的写法。至于该字旧式的、只通行于某地的，或是简化了的写法，则附在标准字体的右侧，并加上括号为标记。③

西方人基于实际需要而编写的粤语字典，可算是中国历史上第一次真正以粤语为主体的字典。以前中国人也不是没有用粤语编写类似词典的书籍的，但充其量只是趣味性的词汇集，或是为写诗而设的韵书，或是为学习官话用的词典，很少会为粤语的字体和读音的标准化下功夫。其中一个例外，可能是民国元年的时候，有人鉴于"近因中国革命，凡省城教员教授，议士辨论，官府谈判，俱是用广东人，讲广东话，故无论何县何乡，皆以学习省话为最要"，乃专门针对新会人的需要，编了一本

---

① 这里提到的"*Fan Wan*"，可能是在乾隆年间出版的《江湖尺牍分韵撮要合集》中的《分韵撮要》（广州翰宝楼，序于 1782 年），是为写诗而编的韵书。此合集后来一版再版，就笔者所见，至少有咸丰和民国年间的版本。又据《日本现存粤语研究书目》载，1850 年代左右，广州曾出版过一本名为《分韵撮要》的书籍，编者为周冠山，不知是否与 Eitel 提及者同。

② Ernest John Eitel, *A Chinese Dictionary in the Cantonese Dialect*, London: Trubner & Co., Hong Kong: Lane, Crawford & Co., 1877, pp. vii-viii. 引文原文为英文，笔者翻译并稍做引申。

③ Ernest John Eitel, *A Chinese Dictionary in the Cantonese Dialect*, p. ix.

《省话八声七绝》，以免他们"一到省城，无论学界政界，工界商界，讲话既多误会，且有笑我为乡下老者"。不过，这位作者在撰写这本工具书的时候，采用的仍然是文言文，并且是用七绝诗的形式教授的。①

有别于中国的士大夫，以粤语编纂传教刊物或语言书籍的西方人，由于不囿于"文言才是正统"这个框框，反而能够写出更通俗更地道的粤语来，比较之下，许多广东人自己写作的粤语文学，往往不免文白并陈。也许更重要的原因是，善书和粤剧剧本即使用文言写作，诵读或演唱者用粤语演绎是毫无困难的。此外，由于西方人掌握罗马拼音，他们所编的粤语字典和其他中文字典自然也用了罗马字母拼音。我们可以说，19世纪以省港澳为根据地的西方传教士，不但为粤方言文学写下了外一章，更堪称是汉语拼音运动的先锋。只可惜他们的出版物当时在华人社会中流通的本来就不多，事后也没有多少人会刻意保存，今天散见于国内外图书馆的，相信只是其中的一鳞半爪而已。

我手写我口

在文言主导的时代，广东士子为表明自己国家精英的身份，从来不认为用粤方言写作的文章和书籍是他们观念中"文化"范畴的一部分——木鱼书、南音、咸水歌、粤讴、粤剧等粤语文体虽种类繁多，但却不出声色娱乐范畴。这种情形一直到19世纪最后十年才稍有改变。在清末新政的带动下，各地为普及国民教育，提倡以白话办报和写作教科书。光绪二十四年（1898），无锡开风气之先，出版白话报，随后，上海、长沙、安徽、江西、北京、杭州、苏州、潮州甚至蒙古都相继以白话办报。②

---

① 佩韦居士编《省话八声七绝》，会城艺新印务局，1912，引文见该书《学话须知》第1页及《学话须知问答》第1页，此数据承蒙陆鸿基教授提供。

② 有关清末提倡使用白话的风气，见谭彼岸《晚清的白话文运动》，湖北人民出版社，1956年。李孝悌：《胡适与白话文运动的再评估——从清末的白话文谈起》，载《胡适与近代中国》，时报文化出版社，1991，第11—42页。

上海彪蒙书局于光绪二十九年（1903）出版的白话教科书，因用白话译写圣人之言，有亵渎之嫌，遭清政府查禁。① 不过，在清政府下级官僚尤其是军人当中，也曾推广使用北京白话撰写政府档案。②

清末广东士子中，推动白话写作最著名者莫过于黄遵宪与梁启超。黄遵宪是客家人，也是戊戌维新运动的主要成员。黄遵宪著名的诗句"我手写我口"，在他以客语和文言写作诗歌和儿歌的实验中得到落实，更成为入民国以后推动白话文运动者沿用的口号。至于梁启超，则特别推崇白话小说，认为它是影响群众的利器。梁别出心裁地试验着"新民体"——一种结合浅白的文言、日语及其他外来语的文体，以便向广大读者灌输新思想和新知识。不过，在光绪皇帝跟前道起官话来满口广东腔的梁启超，并没有在他的"新民体"里注入任何粤语的元素，似乎也没有尝试用粤语从事文学创作。

如果说黄遵宪和梁启超是白话运动的提倡者，影响只限阅读能力和思想层次较高的读书人，那么真正应用粤语撰写教科书并影响及于妇孺的实践家是康有为另一位学生陈子褒（1862—1922）。生于新会县的陈子褒虽曾就读万木草堂，但不能算是戊戌维新运动的中坚分子。政变之后，为免受牵连，陈子褒逃亡到日本，因而得以了解当地新式的启蒙教育，向当时日本有名的新式蒙学教育家福泽谕吉讨教。回国后，陈于光绪二十九年（1903）在澳门开办私塾，后于1918年迁往香港。③

陈子褒撰写了一系列的教育论章，提倡新式蒙学和白话写作。他

---

① 倪海曙：《清末汉语拼音运动编年史》，上海人民出版社，1959，第69、168—169页。

② 谭彼岸：《晚清的白话文运动》，第22页；有关晚清白话刊物的例子，可参见上引李孝悌文。

③ Bernard Hung-Kay Luk, "Lu Tzu-chun and Ch'en Jung-kun: two exemplary figure in the ssu-shu education of pre-war urban Hong Kong", in David Faure, James Hayes, Alan Birch (eds.), *From Village to City: Studies in the Traditional Root of Hong Kong Society*, Hong Kong: Centre of Asian Studies, University of Hong Kong, 1984, p. 127.

认为：

> 讲话无所谓雅俗也。人人共晓之话谓之俗，人人不晓之话谓之雅，十人得一二晓者亦谓之雅。今日所谓极雅之话，在古人当时俱俗话也。今日所谓极俗之话，在千百年后又谓之雅也。①

用粤语编写教科书，陈子褒可能并非第一人。在陈子褒之前，南海人麦士治用白话译写了《书经》和《诗经》，分别在光绪十九年(1893)和二十年(1894)出版。麦士治时任海关官员，着意用白话写作，可能和他任职海关，思想较开放有关。② 陈子褒的创新之处，不但在于用白话写作教科书，更在于他的教科书内容完全摆脱了传统启蒙教育的框框。他的《妇孺三四五字书》，流行于珠江三角洲一带，至1911年还在侨居不少粤人的上海出版。至1980年代，有研究者在香港重访当年念过他的书的老人家，讲及其中章句，老人家仍琅琅上口。在全国千万学童都念着"黎明即起，洒扫庭除"的时候，陈子褒的教科书特别为广东妇孺而设，教他们念"早起身，下床去。先洒水，后扫地""衫须勤洗，鞋莫挞踭"，怎能不叫人耳目一新！③（参见图3.4）

透过这些教科书，陈子褒不但希望教授妇孺一些日常生活的知识，更希望在他们当中鼓吹爱国主义。因此，陈子褒虽以粤语撰写妇孺教科书，但他认为，学生进入中学阶段时，便应学习国语。为了推动国语，陈子褒又在光绪二十六年(1900)和三十三年(1907)出版《小学释词国语粤语解》。由此可见，陈子褒虽活用粤方言，推动启蒙教育，但在清末爱国主义的背景下，陈子褒更长远的理想是实现国语统一。

---

① 陈子褒：《俗话说》[光绪二十三年(1897)]，载《教育遗议》，1952。
② 笔者所见20世纪初出版的用粤语译写的儒家经典，还有1916年梁应麟在香港出版的《粤东白话两孟浅解》。
③ 见陈子褒《妇孺三四五字书》，光绪二十六年(1900)版。有关陈子褒以粤语编写教科书的历史，见王齐乐《香港中文教育发展史》，波文书局，1983；上引Bernard Hung-Kay Luk文。

清政府尽管也曾经提倡用白话向受教育水平较低的军人宣讲政令，但始终认为白话亵渎圣人之言；在晚清的革命人士手里，白话却是攻击体制的利器，是向群众宣传革命的最佳工具。革命分子虽有不少是知书识礼之人，但既然对这个政权已不再认同，自然也就无须考虑他们的仕途或受限于文言的框框，乃放胆用最通俗最地道的语言，撰写他们的革命宣传品。在广东，革命分子用上了南音、龙舟、粤讴、粤剧等各种各样的粤语文本，创作他们的宣传品，期望达到推翻清朝的目的。

此时期的粤剧剧本，在语言运用方面的大胆创新，堪称前无古人。① 光绪三十年（1904），广东革命人士如陈少白（1869—1934）和黄鲁逸（1869—1926），组织"志士班"，专门演出抨击清政府的粤剧。② 据赖伯疆研究，黄鲁逸领导的志士班完全以粤音取代中州音，可以说开创了真正用粤语演粤剧的先河。③ 鼓吹"新民体"的梁启超，为某学校音乐会创作余兴节目，用粤剧旧调旧式撰写"通俗精神教育新剧本"《班定远平西域》，其中有一个匈奴使者的角色，其唱词居然是粤语、英语和日语三结合的：

> （小锣鼓。一杂胡须高头，礼服偏悬宝星，扮匈奴钦差，骄容上。一杂鼠须眼镜，寻常西服，扮随员上。钦差唱杂句）我个种名叫做 Turkey，我个国名叫做 Hungary，天上玉皇系我 Family，地下国王都系我嘅 Baby。今日来到呢个 Country，（作竖一指状）堂堂钦差实在 Proudly。可笑老班 Crazy，想在老虎头上 To play。（作怒状）叫我听来好生 Angry，呸！难道我怕你 Chinese？难道我怕你 Chinese？（隨員唱雜句）オレ系匈奴嘅副钦差，（作以手指钦差狀）除了アノ就到我エライ。（作顿足昂头狀）哈哈好笑シナ也鬧是講出ヘ（イ）タイ，叫老班箇嘅ヤ（ツ）ツ來ウルサイ。佢都唔闻得オレ嘅聲名咁

---

① 阿英：《晚清文学丛钞：说唱文学卷》，中华书局，1960，第 400—508 页；阿英：《反美华工禁约文学集》，中华书局，1962，第 675—686 页。
② 冯自由：《革命逸史》第 2 册，台湾商务印书馆，1969，第 237—242 页。
③ 赖伯疆、黄镜明：《粤剧史》，第 27 页。

夕(ツ)カイ，真系オ丨バカ咯オマヘ。①

　　陈少白和黄鲁逸也是革命报刊《中国日报》的创办人兼主编。始于光绪二十六年(1900)的《中国日报》，现存 1904—1907 年的副刊部分刊载了大量革命粤讴，批评清政府。以粤讴论朝政在清末多如雨后春笋。即就今天尚存者而言，有 1904 年在广州和上海流通的《真好唱》，其中收罗了广东、香港及上海各种报纸如《广东报》《有所谓报》《坦荡报》《羊城报》《市民报》《上海报》和《唯一趣报》所载的反清粤讴。② 其他载有讽刺时弊的粤讴的报刊还有光绪三十一年(1905)创刊的《美禁华工拒约报》，1905—1912 年流通省港的《时事画报》，以及注明在黄帝 4608 年出版以示不再归顺清朝，在香港刊行的《白话醒脑筋》。③ 这些在省港地区出版的革命或同情革命的报刊，除因为用粤语写作而让本地读者觉得分外亲切之外，内容更特别针对广东的情况，为广东诉冤。④

　　随着民国时代的来临，政客和知识分子都把建立新国家政体、新社会制度放在首位。白话文运动由原来各地有各地的白话，变成只提倡一种白话，即以北京音为标准的白话，清末发自全国各地的白话文运动先锋的那种百花齐放之风渐渐趋淡。1922 年，北洋政府教育部下令各小学

---

　　① 梁启超：《〈通俗精神教育新剧本〉班定远平西域》(原载《新小说》，第 19—21 号，1905 年 8—10 月)，收入梁启超著，夏晓虹辑《〈饮冰室合集〉集外文》下册，北京大学出版社，2005，第 1289—1306 页，引文见第 1294—1295 页。用日语片假名和粤语混合而成的几句大意是："俺是匈奴的副钦差，除了他之外，我算是最威武的了。哈哈，真好笑，支那人也够胡闹笨拙，叫老班那家伙来烦扰，他还没有听到俺的声名那么显达，真是笨蛋！"

　　② 据丁守和《辛亥革命时期期刊介绍》第 4 册(人民出版社，1987，第 685—686 页)的研究，《市民报》于 1903 年在广州创刊。1900 年代，广州有《羊城日报》，香港亦有《广东日报》，不知是否与《真好唱》提及的《羊城报》及《广东报》同。另参见冯爱群《中国新闻史》，学生书局，1967。其他报刊情况未详。

　　③ 用黄帝纪年应如何计算，向来有争议。宋教仁把黄帝 4603 年与公历 1905 年等同。

　　④ 《真好唱》卷三，光绪三十年(1904)序，作者出版地不详，第 2—4、12—13 页。

统一使用以标准白话编写的教科书，陈子褒和其他各地自制的白话教科书自然不能和国家政策过不去，也和全国性的大书商诸如商务印书馆的出品竞争不来。广东的情况仿佛回复旧观，一方面在教育和文学上迟迟没有跟上白话的潮流，另一方面，粤语文学还停留在声色娱乐的层面，没有得到进一步的发展。方言写作这个课题，一直到抗战期间在左派文人提倡大众语时，才一度再被认真讨论。

小结　方言与国语

　　中国方言繁杂，人口众多，各种方言文学，不论是口授相传还是印制成书，自有相当数量的受众。广东人旅居国内大城市或海外各国者不少，粤语出版物的市场实不可小觑。然而，光有市场潜力是说明不了粤语的社会地位的。从上述讨论可见，粤语写作始终离不开娱乐、传道、教育妇孺的范围。尽管在很多场合里，粤语文本在家庭或乡村生活中扮演了一定的角色，但在中国人包括广东人的心目中，粤语写作的地位是属于边缘的，此尤以读书人为甚。中国方言繁杂，政府要达致有效的统治，必须发展出一套超越任何方言的行政语言，并为各地官僚和读书人所运用和接受。读书人也借靠着对这套语言的娴熟，表现出其对于政府以至国家的认同。在清朝及以前，这套语言是文言和官音，进入民国，这套语言是白话和国语。在清末至民国的过渡期间，包括粤语在内的方言成了维新革命的标志，革命分子也借靠它们去表达自己正在建造的新的国家观念。不过，一旦新的政体、国家观念确立起来后，语文和语言都不免要进入一个国家化的过程，粤语和其他方言就不得不退居二线，屈居于国语之下。一个有趣的悖论是，方言的颠覆性帮助读书人建立新的国家观念，其浅白亲切的性质也帮助普罗大众学习这种新的国家观念；可是，一旦国家真正建立起来了，方言的颠覆性有可能针对的就是这个新的国家，其发展因而也就很快被压抑，而始终维持着一个"方言"的地位。

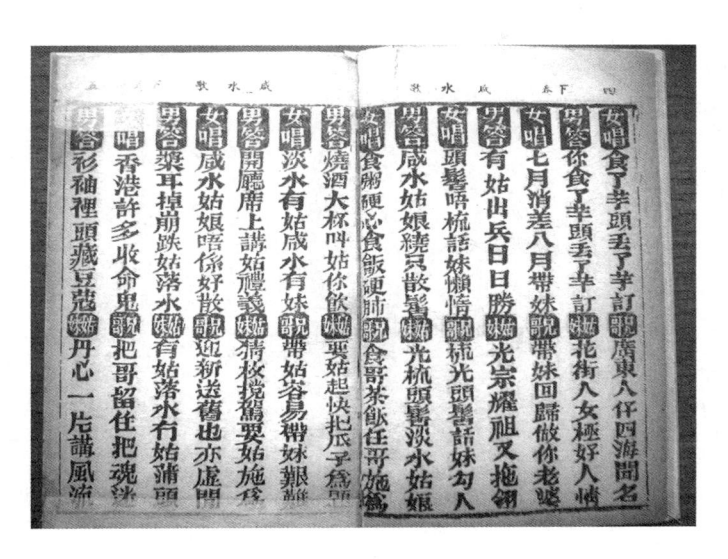

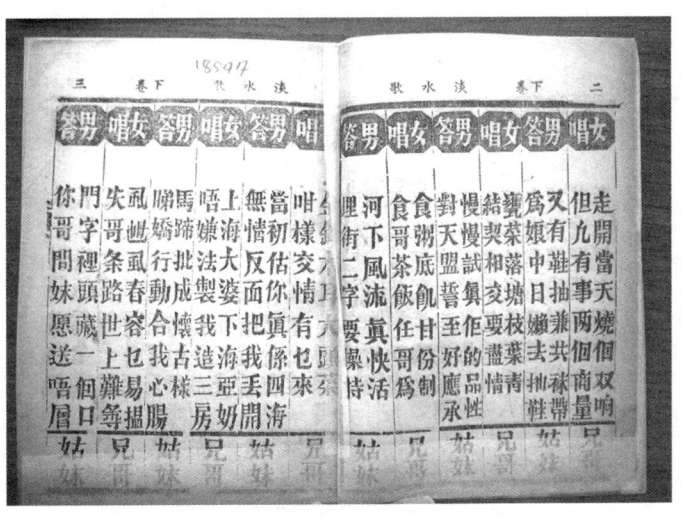

图 3.1 《咸水歌》(上)、《淡水歌》(下)

图 3.2　邵彬儒《俗话倾谈》——混杂着文言、北方白话和粤语的"三及第"文学

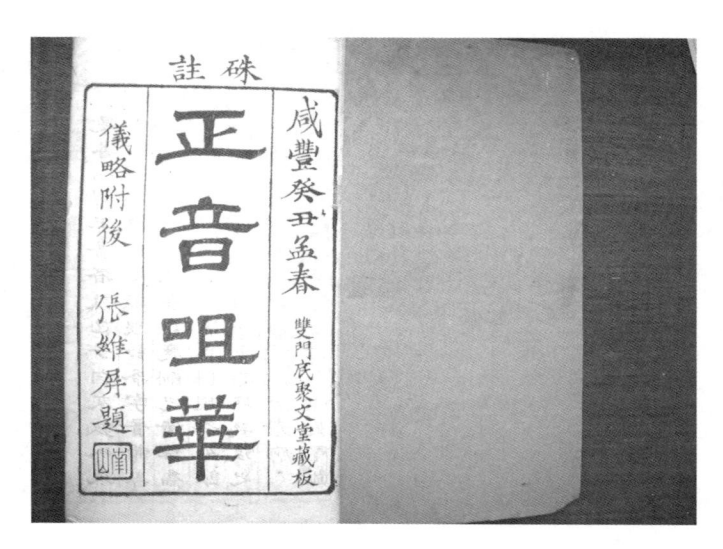

图 3.3　莎彝尊《正音咀华》——清代广东人学正音的工具书

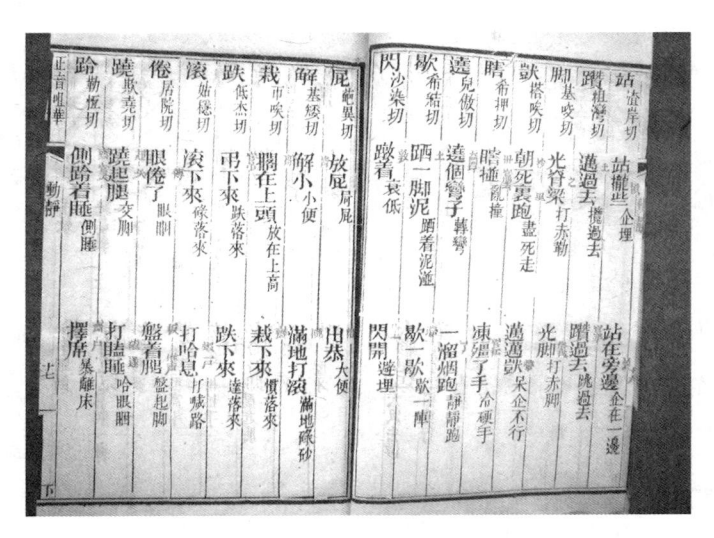

图 3.3 莎彝尊《正音咀华》——清代广东人学正音的工具书

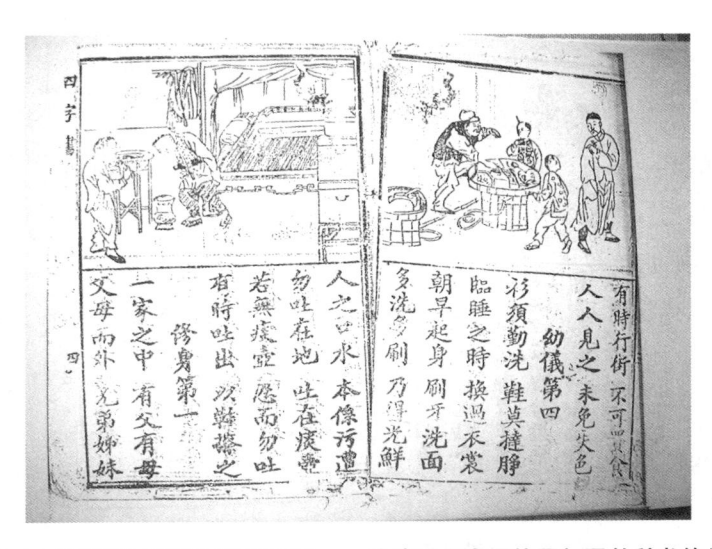

图 3.4 陈子褒《妇孺三四五字书》——晚清采用粤语编写妇孺教科书的先锋

第四章　追溯岭学

　　同中国其他省份的读书人一样，广东的读书人要表示自己的学术成就足以在全国占一席位，需要通过在以一省一地为单位编纂的文集、人物传记和地方史志等地方文献，来展现本地文人的成就，并往往像族谱建构亲属关系一样，追寻其学术上的师承关系。在编纂地方文集、颂扬前贤的同时，编者实际上也在表现自己的学术传统。然而，谁才有资格被编进这些文集或传记，谁才称得上是广东文化成就的代表，很大程度上取决于编纂者因应时势而做出的选择。同样地，谁来撰写一本怎样的广东文化史，理所当然就是当代掌握出版资源的读书人。编者和被编者的关系，文化传统制造者和文化传承的关系，往往不过是一体的两面。在这一章里，笔者尝试论述的是：在清代后期，什么人被认为是清末广东文化的代言人？他们当时面对怎样的社会和政治情势？为什么这些人会被认可为广东文化的代表？最后，笔者会探讨晚清在国家和地方层次上发生的社会政治变迁，以及在这时候兴起的新的国家观念，如何挑战原来的广东文化代言人的权威。

岭学源流

　　虽然古往今来不少广东文化的研究者总喜欢强调岭南地区"人文荟萃""文风鼎盛"，但在其他省份的人们的心目中，广东素来被认为是学术文化落后之地。即便是广东本地的学人如屈大均者，一方面很自信地认为"今天下言文者必称广东"，另一方面也很清醒地知道，"天下之文明至斯而极，极故其发之也迟"，"至有明乃照于四方"①。明代的广东，涌现了像丘濬、陈白沙、湛若水、黄佐这样的著名学者，阳明之学在广东也有很大的影响。但入清以后，尤其是乾嘉时期，朴学大兴，心性之学旁落，直至道光以前，广东士人在经学方面并没有足以令人瞩目的成绩。与东南各省相比，广东在学术领域有全国性地位和影响的学者固然如凤毛麟角，而科举功名亦少有彰显之迹。乾隆四年（1739），皇帝获悉殿试状元庄有恭为广东人，大表诧异，喜曰："广东僻远之省，竟出状元耶？"②自清初起，广东各地也设立了不少书院，其中最著名者如康熙二十二年（1683）成立的羊城书院，康熙四十九年（1710）设立的粤秀书院，乾隆二十五年（1760）开办的越华书院。③ 士子以监生或童生的资格入读这些书院，并完成一定的课程，准备参加科举考试。④ 然而，广东的士子并不能如他们的明代前辈那样，在全国的学术竞技场上赢取什么地位，除个别的例子外，广东士子面对江南的同行，难以望其项背。⑤ 嘉道之际，阮元初任两广总督，亦认为"粤中学术故不及闽"⑥，直到他立意在省城办学海堂，广东学人才渐渐在全国的学术领域崭露头角，摆脱过去文化低落的形象。梁启超在总结清代广东的学术史时，是这样评述的："时则阮芸台先生督两广，设学海堂课士，道咸以降，粤学乃骤盛。"⑦似乎在

---

① 屈大均：《广东新语》，第 316 页。

② 《清高宗纯皇帝实录》卷九十，乾隆四年（1739），第 7 页。

③ 有关各书院的历史，可参见中国人民政治协商会议、广东省广州市委员会编《广州文史资料专辑》之《广州近百年教育史料》，广东人民出版社，1983，第 15—19 页；光绪《广州府志》卷七十二，第 12—14 页。

④ 刘伯骥：《广东书院制度》，台湾书店，1958；Frederick Wakeman, *Strangers at the Gate: Social disorder in south China, 1839-1861*, Berkeley and Los Angeles: University of California Press, 1966, p. 182.

⑤ 有关清代江南学人的显赫地位，参见 Benjamin Elman, "Qing Dynasty 'Schools' of Scholarship", *Ch'ing-shih wen-t'i*, Vol. 4, No. 6, 1981, pp. 1-44.

⑥ 王章涛：《阮元年谱》，第 686 页。

⑦ 梁启超：《近代学风之地理的分布》，载《饮冰室合集·文集》之四十一，第 78—79 页。

梁启超的心目中,"粤学"的鼎盛,乃源自于学海堂的设立。

梁启超如此推崇学海堂,与清末学海堂已经成就的地位和梁启超本人与学海堂的关系是密不可分的。清末因变法而名满天下的梁启超,入民国后,更是不论在政治或文化的领域中均享负盛名。1924年,他写就了《近代学风之地理的分布》一文,当谈到广东的情况时,特别推崇咸同年间两位声誉最隆的学人——陈澧(1810—1882)和朱次琦(1807—1881)。陈澧是学海堂的学长,朱次琦虽被选聘为学海堂学长,却辞而不就,宁可在家乡南海县九江乡自立礼山草堂授徒。① 康有为曾受业于朱次琦门下,梁启超作为学海堂的专课生和康有为的弟子,可以宣称自己是陈澧和朱次琦的再传弟子,对于学海堂的学术地位,自然赞誉有加。②

陈澧和朱次琦的学生以及他们的再传弟子,在他们身后为他们出书立传,又进一步维持和扩大陈、朱二人的名声。陈作为学海堂学长,在世时便出版了不少著作。③ 自陈澧去世后,其部分未刊稿得到结集刊行,且一版再版,陈澧著名的《东塾集》,便是他的弟子廖廷相于同治七年至九年(1868—1870)在陈澧塾中读书时承命编辑,在陈澧去世后,由廖与其他弟子以及陈澧的后人校勘出版的。④ 其逾千册的读书札记,原四散于公私庋藏及书贾手中,后历经转卖、传抄和校订,部分在1920年代为

---

① 有关朱氏在九江乡的地位,见西川喜久子《珠江三角州の地域社会と宗族·乡绅——南海县九江乡のばあい》,《中国关系论说资料》卷33,3-1,1991,第229页。
② 梁启超:《近代学风之地理的分布》,第78—79页。
③ 如《切韵考》(1842年刻)、《水经注西南诸水考》(1847年刻)、《朱子语类钞》(1861年刻)、《东塾丛书》(1856年刻)、《汉儒通义》(1858年刻)、《声律通考》(1858年刻)、《申范》(1867年刻)等。
④ 见《东塾集》(广州菊坡精舍光绪十八年版),廖廷相序。此外,陈澧的《东塾读书记》,原来只有稿本,后来在陈澧去世后,于光绪年间分别在上海、广州、直隶等地出版,至1923年还有上海扫叶山房石印本。

岭南大学购入，因而得以在广东学术机构中留存。① 陈澧的年谱，是由学海堂专课肄业生汪兆镛的儿子汪宗衍编撰的。汪宗衍因为其叔祖与陈澧交好，其父汪兆镛从陈澧问学，故"家藏先生著述文物独多"。他所撰的陈澧年谱，先在1929年于《中山大学语言历史研究所周刊》出版，后于1935年在《岭南学报》出版的广东专号上发表，此后又做修订增补，最后由台湾的文海出版社在1970年正式出版。② 至于朱次琦大部分的书稿，据说在他75岁也就是去世当年，因病发而未竟全功，"知难卒事，遂自燔其槁，竟日乃尽"③。其仅存的作品，是他的学生简朝亮（1851—1933）在他去世后整理出版成《朱九江先生集》的，他的年谱也是简朝亮编撰的。简朝亮的弟子黄节，十分推崇朱次琦的道德文章，在其主编的《国粹学报》中陆续刊载朱次琦的文章、肖像和遗墨真迹，又为该文集和年谱刊登广告，这都有助于延续和扩大朱次琦的名声。④

在中国学林更广泛的层面上，陈澧和朱次琦的学术地位也得到了认可。他们皆被收入《清史·儒林传》，在广东学人中，能被收入《儒林传》的庶无几人。在民国徐世昌编纂的《清儒学案》里，广东学人被收录者也只有三人，其一是学海堂首任学长之一林伯桐（1775—1845），其余两位就是陈澧和朱次琦了。⑤ 其他与学海堂有各种渊源的学者的名声，也借

---

① 有关陈澧遗稿的流传情况，参见吴天任编著《清何翙高先生国炎年谱》，台湾"商务印书馆"，1981，第155—158页；有关岭南大学购入陈澧部分遗稿事，见杨寿昌《陈兰甫先生澧遗稿》，《岭南学报》，第2卷，第3期，1932，第174—214页。杨寿昌1926年起任岭南大学教授，之前曾就读丰湖、端溪、广雅诸书院，师从广雅书院院长梁鼎芬，梁鼎芬为陈澧学生。梁鼎芬生平见吴天任《梁节庵先生年谱》，艺文印书馆，1979。

② 汪宗衍：《陈东塾（澧）先生年谱》，文海出版社，1970，第143—144页。

③ 简朝亮：《朱九江先生年谱》，载《朱九江先生集》（序于光绪十九年）卷首之二，第41页，台湾商务印书馆，1977。

④ 如《国粹学报》第3卷第3号（1907年）的《撰录》便刊载了5篇朱次琦的文章和简朝亮撰写的《朱九江先生集序》；第4卷第5号（1908年）刊载了《朱九江先生集》和《朱九江年谱》的广告；第4卷第8号（1908年）则刊登了朱的肖像和遗墨真迹。

⑤ 徐世昌：《清儒学案》卷一百三十二，世界书局，1979年重印本，第171、174—175页。

着其他地方文集的编纂得到延续。清末广东进士吴道镕（1875—1936），入民国后以遗老身份避居香港，编辑《广东文征》并撰写《广东文征作者考》。在《广东文征》中，收入历代著名广东学人的作品，其中嘉庆至宣统年间人士共183人，在这183人里，超过三分之一是学海堂的学长或学生。从另一个角度看，学海堂自道光年间成立起至1903年关闭止，共委任学长55名，其中44名的作品被选入《广东文征》。吴道镕本身是学海堂的学生和末任学长，对学海堂情有独钟，自然不难理解。①

至20世纪，陈澧和朱次琦在广东学术文化界的影响仍颇为显著。受过旧式教育者，没有不知道陈朱二人的。1920年代，台山人陈其寿致信与其女婿时便提到：

> 承赠朱九江先生集，予年二十四得阅此书，后在羊城购求数次不获，引为憾事。今得之，珍逾拱璧。先生与番禺陈兰甫先生，同为吾粤近代名儒，兰甫讲考据词章，博而知要；先生谈经济名理，言而可行。②

陈其寿虽名不见经传，但正是这些不经意的闲话家常，让我们了解到陈澧和朱次琦二人在广东的影响如何深入民心。迟至1940年，当一群举足轻重的广东学人和政客在筹办"广东文物"展览时，其中一个讨论的话题，就是到底是学海堂的学术传统还是朱次琦的学术传统才算是岭学的正统。③

---

① 吴道镕1936年去世后，《广东文征》暨《广东文征作者考》由张学华补订。《广东文征作者考》在1941年印成铅印本，《广东文征》则在1948年由广东省文献委员会以钢板誊写，厘为81卷，分订27册，仅印9部，世罕流传。其后，香港珠海书院出版委员会再传钞校勘，分6册于1977年影印出版，《广东文征》才得以较广泛流传。详见江茂森《影印广东文征序》，载《广东文征》，香港珠海书院出版委员会，1977。
② 陈其寿：《静观斋文存》卷二，台城西华印书馆，1927，第31页。
③ 广东文物展览会编《广东文物》，第896页；参见拙文《"岭学"正统性之分歧——从孙璞论阮元说起》，载广东炎黄文化研究会，广州炎黄文化研究会编《岭峤春秋——广府文化与阮元论文集》，中山大学出版社，2003，第231—244页。

由此可见，道光年间至清末在广东具有领导地位的学术机构是学海堂，学术宗师则要数陈澧和朱次琦，要了解清末民初的广东读书人如何论述他们认同的广东学术文化传统，必须从学海堂说起。

学海堂之内

学海堂于嘉庆二十五年（1820）开始课业，道光四年（1824）落成，创办人是当时的两广总督阮元。① 阮元在嘉庆二十二年（1817）任两广总督，在数名随他南来的江南学者的协助下，于嘉庆二十三年（1818）会同李鸿宾奏请纂修广东通志，由阮元任总裁；同时按照其在浙江办诂经精舍的模式，在广东延揽士子，着手创办学海堂。学海堂成立的年代，正值广州与西方世界贸易最为兴盛的年代，从事对外贸易的行商家财丰厚，在衣食住行方面的奢侈和讲究，教目睹的外国人咋舌。② 这样的经济基础，对于推动文化事业，自然大有帮助。事实上，学海堂部分经费就是来自从事鸦片贸易的行商伍崇曜（1810—1863）的。③ 此外，学海堂的学人也和行商有着各种交往和关系。行商的花园，是当时许多本地文人游乐之

---

① 有关学海堂创建历史及初期学术取向，参见容肇祖《学海堂考》，《岭南学报》，第3卷，第4期，1934；Benjamin Elman, "The Hsueh-Hai T'ang and the Rise of New Text Scholarship in Canton", Ch'ing-shih wen-t'i, Vol. 4, No. 2, 1979, pp. 51-82；李绪柏：《清代广东朴学研究》，广东省地图出版社，2001。国外最近有关学海堂的研究，当以麦哲维（Steven B. Miles）的专著最为详尽深刻，见 Steven Bradley Miles, The Sea of Learning: Mobility and Identity in Nineteenth-Century Guangzhou, Cambridge [Mass.] and London: published by the Harvard University Asia Center, distributed by Harvard University Press, 2006。

② 梁嘉彬：《广东十三行考》，商务印书馆，1937；黄启臣、邓开颂：《略论粤海关的若干特殊制度及其影响》，载明清广东省社会经济研究会编《明清广东社会经济研究》，广东人民出版社，1987，第237—258页。

③ Benjamin Elman, "The Hsueh-Hai T'ang and the Rise of New Text Scholarship in Canton"; Benjamin Elman, From Philosophy to Philology: Intellectual and Social Aspects of Change in Late Imperial China, Cambridge [Mass.]: Council on East Asian Studies, Harvard University, 1984, p. 244.

所；学海堂学长陈澧的原配，是著名行商潘有度（Puankhequa II）之女；①笔者在下文亦将提到，伍崇曜出资印行的文集，大多是学海堂谭莹编纂完成的。

　　作为清代朴学大师的阮元到任，一洗入清以后广东学术沉寂之风，摒弃明代以来主导广东的心学传统。以阮元的学术地位及其在官场上的影响，他当然有足够的能力在短时间内把广东带入中国学术的主流。入读学海堂者必须已取得贡生资格，入学海堂后或为专课生，或为附课生，皆主研经学，不以补习科举考试为目的。据容肇祖考，道光五年（1825），阮元组织编修《皇清经解》，秉承《十三经注疏》的传统，辑集乾嘉以来的汉学著作，切中当时各地士子的需要。② 借着《皇清经解》的编纂和出版，广东的文化形象也得到进一步的改善，至少在出版经籍方面便算走在了全国的前头。在阮元的带动下，广东陆续出现了其他以经学和考据为目的的书院③，同治六年（1867）广东盐运使捐资开办、陈澧主持的菊坡精舍便属此类。④

　　尽管阮元以积极提倡汉学的面貌出现，但实际上学海堂的研究倾向并不是唯汉学是尊。艾尔曼（Benjamin Elman）指出，阮元本人也颇受几个公羊学派学者的影响，对宋学和今文学并非不屑一顾。他延揽总纂《广东通志》的江苏学人江藩（1761—1830），就是在其幕中于广州先后纂毕并刊行《国朝汉学师承记》和《国朝宋学渊源记》的。⑤ 道光四年（1824），方东树馆阮元署中，著成《汉学商兑》三卷，力陈崇汉贬宋之失，并上书阮

---

① 见汪宗衍《陈东塾（澧）先生年谱》，第16—17页，潘有度女于道光十三年（1833）来归，陈澧时年廿四，翌年才肆业于学海堂。
② 王章涛：《阮元年谱》，第773页。
③ Benjamin Elman, *From Philosophy to Philology: Intellectual and Social Aspects of Change in Late Imperial China*, p. 128.
④ 中国人民政治协商会议、广东省广州市委员会编《广州文史资料专辑》之《广州近百年教育史料》，第8—9页。
⑤ 江藩著，钟哲整理《国朝汉学师承记，附国朝经师经义目录，国朝宋学渊源记》，中华书局，1983；王章涛：《阮元年谱》，第724页。

元寻求支持。① 虽然阮元似乎并没有就宋学的问题马上响应江藩和方东树——他为《国朝汉学师承记》作序,而没有为《国朝宋学渊源记》作序,对于方东树的见解,也是晚年才致书称其经术文章——但至少在他的幕府中,同情宋学的学者还是可以发表他们的见解,与之商榷的。此外,学海堂的几位学长,像陈澧和林伯桐,也是以调和汉宋见称的。②

学海堂学长在编撰地方文史、搜罗地方文献方面,贡献良多。吴兰修(1789—1873)和梁廷枏(1796—1861)致力研究南汉和南越国的历史、地理和金石,分别出版了《南汉记》《南汉地理志》《南汉金石志》和《南越丛录》《南越五主传》《南汉书》等著作。对于当时学海堂学者致力研究南汉历史的现象,麦哲维(Steven Miles)指出,此举除了表达广东学人对本地文化历史的推崇,也显示他们借着这类课题的研究表现自己考据的功力。③曾钊(1793—1854)重新刊刻汉、晋、宋代省内外学者有关南方的记载。④谭莹(1800—1871)在行商伍崇曜的资助下,编纂了《粤十三家集》《楚庭耆旧遗诗》,以及经过三十多年才完成的《岭南遗书》⑤;又为另一行商潘仕

---

① 王章涛:《阮元年谱》,第766页。

② Benjamin Elman, "The Hsueh-Hai T'ang and the Rise of New Text Scholarship in Canton"; Benjamin Elman, *From Philosophy to Philology: Intellectual and Social Aspects of Change in Late Imperial China*;广东文物展览会编《广东文物》,第808页;徐世昌:《清儒学案》卷一百三十二,第174—175页;钱穆:《中国近三百年学术史》,商务印书馆,1937,第506—632页。

③ 见容肇祖《学海堂考》,第26—27、39页;Steven Bradley Miles, "Rewriting the Southern Han (917-971): The Production of Local Culture in Nineteenth-Century Guangzhou", *Harvard Journal of Asiatic Studies*, Vol. 62, No. 1, June 2002, pp. 39-75。

④ 容肇祖:《学海堂考》,第27—28页。

⑤ 容肇祖:《学海堂考》,第34—35页;Arthur Hummel, *Eminent Chinese of the Ch'ing Period (1644-1912)*, Washington: United States Government Printing Office, 1944, Vol. 2, pp. 867-868.

成将其私藏的善本编辑成《海山仙馆丛书》。① 这些出版物收集了自宋以来广东文人的著作，丰富了广东文化的积累。这类印刷数量有限，商业价值不高的地方文化出版事业，如果没有商人的资助和高官的荫庇，自然难成其事。②

事实上，学海堂学长的薪金微薄，也不得不靠承包这些"文化工程"帮补。据刘伯骥考，粤秀书院的山长在嘉庆十四年（1809）的年薪是500两，羊城书院的山长在嘉庆二十五年（1820）的时候，年薪加上其他补贴是400两，而越华书院的山长，在道光八年（1828）的年薪则是320两，然而，同期学海堂学长的年薪却只得36两。③ 可以估计，这只能是一种象征式的报酬，学海堂学长的主要收入来自帮助官府和私人编修史志文集、监督水利工程、筹办团练、组织管理义仓及其他社区福利事业，更少不了的便是作为官员的政治顾问。学海堂最著名的学长陈澧，除了管过广州的惠济仓，又一度被请去协助政府办理团练筹防，对于这样的政治任务，他曾经有过这样的感叹：

> 仆近日为大宪请出办团练筹防，不得闭门著书，候开办后乃或有暇耳。此事仆不能固辞，若固辞，则他人之辞者，外间将谓仆为之倡矣。制府谓老者不以筋力为礼，断不以辛苦事相烦，此为幸甚。但事体关系重大，而筹款最难，盖李学士可以办此，且其办石角、大路两堤，实心实力，今年大水而堤安稳，今办筹防，仆拱手相让，当督抚司道毕集之际，皆以为然，此则所谓不以筋力为礼，然不能不费心也。总之虚名为累，身处省会，不能匿迹消声，未知将来能

---

① Arthur Hummel, *Eminent Chinese of the Ch'ing Period* (1644-1912), Vol. 2, pp. 605-606.

② Benjamin Elman, *From Philosophy to Philology: Intellectual and Social Aspects of Change in Late Imperial China*, pp. 111-112.

③ 刘伯骥：《广东书院制度》，第296—301页；张仲礼推算19世纪以教学为业者每年平均收入约为350两，见 Chung-li Chang, *The Income of the Chinese Gentry*, Washington: University of Washington Press, 1962, pp. 7-42, 94, 111, 113-114.

免于怨谤否也。①

诚如陈澧所言,"身处省会"注定学海堂学长的角色不得不与政治沾边。那么,到底什么人才有资格成为学海堂学长?道光六年(1826)阮元自己选任的第一批共八个学长,但在科举方面都表现平平,在八名学长中,只有两名举人,其他都不过是初级的贡生。在继任的学长中,大部分都是举人,获进士者寥寥无几。相比之下,乾隆五十四年至光绪二十三年(1789—1897),羊城、粤秀和越华三所书院的山长,不是进士就是翰林学士。② 科举表现不佳不一定有碍于一个人的学术成就,但肯定是他仕途的绊脚石,更何况清代官额一直僧多粥少。③ 在学海堂首批学长中,驻防汉军正黄旗人徐荣(1792—1855)在任学长之前拥有的官职已属最高。④ 许多例子显示,阮元及其继任的两广总督在委任学海堂学长时,政治考虑往往比学术考虑更重要,从以下各种证据可见,学海堂学长在地方事务上的娴熟,似乎是他们被挑选为学长的重要标准之一。

在道光年间的广州,把官员、商人、学者都一并扯入政治角力的无疑是鸦片问题。道光元年(1821),阮元奏请道光皇帝,严禁鸦片贸易和吸食鸦片的活动,不过,这样的政治表态实际意义不大,同时期的鸦片贸易有增无减。有研究者根据英国乔治·艾略特(George Elliot)的报告

---

① 陈澧:《与廖泽群书五首》,载陈澧著,陈之迈编《东塾续集》,文海出版社,1972,第 210 页。这应该是指同治二年至五年(1863—1866)郭嵩焘出任广东巡抚时命陈澧主办省团局一事,陈澧后来似乎还是推辞了。据陈澧自己说,自是以后,每次见到郭嵩焘时,郭与他"论经史不及时事",见陈澧,《送巡抚郭公入都序》,载《东塾集》卷三,第 3 页。

② 刘伯骥:《广东书院制度》,第 224—284 页。

③ 见 Benjamin Elman, *From Philosophy to Philology: Intellectual and Social Aspects of Change in Late Imperial China*, pp. 130-131。

④ Susan Mann and Philip Kuhn, "Dynastic decline and the roots of rebellion", in Denis Twitchett and John Fairbank (eds.), *The Cambridge History of China*, Vol. 10, Late Ch'ing, 1800-1911, Part I, Cambridge: Cambridge University Press, 1978, p. 159.

对阮元和许乃济大赞有加的说法，推测阮元在离开广东后，曾参与支持弛禁的活动。① 到底阮元在鸦片问题上的立场如何，我们一时无法求证，但长期从事鸦片贸易的广东行商对两广总督没有施加压力，却教人难以置信。阮元离任后，广州士人和官员在鸦片问题上分歧也越觉明显。朝廷中既有所谓"严禁"和"弛禁"两派之分野，广东的学海堂内也隐隐然存在着两种意见。两广总督卢坤早在道光十四年（1834）就主张弛禁鸦片之说，学海堂唯两广总督马首是瞻，部分学长倾向卢坤的主张不足为奇。事实上，太常侍少卿许乃济（1777—1839）在道光十六年（1836）提倡鸦片合法化的奏折，是以学海堂学长吴兰修（1789—1873）撰写的《弭害说》为蓝本的，吴兰修建议除官员、士子及兵士外，其余民众皆许其自由抽食鸦片。究竟吴的主张和学海堂得到伍崇曜的支持有多大关系，我们很难轻易下判断。② 不过，当钦差大臣林则徐在道光十九年正月廿五日（1839年3月10日）抵达广州时，首先下榻的是越华书院，而并没有以学海堂为他的办事基地，这显示了林则徐对部分学海堂学长与行商及官员的关系有所疑虑。在学海堂诸位学长中，林则徐率先接见的就只有张维屏（1780—1859）。林在张维屏及数名士绅的支持下，以大佛寺为基地，和曾任越华、粤秀两书院监院的梁廷枏一同办理查禁鸦片事宜。③

林则徐虽初来乍到，却大抵明白学海堂内已存在着一种支持弛禁论的力量，他还延揽张维屏，是因为他早与张交往甚殷。道光十年（1830）

---

① Hsin-pao Chang, *Commissioner Lin and the Opium War*, Cambridge [Mass.]: Harvard University Press, 1964, p. 88; Man-kam Leung, "Juan Yuan (1764-1849) The Life, Works and Career of a Chinese Scholar-Bureaucrat"(unpublished PhD dissertation, University of Hawaii), 1977, pp. 234-236.

② 有关许乃济与吴兰修的关系，见梁廷枏《夷氛纪闻》，商务印书馆，1937，第5—7页。吴兰修文章见光绪《广州府志》卷一百六十三，第19—22页，许乃济奏折见姚薇元《鸦片战争事实考——魏源道光洋舰征抚记》，北京人民出版社，1984，第20—21页。

③ 有关林则徐与张维屏之关系及林甫抵广州之活动，见杨国桢《林则徐考》，福建人民出版社，1989，第143页；中山大学历史系、中国近现代史教研组研究室编《林则徐集·日记》，中华书局，1962，第363页。

张林共晋诗酒,在道光十八年(1838)上奏主张严禁鸦片的鸿胪寺卿黄爵滋,当年也是席上客。林则徐以钦差大臣身份整治广东,当然深谙争取地方支持之道,到道光二十年(1840)初,当他连两广总督的位置也一并接任后,立刻委任梁廷枏和黄培芳(1778—1859)这两个支持他严禁鸦片的学者为学海堂学长,张维屏也在此期间得到续任。黄培芳代表的"白云山派"素与主张朴学者关系紧张①,他对一些汉学家走向极端以致支离破碎的治学风格,感到很不以为然,曾发过这样的议论:

> 夫宋学精于义理,汉学长于考据,轻重攸分,而不可偏废。独怪今之言汉学者,必极扬汉学而暗抑宋儒。偶得一为汉学者,虽支离破碎,灭裂不完,犹将袒之;于宋学则有意苛求,鄙夷掊击,非特失轻重之伦,而又甚焉。推其意,惧汉学之不兴,不得不阴为偏侧之说,以潜驱天下之人由宋而返汉。……兴汉学是也,薄宋儒则非矣。然而天下靡然从之,何也?义理之学,归本身心,非沉潜体认,不能有得,少年才士,与之相背而驰,故恒苦其难。若考据之学,喜其便己,徒事挦扯,可不体于身心,而依附声气,又易以成名。……余非谓汉学可不兴,而惧宋学寖微也,盖先儒之学,以明道觉世为心,今人之学,以炫博喜新为务,学术之偏,非徒学术之病,即人心之病,而世道之忧也。②

又云:

> 注疏家训诂详明,最有根据,其中博引群籍,即零金碎玉,亦觉可爱,但看去不足启人心性,穷经之本,固不在此,以资考证则

---

① James Polachek, *The Inner Opium War*, Cambridge [Mass.] and London: The Council on East Asian Studies, Harvard University, 1992, pp. 144-149.
② 黄培芳:《汉学宋学论》,载吴道镕编,张学华补订《广东文征》第3册,珠海书院出版委员会,1977。

可耳。①

对于汉学家轻视读书明理和通经致用的态度,黄培芳也不能苟同,他说:

> 考据家论事,每不顾人心天理之安,辄以有书为据,古经散亡,莫甚于礼,既遭秦火,多出汉儒傅会之言,若牵合疑经,罕所折衷,妄加武断,未云善也。孟子时,书未亡,而孟子曰:吾于武成取二三策而已,斯真善于论古矣。盖考据家长于训诂,而不必长于理解。②

以上引用的三段话,第一段出自《汉学宋学论》,撰写年份不详;第二、三段的刊行年份分别是嘉庆十八年(1813)及嘉庆二十三年(1818)之后,即在阮元建学海堂之前,此时,汉学仍未是广东的学术主流。另外,黄培芳本人亦少有在广州的活动,倒曾两度上京谋职,1830年选授韶州府乳源县教谕,后再调琼州府陵水县教谕,至道光十五年(1835)才较多时间留在广州,此时他已年近六十,仍未见得到学海堂的青睐。③ 至道光十八年(1838)七月,支持桐城派的邓廷桢任两广总督期间,黄培芳才获任为学海堂学长,可以说,其在广东的学术地位至此才得到粤省最高官员的认可。黄培芳前期对汉学宋学的看法,阮元和学海堂中人有什么评价,我们不得而知,但值得我们注意的是,黄培芳先被邓廷桢选任为学长,再在林则徐任两广总督期间获得续任,这正是鸦片战争前夕,学海堂学长"大换班"的时候,学海堂作为两广总督的智囊团,其学长的选定不能不混杂一定的政治考虑。黄培芳批判汉学的立场,理论上与阮元主力提倡的学海堂的学术风格相左,但到了林则徐来粤的时候,这不但

---

① 黄培芳:《云泉随扎》卷一,序于嘉庆十八年(1813),第10页。
② 黄培芳:《虎坊杂识》卷丁,第1—2页,出版年地不详,约1818年后。
③ 《学海堂志》,亚东学社1964年重印,第22页;又参考黄培芳撰,管林标点《黄培芳诗话三种》,"前言",广东高等教育出版社,1995,第5—6页。

不再是他成为学海堂学长的阻力，反而是可用之资。① 林则徐通过选任学海堂学长显示的这种"学术取向"，与阮元立学海堂的原意大相径庭，不过，如果我们考虑到上文提到的阮元并非唯汉学是尊，则将此时所谓汉宋之争置于具体的情景之中，或可视之为政治立场和派系间冲突的一种表达。

事实上，学海堂学长和地方政治的关系从未间断过。19世纪中期，广东为应付红巾军及鸦片战争以后英人进城问题，各县城及省城纷纷组织团练，同期间委任的学海堂学长陈璞（1820—1887）和李光廷（1812—1880）就是出资办团练的地方领袖。② 张之洞在任两广总督期间（1884—1889），学海堂的学长又积极帮助筹办广雅书院，学长廖廷相（1844—1898）后来更成为广雅书院的院长。廖廷相是陈澧的学生，曾任惠济义仓总理、南海保安局总理，又任水陆师学堂总办。③ 迟至学海堂于光绪二十九年（1903）停办之前，其末代学长包括丁仁长、吴道镕等，仍积极参与地方议会选举事务。④

由此可见，学海堂实际上是晚清广东的政治中心。谁被委任为学海堂学长，其学术取向和成就固然是重要条件，但其政治立场和在地方上有可能得到的支持也不容忽视。全国所认同的学术标准固然是决定谁足以为广东文化发言人的基础，但广东的内部政治，对于如何定义当代和以后的广东文化，也起着关键的作用。

---

① 有关当时广州学人与汉学抗衡的源流和情况，以及与林则徐之关系，颇为复杂，详细分析见 James Polachek, *The Inner Opium War*, pp. 144-149。

② 宣统《番禺县志》卷二十，第16—20页；容肇祖：《学海堂考》，第47—48页。

③ 宣统《南海县志》卷十九，第13—15页。

④ 容肇祖：《学海堂考》，第52—60页。有关广东士绅参与晚清改革的情况，参见 Edward Rhoads, *China's Republican Revolution: The Case of Kwangtung, 1895-1913*。

学海堂之外

  一般论述清末广东文化,谈罢学海堂经学之盛,必然会笔锋一转,改论广东如何开风气之先,把西学带入中国。不过,这样的论述只是从现代人的眼光去看,不免漠视了当时人的看法。不错,广州自古以来,为南海交通一大枢纽,海外贸易更越趋繁盛,18、19世纪,广州更成为国际的贸易中心之一。从我们的角度看,在长期的对外交流历史中,这个地区的确吸收了不少外来文化;但从清代读书人的角度看,这千姿百态而又支离破碎的西洋知识,究竟能不能算是"文化",则大有商榷余地。①

  对西方世界,学海堂好几位学长大抵都有着相当的兴趣。梁廷枏在鸦片战争后编撰《海国四说》,介绍美国、英国和另外几个欧洲国家的地理、历史和宗教。② 陈澧多次对魏源的《海国图志》提出意见,很大程度上是从国防的角度出发的。③ 与陈澧齐名的朱次琦,对当时的政治及社会危机的确忧心忡忡,但同时又质疑清廷派郭嵩焘出使英国,"何辱国至此"④。与此同时,西方的技术对于他们来说,也不一定就是奇技淫巧,要不然,陈澧也不会在同治五年(1866)用"泰西摄影术"拍了一张照片;另一学长邹伯奇(1819—1869),更自制了一个针孔照相机。不过,邹伯

---

  ① 有关18—19世纪广州为外国商人提供服务的通事和仆人等名不见经传的人物对西方知识的认识,可参见拙著《遇见黄东:18—19世纪珠江口的小人物与大世界》,北京师范大学出版社,2021。(书目要相应增补)
  ② 梁廷枏《海国四说》一书,合《耶稣教难入中国说》《合省国说》《兰仑偶说》《粤道贡国说》四种,杀青于道光二十六年(1846),此书与《夷氛闻纪》皆在后世流传甚稀,目前国内仅在广州存有三部,见骆驿《前言》,载梁廷枏《海国四说》,中华书局,1993。广东省立中山图书馆藏梁廷枏《海国四说》乃序于道光二十六年,出版地不详。又参见熊月之《西学东渐与晚清社会》,上海人民出版社,1994,第226—239页。
  ③ 汪宗衍:《陈东塾(澧)先生年谱》,第43—44页。
  ④ 朱次琦:《论派员往英事》,载简朝亮编《朱九江先生集》卷六,第6页。

奇这位被后来的广东学者誉为"中国最早发明摄影机的科学家"①，在当时的际遇似乎并不顺利。在郭嵩焘任广东巡抚期间，邹伯奇被延请开局绘广东地图，本来十分积极购买"番字沿海之图""番字行海洋历"和其他所需绘图仪具，但他这些努力，既没有受到重视，绘制地图最后也因为"工料无资"而无法成事。邹伯奇在广东无用武之地，曾致信在上海铁厂（即江南制造局）任职的南海人冯焌光（1830—1878），希望能在他那里谋一安身之席，以畅抒所蕴。② 邹伯奇主要的数学和光学著作，是在他去世后才结集出版的。不过，迟至同治年间的广东学人对西方数学和科学的认知，还摆脱不了"西学源于中学"论的模式。邹伯奇在其《论西法皆古所有》一文中，认为西方数学、天文学、重学和视学（即力学和光学），以及制器（技术）等学问，在中国古籍中早就有所论及，他甚至提出"故谓西学源出墨子可也"的见解。③ 陈澧为邹伯奇的著作撰写序言，也认为"西洋制器之法实古算家所有"④。

对于"夷患"，学海堂的学者不但耳闻目睹，更有切肤之痛。就三元里村民抗击英军一事来说，张维屏明白群情汹涌是因为他们的生命财产受到了威胁，"家室田庐须保卫，不待鼓声群作气"⑤。鸦片战争时，梁廷枏亲自部署应付英兵的策略，并记载详情，写就了《夷氛闻纪》。第二次鸦片战争的时候，学海堂地处观音山，遭英兵炮击，广州城更被英法联军统治几近三年，学海堂被迫停课，学长也不得不往郊外逃难。陈澧

---

① 邹伯奇：《摄影之器记》，载《邹征君存稿》，序于同治十二年（1873），第18—19页。邹在文中提到"余尝制为摄影之器，以木为方箱"。又参见冼玉清《中国最早发明摄影机的科学家》，收入《广东文献丛谈》，中华书局，1965，第43—45页。

② 邹伯奇：《与冯竹儒帖》，载《邹征君存稿》，第26页。有关冯焌光在江南制造局的情况，可参阅《格致汇编》，光绪十六年（1890），第1—2页。

③ 《邹伯奇论西法皆古所有》，载吴道镕编《广东文征》卷三十四。

④ 陈澧：《格术补序》，收入《邹征君遗书》，粤东省城西湖街富文斋刊印，同治十二年（1873）。

⑤ 张维屏：《三元里》，载广东省文史研究馆编《三元里人民抗英斗争史料》，中华书局，1979，第291页。

便迁到城郊友人处暂居,并赋诗抒发其抑愤。① 不过,虽然学海堂中人有这样的经验,但他们对于西学的兴趣和体会,仍不外乎停留在"用"的层次上。

我们也可以从更实际的角度,看看接受西学训练的人在咸同年间的自我形象和得到的待遇。容闳(1828—1912)作为首个留美的中国学生,在咸丰四年(1854)取得耶鲁大学的学位回家,被母亲问及耶鲁大学的学士学位有何用的时候,他的回答是跟在中国中了秀才差不多。② 事实上,这个洋学位给容闳带来的,开始不过是在香港和上海充当传译。过了9年,他才被曾国藩延揽入幕府,其由政府选派幼童赴美留学的主张,也要到同治十一年(1872)才得以实现。③ 此外,清廷分别在同治三年(1864)及光绪二年(1876)于广州开设的同文馆和西学馆,也是有名无实。据当时有关官员给朝廷的报告,两馆学生入学只为求赚点膏火,借个地方习写八股文章,准备应试科举。④

在废除科举之前,对于绝大部分学子来说,西学只不过是退而求其次的选择。如果借用张之洞的"体""用"二分论,我们或许可以说,在晚清的官僚和学者眼中,西学只不过是"用",而中学始终是"体"。列文森(Joseph Levenson)指出,在张之洞的二分法里,"体"实际上包含了"用"——学子参加科举考试,进入官僚体制,是"用";而充实这个考试机制的,是经学,是"体"。⑤ 桑兵也认为,1840—1860年代,士子罕有

---

① 汪宗衍:《陈东塾(澧)先生年谱》,第66页。
② Yung Wing, *My Life in China and America*, New York: Henry Holt and Company, 1909, pp. 49-50, 63.
③ 吴湘湘编《民国百人传》第1册,传记文学出版社,1971,第317—333页。
④ 朱有瓛:《中国近代学制史料》第1册,华东师范大学出版社,1983,第268—269、475页。
⑤ Joseph Levenson, *Confucian China and its Modern Fate*, Vol. One: The Problem of Intellectual Continuity, London: Routledge and Kegan Paul Limited, 1958, pp. 59-78; Vol. Two: The Problem of Monarchical Decay, Berkeley and Los Angeles: University of California Press, 1964, pp. 8, 114-115.

对西学感兴趣的，直到 1880 年代，北京和其他地方才有越来越多读书人对西学表示兴趣。① 同样地，在广东，直到 1880 年代左右，学海堂和其他书院仍然代表着中学的"体"和"用"，象征着一省的文化成就，是个人跻身到社会上层的阶梯，在越趋急速的政治社会变动中，稳守着正统意识形态的代言人的地位。对于学者来说，他们所效忠的，仍然是将政府和国家合二为一的朝廷；他们认为能够解决国家问题的出路，是以圣人之道回复过去的社会和政治秩序。

然而，1880 年代以后，官员和士子对西学的态度渐趋正面。光绪十三年（1887），总理衙门宣布把多门西学学科包括算术、格致、工程、世界历史和时务，纳入科举考试范围。② 在光绪二十四年（1898）出版的一期《格致新报》中，有读者写信询问"本届特旨设立经济特科，士子有志观光者甚多，但僻省腹地，苦无师资，第读近译诸书，又未知能否足用，请贵馆明以教我"③，可见，士子们为了适应科举考试新增的科目，对西学知识都十分渴求。至 19 世纪末，接受西方教育的伍廷芳（1842—1922）、詹天佑（1861—1919）及唐绍仪（1862—1938），都比二三十年前刚毕业的容闳仕途畅顺。伍廷芳从英国的法律学院毕业后，光绪二年（1876）到香港任职律师，光绪八年（1882）被李鸿章延为幕僚，光绪二十三年（1897）起，被清政府先后委派到美国、西班牙和秘鲁担任公使，到后来更负责制定清末的商法和刑法。詹天佑是清政府派往美国就读的首批学童之一，光绪七年（1881）回国后在陆军学堂任职，参与数项兴建铁路的工程，光绪三十一年（1905），他被委任为京张铁路的总工程师，宣统元年（1909），获清政府特授的工科进士。④ 唐绍仪也是首批留美学童

---

① 桑兵：《晚清学堂学生与社会变迁》，稻禾出版社，1991，第 25—40 页。
② 参见高时良编《中国近代教育史资料汇编：洋务运动时期教育》，上海教育出版社，1992，第 645—647 页。
③ 《格致新报》，第一册，《答问》，光绪廿四年二月廿一日（1898 年 3 月 13 日），第 16 页。
④ 参见凌鸿勋、高宗鲁《詹天佑与中国铁路》，"中央研究院"近代史研究所，1977。

之一，同治十二年（1873）赴美，光绪七年（1881）回国，旋即被委派为朝鲜帮办税务，光绪三十三年（1907）更被升调为邮传部左侍郎。① 自光绪二十六年（1900）始，清廷立意改革，这类留学归来的学生都被委以重任。② 此外，1880年代以后的西学馆也只录取有志向学者，力图一洗颓风。与此同时，广东士绅对兴办西式教育也甚表支持。当美国长老教会在1880年代中考虑在华南设立高等学府时，超过400名广东士绅联名促请长老教会务必将学院建在广州，不过，他们亦强调，这所学院不应成为传统书院的竞争对手，也不应该是将来改革中国教育所兴办的学校的仿效对象。③ 这所学院就是后来岭南大学的前身——格致书院。④

尽管西学越来越为中国的官员和读书人所接受，但这并不代表他们就此便放弃中学。对于许多自小便接受传统教育，但又愿意积极吸收西学的中国读书人来说，把中学和西学加以整合调和，似乎是最好的出路。康有为就是在这样的情景中，加入晚清经学的讨论，成为旧学者的敌人、年轻学生的偶像，并以此跻身晚清广东学人之前列的。⑤ 以今文学家自居的康有为，认为只有重新认识圣人之言，才能够对症下药，救民救国。其《新学伪经考》于光绪十七年（1891）在广州出版后，引起过一番讨论，在前一年（1890）上任为广雅书院院长的浙江学者朱一新（1846—1894），

---

① 唐绍仪生平参见珠海市政协、暨南大学历史系编《唐绍仪研究论文集》，1989。

② Linda Pomerantz-Zhang, *Wu Tingfang (1842-1922): Reform and Modernization in Modern Chinese History*, Hong Kong: Hong Kong University Press, 1992；丁贤俊、喻作风：《伍廷芳集》，中华书局，1993。

③ Jessie Gregory Lutz, *China and the Christian College 1850-1950*, Ithaca and London: Cornell University Press, 1971, pp. 34-35；高冠天：《岭南大学接回国人自办之经过》，李瑞明编《岭南大学》，岭南（大学）筹募发展委员会，1997，第168—171页。

④ 见《岭南学校大观》卷十四，1917，第2页。

⑤ 吴道镕：《广东文征作者考》，第274—275页；梁启超：《清代学术概论》，《饮冰室合集·专集》之三十四，第56—62页；钱穆：《中国近三百年学术史》，第633—709页。

便曾致函康有为，质疑他的观点。① 光绪二十八年（1902），康有为又出版《中庸注》，借用了儒家公羊学的"三世"理论，即"治乱世""升平世"和"大同世"，主张中国的政体应该从专制君主制演化为君主立宪制，最后达致共和。②

康有为在清末广东"正统"的学术界中，显然是一个不受欢迎的人物，尤其是戊戌维新运动失败之后，更是清廷缉拿的罪犯，未几又因其保皇而成为革命分子讽刺的对象。不过，康有为并不能说是一个反体制者，尽管他和广东主流的读书人过不去，但在追溯自己的师承传统时，他总是不会漏掉自己曾经是朱次琦学生的身份，在自编年谱中说自己光绪二年至四年（1876—1878），"在九江礼山草堂从九江先生学""捧手受教"。③甚至对于学海堂所代表的正统，康有为也不是不想沾边的，在其自编年谱中，便提到张之洞曾邀请他主持学海堂。事实是否如此，我们无从考证，但从字里行间我们却可感觉到康有为"与有荣焉"的自得之情。④

1880年代之后，学海堂虽然仍然享有相当的政治地位，但其学术文化地位却渐见褪色。光绪七年（1881）陈澧去世之后，在广东文化史的论述上，学海堂的学长和弟子便没有一个享有陈澧那样的声誉了。这固然可能是因为后来者的学术成就不如陈澧，但可能更重要的是，官方色彩甚浓的学海堂，随着清政府的倒台一夜之间成为抱顽固守的象征。相反，同治年间与陈澧齐名的朱次琦，却因其不肯就任学海堂学长的事迹，被

---

① Luke Kwong, *A Mosaic of the Hundred Days: Personalities, Politics and Ideas of 1898*, Cambridge [Mass.]: Council on East Asian Studies, Harvard University Press, 1984, pp.88-89；康有为：《新学伪经考》，载姜义华、吴根梁编《康有为全集》，上海古籍出版社，1987，第570—1017、1018—1059页。

② 见康有为《中庸注》，台湾商务印书馆，1966，第39—40页；Hao Chang, *Liang Ch'i-ch'ao and Intellectual Transition in China 1890-1907*, Cambridge, [Mass.]: Harvard University Press, 1971；丁宝兰编《岭南历代思想家评传》，广东人民出版社，1985，第336—349页。

③ 康有为：《康南海自编年谱》[约光绪廿四年（1898）]，文海出版社，1972，第7—10页。

④ 康有为：《康南海自编年谱》，第16、22—38页。

日后那些对学海堂提倡汉学不以为然的广东学人特别是反清人士认为是清末广东学术的一股清流。与学海堂沾不上边的康有为,追认朱次琦为他自己的学术宗师,而在梁启超以及后来许多中国近代史家的笔下,康有为的形象俨然是中国政治和文化改革的先锋。这是由于自晚清到民国,以西方知识为基础的教育传统和制度,取代了中国原有的一套机制,也主导了新一代中国精英的思想和自我形象,在他们笔下,康有为尚算是清末广东的改革先锋。不过,我们不可不注意的是,在大部分中国读书人尚未接受或认同西学的时代,康有为始终是在经学基础上提出他的改革主张的,尽管这些主张被当时的主流学者和官僚认为是异端,他的自我形象与其说是"改革维新"的先锋,不如说更大程度上是"托古改制"的儒者。

康有为及其所象征的意识形态虽然在中国近代史的论述上占有不可动摇的地位,但真正挑战广东的学术主流代表学海堂的,并不是康有为,而是王朝官僚体制和经学关系的彻底瓦解。造成这种变化的压力既来自西学的冲击,也来自伴随着西学而来的另一股力量——中国的民族主义。① 一种新的国家意识和政体的崛起,彻底地改变了中国学术、教育和文化的面貌,自然也牵动了地方的文化定位和认同。光绪二十四年(1898)京师大学堂的开办,意味着传统学科已不再垄断科举考试的课程,再不是士子谋取一官半职的必修内容。在这种情势下,学海堂在1903年被逼停办,其后广东遗老虽多次力图恢复,但经学既已"体""用"全失,学海堂不过只剩下一块招牌,已无任何实质意义。步入20世纪,广东士子所关心的,报章舆论热切讨论的,是广东必须尽快建立一所大学堂,否则势必再度沦为文化落后之地。

与此同时,在反清人士的笔下,传统经学脉络中的汉宋之争再度被两极化。国学保存会成员黄节草就了《粤东学术源流史》一文,综述汉代

---

① 列文森的《儒教中国及其现代命运》(*Confucian China and its Modern Fate*, *Vol. One: The Problem of Intellectual Continuity*)一书细致地讨论了20世纪中国民族主义的文化意涵。

以来岭南的经学发展，该文在光绪三十四年（1908）以《岭学源流》为题，刊登在《国粹学报》上。该文手稿（即《粤东学术源流史》）与《国粹学报》所刊者（即《岭学源流》）在内容上略有出入，但作者对阮元的学术影响所做的严厉批评则没有因为在《国粹学报》公开出版而有所回避，以下引自黄节手稿，并在方括号内标注出《国粹学报》刊出时的差异：

> 嘉道之际，仪征阮元云台督粤，创学海堂，导学［《国粹学报》插一"者"字］以汉学，一时侯康、林伯桐、陈澧，皆以著书考据显，岭外遂无有言三家之学者。南海朱九江先生，于举国争言著书之日，乃独弃官讲学，举修身读书之要，以告学者。其言修身之要，曰敦行孝弟、崇尚名节、变化气质、检摄威仪；其言读书之要，曰经学、史学、掌故之学、性理之学、词章之学。其为学不分汉宋，而于白沙阳明之教，皆［《国粹学报》插一"有"字］所不取，斯则国朝岭学之崛起者也。
>
> 故由今论之，陈王湛三家之学，尽于阮元。惟其著书考据之风盛，则讲学之事亦微；讲学之事微，而名节道德遂不可复问。九江而后，岭南讲学之风浸衰。近十年来，西方学说输入我国，吾粤被之独早，学者怵于万有新奇之论，既结舌而不敢言，其言者不出于锢蔽，即出于附会。锢蔽固非，附会尤失。嗜新之士，复大倡功利之说，以为用即在是，循是而叫嚣不已。吾恐不惟名节道德扫地而尽，即寸扎短文，求之弱冠后生，将亦有不能办者。呜呼！国学之亡，可立而待，宁独岭学［"学"字在《国粹学报》作"南"字］一隅，而为是哀也。往侍简岸末席，私淑九江之遗风，窃念岭学已芜，以为非远追甘泉讲学之风，近法九江隐居之教，则一国之俗，必无由而挽，即一邦之文献，亦必无由能存。［最后数行作斜体者，《国粹学报》版缺。］①

---

① 黄节：《粤东学术源流史》，手稿，广东省立中山图书馆藏。此文在《国粹学报》第4卷第3号（1908年）《社说》中发表，题为《岭学源流》。

在以上的论述中,黄节淡化了嘉道之际汉宋调和的事实,突出了汉宋相争的观点。黄节以简朝亮弟子亦即朱次琦的再传弟子自居,正如笔者在本章一开始已经提到的,在黄主理的《国粹学报》中,曾刊登过朱次琦的一些文章、肖像和书法,以及简朝亮编的《朱九江先生集》和《朱九江年谱》的广告。这一方面扩大了文章传世不多的朱次琦的影响,另一方面,也显示了国学保存会的人士借用朱次琦崇尚名节的形象,来反衬阮元提倡考据之风对岭学甚至国学造成的破坏。① 另一位国学保存会成员邓实,在其刊登于《国粹学报》的《国学今论》一文中,甚至认为陈澧调和汉宋,是"摭合细微,比类附会,其学无足观"②。黄邓二人的论述,实际上体现的是国粹派翘楚刘师培提出的"学术之界可以泯,种族之界不可忘"的反满立场。③ 自清末以来,在反清和革命的语境中,阮元及其创办的学海堂在广东文化史上的地位,就屡屡被公开质疑了。何谓"岭学源流",谁是广东学术正统的代表,也变得大有商榷余地。

学海堂之后

学海堂停办不到十年,辛亥革命便爆发了。原来掌握广东政治社会权力的学海堂学长,在革命的洪流下权势顿失,一时变得相当失落,甚至随时有性命之虞。他们不少逃难到香港,以"晚清遗老"自居,继续在文化意义上营造和想象他们熟悉的一套国家秩序。对于这群人,叶恭绰曾经有这样的评论:

---

① 尽管黄节对阮元批评甚烈,但《国粹学报》也经常不加评论地刊载阮元的文章,例如,《国粹学报》第 1 卷(1905 年)第 3 号和第 6 号便曾分别刊登《阮芸台传经图记》和《阮芸台京师慈仁寺西新立顾亭林先生祠堂记》二文。

② 邓实:《国学今论》,《国粹学报》,第 1 卷,第 5 号,1905,《社说》,第 2 页。

③ 刘光汉(即刘师培),《孙兰传》,《国粹学报》,第 1 卷,第 9 号,1905,《史篇》,第 8 页;并参见郑师渠《晚清国粹派:文化思想研究》(北京师范大学出版社,1997,第 363 页)相关的讨论。

我国辛亥革命，非征诛而类揖让，以是人多忘其为革命。一般知识分子，号称开明人士者，亦视若无睹，有时且发露其时移世易之感，则以民国初期，虽号共和，而大众多不识共和为何物，未尝视民主为二千余年之创制，乃历史上之一大转变，只视为朝代转移，如三马同槽及刘宋赵宋之禅代而已。因之，一切文化文学等等，皆未尝含有革命前进之精神，而转趋于悲观怀旧之途，此实当时革命文艺者之责任也。四十年来，余对此点至为注意，而朋辈中注意及此者不多，且往往有意无意间做出不少遗老遗少口吻的东西，这可能是旧习惯作祟，但头脑不清、思想未搞通的原因是主要的，而统治阶级根本不注意这些，更是最主要的。我记得选清词的时候，不少大词家作品，满纸都是这些东西，其实说不上其人是主张复辟或有反革命行动的，但字句间却流露出此种意识，这完全是没有中心思想之故，四十年来，似亦无人对此加以纠正，其关系殊非浅鲜。论理，辛亥革命既不是如以前历史上之换朝代，则并无忠君守节之可言，而乃著之篇章，矜其独行，本属矛盾，此尚为较小关系，其大关系则混淆革命与反革命之分别，浸至酿成复辟裂土之行为，皆此种思想有以导之也。昔者，粤中不少人作品慨想前朝，陈颙园斥之曰："凭吊驱除几劫灰，有何禾黍足低回？"其言固甚正大。友人某君本隶南社（鼓吹革命），乃其诗词对北京往事不胜追慕，经余揭穿后，亦哑然自失。昔人曾云："修辞立其诚。"此类作品，与"诚"字实不无遗义，更望有主持风会者，慎思之也。①

　　"晚清遗老"是辛亥革命的产物，他们不肯改易朝服，不事新朝。站在革命者的立场来看，遗老死守清廷，无疑属落后迂腐、背叛汉种之辈；

----

① 叶恭绰：《论四十年来文艺思想之矛盾》，《遐庵谈艺录》，太平书局，1961，第112页。引文中提及的陈颙园即陈融（1876—1955），番禺人，收藏清代诗文集二千余种，曾留学日本，加入同盟会，参加黄花岗之役，民国时历任司法警官部门要职，1931年任广州国民政府秘书长，1949年迁居香港。

站在遗老的立场看，他们的做法只不过是不事二主，忠心耿烈。有趣的是，辛亥革命以"反清复明"为口号，奉明室为正统，革命人士或同情革命者极力追寻明遗民足迹，以表现自己抗清之志；晚清遗老亦以明遗民自况，尽管他们在现实上支持的是清朝政权。革命之后，部分遗老一方面参与复辟，期望拥立清帝，光复旧物，唯屡起屡败；另一方面，又透过进行各种文化教学活动，继续编织他们的逊清残梦。然而，当时中国一片更新冒进的气象，主要城市的文教活动，不少已为新派人士把持，广东遗老因地利之便，得以避居香港。在英人的统治下，香港不论是社会或文教政策，皆比中国保守，这片土地反成遗老的乐土。从辛亥革命至抗战以前，避难到香港的广东遗老在此地编撰遗民史籍，遍寻香港历史遗迹，主持大学中文教学，多少为当时甚至日后香港的中国文化氛围立下了基调。

辛亥革命后，广东晚清遗老中，以温肃最为积极参与复辟活动。温肃（1878—1939），顺德龙山乡人，光绪二十九年（1903）进士，翰林院庶吉士，后散馆授编修，国史馆协修等。清末屡上疏呼吁消灭革命活动。民国成立后，游说各地效忠清室，1912—1917年，秘密往来于南北各省，先后游说张勋、冯国璋、龙济光、陆荣廷等人复辟。1917年张勋复辟，授温肃为都察院副都御史，其时，温北上途中获悉复辟已失败，乃归故里隐居，筑新屋，取名为"杜鹃庵"，以示不忘故主。此后数年纂《广东通志》和《龙山乡志》的《人物传》，辑《陈独漉年谱》和《陈独漉诗文集》。陈独漉即陈恭尹（1631—1700），顺德龙山乡人，其父邦彦于清顺治四年（1647）起兵抗清，失败牺牲。恭尹翌年被南明桂王授为锦衣卫指挥佥事，暗中从事反清活动，至复明无望，避迹隐居，自称"罗浮布衣"，以遗民身份终老。温肃为陈恭尹辑年谱，编文集，既发扬本乡的文化，又寄托了自己的遗民情愫。

1923年后，温肃追随溥仪，与王国维等人被任命为南书房行走，留在溥仪身边达四年之久，一度协同王国维清点故宫的书籍彝器。未几，与郑孝胥等同为溥仪进讲，专授《贞观政要》。后因经费支绌，溥仪裁撤

"行在办事处",遣散侍从人员,温肃仍不忍离去,就近在张家教张勋的两个儿子读古书,以便时时"一谒圣颜"。1929 年,温肃受聘于香港大学,教授哲学、文词两科,历时二年。伪满成立后,温肃到长春叩见,溥仪打算封他为"文教部次长",据称因为该部"总长"郑孝胥素与他相左,于是"恳辞告归"。第二年溥仪又欲封他为热河地方省长,但他不久患瘫症,到大连治疗数月未见好转,只好告假南归。还乡后每年溥仪生日,会同远近几个遗老焚香设案,北向遥祝,溥仪也几次汇款给他贺寿。①

于温肃来说,新思潮和新名词并不能改变他传统的朝廷与天下的观念,如果他不经意地用上近代"国"的概念的话,这个"国"对于他来说,不过是清皇室的天下。他在参奏朱家宝的《参抚臣误民误国折》中曾经说过:

> 臣虑夫俄日两国如以彼国纸币,收尽我国纸币,一旦出问,我国兑币,则立穷应付,不遗一镪,不亡一矢,而东三省必非我有,即此一端,已足以亡国而有余,该抚坐拥厚资,即罢官以去,亦不失为富家翁,其子弟且裘马翩翩,花天酒地,往来贵游之门,自鸣得意,臣独惜我祖宗数百年发祥之地,竟败坏于此等贪人之手,可为痛哭,此误国之罪也。②

在当时温肃的思维里,东三省的重要性不在于它是"国土",而在于它是"我祖宗数百年发祥之地"。祖宗成法对他来说是不可动摇的,这是他反对新政的原因。对于觉得需要重新定义"国家"的读书人来说,民族主义是新国家观念不可或缺的元素,对于温肃而言,民族主义甚至任何的"主义",却都是破坏三纲五常的邪说:

---

① 张解民:《宣统遗老温肃生平述略》,《顺德文史》,第 5 期,1985 年 1 月,第 33—36 页。
② 温肃:《参抚臣误民误国折》[宣统二年(1910)],载《温文节公集·檗庵盦奏稿》,第 8 页。朱家宝(1864—1928),光绪十八年(1892)进士,历任保定知府、江苏按察使、代理吉林巡抚、安徽巡抚等官,曾参与立宪运动。

国所与立,在人才、忠君、尊孔、尚公、尚武,实此吾国育才之旨也。乃自社会学发明,而尊王崇圣之义,久不存于少年胸中。……议者又曰:收回领事裁判权,必自实行新律始,夫外人藐我之积弱,而姑以是难我,情诚可愤矣,然因此而举祖宗成法,民情风俗,一变其旧,而唯人之是从,已嫌其削趾就履,又因此而牵涉家族主义、民族主义,以暗其破三纲五常之邪说。天下有此修律大臣,有此法学名家,不亦丧心病狂乎?此臣所谓必不可行者,又其一也。①

温肃和其他广东遗老一直对溥仪行君臣之礼。1920年,温肃、丁仁长、吴道镕、赖际熙、梁庆桂、陈伯陶、张学华、张其淦、陈步墀等逊清广东士绅,分别获得溥仪赐赏御书福寿字一方。② 不过,许多广东遗老并不如温肃般积极参与复辟行动,他们对故国的缅怀,更多表现在他们的文化活动上。广东晚清遗老的文化寄托之一,是以编纂方式来保存与传扬他们熟悉的和热衷传承的广东文化。上文提到的曾任学海堂学长的吴道镕编的《广东文征》和《广东文征作者考》,便是其中一个例子。吴道镕(1853—1935),番禺人,光绪六年(1880)进士,后散馆授编修,主惠州丰湖、潮州韩山、三水肆江、广州应元等书院,在出任学海堂学长之外,又曾任广东高等学堂(前身为广雅书院)监督、学部咨议官、广东学务公所议长等职。辛亥革命后谢绝一度重开的学海堂的礼聘,闭门著述。③ 他编纂《广东文征》明显在秉承固有的地方文献传统,"吾粤文总集若张氏《文献》、屈氏《文选》、温氏《文海三书》,流传日稀,几成孤本,且应选之文,亦多遗漏,温氏以后,如冯氏《潮州耆旧集》、吴氏《高凉耆旧集》、陈氏《岭南文钞》,皆就闻见,偏举一隅,无续纂成大部者。窃不自量,欲汇而集之,复取方志及诸家文集,涤其繁芜,加以捃摭,为《广

---

① 温肃:《新政流弊宜急筹补救折》[宣统二年(1910)],载《温文节公集·檗庵盦奏稿》,第11—12页。
② 温肃:《谢赏御书尺头折》(1934年),载《温文节公集·檗庵盦奏稿》,第39页。
③ 吴道镕:《澹庵文存·行状》,第1—2页。

东文征》一书",而之所以命名为《广东文征》,是"据其略例,先前已有《广东文献》《江右文选》《东瓯先生文略》《湖南文征》"之故。①

另一位与学海堂有渊源的广东晚清遗老是陈伯陶。陈伯陶(1855—1930),东莞人,光绪七年(1881)选为学海堂专课肄业生,光绪十八年(1892)进士,授翰林院编修,国史馆总纂,光绪三十一年(1905)入直南书房,翌年赴日本考察学务,署江宁提学使,回国后在南京创办方言学堂。光绪三十四年(1908)再署江宁布政使,旋实授江宁提学使。陈伯陶在其家乡东莞,参与经理控制大量田产、经济实力庞大的地方士绅机构"明伦堂",纂辑《东莞县志》。民国伊始,避居九龙,自称"九龙真逸"。②在其编纂的《胜朝粤东遗民录》自序(1915)中,陈伯陶赞颂宋明广东遗民之时,以之自况。他甚至把明亡后广东遗臣不侍二主忠心耿介的事迹,说成是广东胜于他省的传统:

> 余与闇公避地海滨,闇公喜观明季隐逸传,窃叹《耆献汇征》所载吾粤遗民寥寥无几,暇因辑此录以示闇公。录成,因为之序曰:
>
> 明季士大夫,敦尚节义,死事之烈,为前史所未有,盛矣哉。而嘉遁尤盛,当时海内诸大儒若梨洲、亭林、夏峰、二曲、杨园、桴亭、船山、晚村辈,未闻有如许鲁斋之仕元者,吾粤虽无此魁硕之彦,而山林遗逸,以今考之,凡二百九十余人。其书缺有间不能得其本末者,尚不可更仆数也。盖明季吾粤风俗以殉死为荣,降附为耻,国亡之后,遂相率而不仕、不试,以自全其大节,其相磨以忠义,亦有可称者。
>
> 至若何吾驺、黄士俊、王应华、曾道唯、李觉斯、关捷先等,虽欠一死,后皆终老岩穴,无履新朝者,故《贰臣传》中,吾粤士大夫乃无一人,而吾驺、士俊以崇祯旧相出辅桂王。及平、靖二王围广州,桂王西走,吾驺犹率众赴援,士俊亦坐阁不去,其苦心勤事,

---

① 吴道镕:《行状》《与姚君悫书》,载《澹庵文存》卷一,第29页。
② 陈伯陶生平见容肇祖《学海堂考》,第77—78页。

思保残局,比之《贰臣传》中冯铨、王铎等,自当有间。而此诸人,当时咸被乡人唾骂,至于不齿,到今弗衰,此亦可见吾粤人心之正。其敦尚节义,浸成风俗者,实为他行省所未尝有也。①

对于陈伯陶这类著作,在 1930 年代任教于中山大学历史系的朱希祖在他的日记中有这样的评述:

> [1933 年]三月四日七时半起,八时早餐,阅《粤东遗民录》。十时至中山大学图书馆借民国《东莞县志》明清之际列传三册。此书为东莞陈伯陶纂,《胜朝东莞遗民录》亦为其所辑。余前年得其所著《东莞五忠传》,今阅《东莞志》,则所谓五忠传已全录入于志内,其中苏观生一传,为绍武时最重要史料,亦最为详细。……后阅《东莞志》苏观生传,全属乡曲之见,回护之词,颇可笑哂。②

朱希祖曾致力研究南明历史,他在中山大学任职期间,协助中山大学校长邹鲁主持编纂《广东通志》,特别着重考证史籍中有关广东臣民在南明时期的事迹记载是否属实。看了陈伯陶的论著后,他翻查了许多明季的史料,对苏观生做了一番春秋之笔的评述:

> 观以上数书,则知苏观生初本使陈邦彦迎立桂王,迫惑于小人兄终弟及之邪谋,始贪拥立之私,不顾国家大局,启内争,忘外患,自取灭亡,贻危全局,而卖陈邦彦,犹其小焉者也。广东人,防内而不防外,古今一辙,而陈伯陶辈犹以苏观生为忠,目光如豆,贻祸千秋,真堪浩叹。③

朱希祖反清复明的史观,实际上也是他拥护以辛亥革命为历史基础

---

① 陈伯陶:《胜朝粤东遗民录·原序》,载张溶祥、杨宝霖主编《莞水丛书第四种:胜朝粤东遗民录》,乐水园,2003。
② 朱希祖:《郦亭粤行日记》,载《朱希祖先生文集》第 6 册,第 4001 页。
③ 朱希祖:《郦亭粤行日记》,载《朱希祖先生文集》第 6 册,第 4002 页。

的国民政府统治理念的一体两面的表现。在新的政治意识形态的指导下，新编《广东通志》列传的编纂，在政治以及其他方面诸如性别或种族的考虑，自有一番新的准则。作为一个来自外省、受过现代史学训练的历史学家，朱希祖对于广东晚清遗老毫无批判地颂扬本乡的南明臣子，自然也难以轻易认同。对于陈伯陶来说，"反清"与否不在他考虑之列，"忠君"才是关键，因此，拥立哪一位前朝宗室为君会导致怎样的政治后果也不是他所关心的，重要的是他能够借着明季遗民的事实或神话，寄托他作为清季遗民的情怀。

政治道统既难以逆转，陈伯陶和其他广东遗老便希望重燃昔日学海堂的余辉，使其认同的学术道统得以延续。辛亥革命前后，复开学海堂的消息屡有所传，但似乎只不过是十数个遗民故老的小圈子活动。《华字日报》1911年7月3日曾刊载过这样一则报道：

> 绅士易学清、梁鼎芬、陈伯陶、吴道镕、江孔殷等联禀张督，请将南园旧社仍归士绅经管，现奉院批允许，各绅定六月初七日八点钟，齐集抗风轩会议。①

后来又有报道说他们在会议上提出"重开学海堂之集议"，谓：

> 吾粤自阮元创设学海堂以启，岭学文儒俊彦，成就者多。近因改书院为学堂，停办数载，梁鼎芬等现拟，欲重开此堂。集议一切办法，已定于闰六月朔七点钟至十一点钟，齐集南园商议，并已将此事详告张督，接复函谓公呈到日，必赞成并捐廉银千圆，又有南海梁朝鉴首倡捐银三十圆云。②

不过，此事似乎后来不了了之，直至1920年1月，易学清等又向广东省长公署等呈请规复学海堂，"略本旧章，粗筹办法，拟请别择地址，

---

① 《华字日报》，1911年7月3日。
② 《华字日报》，1911年7月25日。

专兴斯堂,档准立案,编入预算,岁拨常款,以宏教育,而维永久"。有关当局的答复是,"当经批准照办,所需经费,业经令行,财政厅抄发原拟重开学海堂办法一纸,希即依照每年所需经费4300元之数,列册追加,以资应用","暂以文明门外广东图书馆为之","拟由省长选聘学长八人,出题阅卷,同理课事","科目分经学(附理学)、史学(附经制)、词章三门"。"于应课诸生中举其优异,教以专门,各因资性所有,于十三经注疏、史记、汉书、后汉书、三国志、文选、杜诗、昌黎先生集、朱子大全集,聪择一书,专习卢敏肃旧章。"①明显地,这些广东绅商耆旧以至部分省政府的官员,念念不忘重振当年阮元为广东带来的文化名声。

当时已年届八十的易学清,在广东政界学界中德高望重。然而,尽管易学清积极提倡复开学海堂,但与温肃、陈伯陶、吴道镕等人不同,他不属晚清遗老之列,似乎在新旧人物之间都能游刃有余。易学清(1841—1920),鹤山人,同治七年(1868)进士,主端溪书院和羊城书院达20余年,清末任广东咨议局议长,创立地方自治社,1917年支持孙中山南下护法。从其荣哀录所见,以团体名义向易学清祝寿的,有两粤广仁善堂、肇庆公会、粤省十商团、粤商第十分团军等。据称,"粤中知名之士多出其门下",仅从其荣哀录所见,参与撰文者除了一班遗老绅士,还有广东全省警务处处长兼省会警察厅厅长魏邦平及其秘书陈恭,陈恭更自称"受业"于易学清。

其他认作易学清的"晚生""受业"或"门下"的,或是遗老,或是大儒,或是绅商,或为政界要人,其中包括:广州汇丰银行买办,历任香港东华医院和保良局总理,1924年发动商团事变企图推翻孙中山政府的陈廉伯(1884—1945);清季曾任广州清乡总办,武昌起义时曾参与促成广东和平光复的前清进士江孔殷(1864—1952);任职南洋兄弟烟草公司的简经纶(1888—1950)。其他向易学清祝寿的人,除了上文已经提到的朱汝

---

① 《华字日报》,1920年1月23日。

珍、区大典、区大原、赖际熙等遗老,还包括前清探花商衍鎏(1874—1963);学海堂专课肄业生,曾师从朱次琦的凌鹤书(1854—1918);清末领导粤汉铁路收回自办的黎国廉(1874—1950,1894年选为学海堂专课肄业)、梁庆桂(1858—1931)、梁广照(1877—1951,曾任肇庆端溪书院监院);1916年任广州护法政府外交部长,1922年被孙中山任命为福建省省长的林森(1867—1943);以及经历与温肃相若,辛亥革命后留作溥仪汉文老师,曾多次怂恿溥仪复辟的陈宝琛等。① 可以推断,易学清牵头恢复学海堂,要得到一些财政和人脉的支持并非难事。

其后,报章偶然会刊载一下有关学海堂的消息②,但重开的学海堂,对当时的学子到底还有多少吸引力,实堪质疑。未几,学海堂的讲课活动,由黄荣康、黄任恒二人接力续办。黄荣康(1877—1945),广东三水人,少时习八股文,光绪年间设教广州,开办国文专修学校,与南海人黄任恒(1876—1953,字秩南)同隶学海堂,为课生。二黄都没有科举功名,他们获得学海堂课生的身份时,大抵已届学海堂停办前夕,当为有名无实。③ 不过,这最后的荣誉还是足以让他们在民国年间用复学海堂课的方式去重现他们理想中的广东文化事业。据黄荣康撰的《学海堂课稿序》,当时复课的情况是这样的:

> 庚申辛酉[即1920—1921年——引者]之岁,予寓于古花洲之一粟楼,与宗人秩南保粹堂相近,秩南固尝为学海堂课生,因怂余同

---

① 有关陈廉伯与商团事变,可参见 Stephanie Po-yin Chung, *Chinese Business Groups in Hong Kong and Political Change in South China*, 1900—25, Basingstoke: Macmillan Press Ltd, 1998;有关黎国廉与梁庆桂等人为争取粤汉铁路由粤人主办事,参见陈玉环《论1905年至1906年粤路风潮》一文;其他各人生平,可参见广东省立中山图书馆、广东省珠海市政协编《广东近现代人物词典》,广东科技出版社,1992;陈玉堂编《中国近现代人物名号大辞典》,浙江古籍出版社,1993。
② 如1920年6月23日的《华字日报》便刊载了《学海堂之课稿》一则消息。
③ 黄荣康生平据吴天任《黄荣康传》,载黄耀寀选注,政协广东省三水县文史委员会编《黄祝蕖战时诗选》,中国文史出版社,1990。黄任恒简历据广东省立中山图书馆、广东省珠海市政协编《广东近现代人物词典》。

究斯业。时天下分崩,南北竞斗,吾粤方设立军政府,羽檄纷驰,征徭不息,山堂旧址,圈为禁地,壁垒森严,畴昔宴游讲习之区,不可复至,遥望红棉落日,戍旗飚风,徒增感谓。于是省长张公,方谋兴复堂课,借清水濠图书馆,聘周朝槐(宸臣)、潘应祺潄笙)、汪兆铨(莘伯)、姚筠(俊卿)、何藻翔(翙高)、汪兆镛(憬吾)、沈泽棠(芷邻)、林鹤年(璞山)八人为学长,其后宸臣、璞山辞职,补以卢乃潼(梓川)、杨瀚芳(季浩)。命题分校,悉如旧规,逮张公去,杨公、陈公继之,仅一年而复废,诚可惜矣。①

上文提到的十位学长,部分曾选学海堂专课肄业生,或在其他方面与学海堂有关系。其中姚筠是同治十二年(1873)举人,曾任学海堂学长。卢乃潼(1849—1927)和汪兆铨(1859—1929)都在光绪七年(1881)选学海堂专课肄业生,卢于光绪十一年(1885)中乙酉科举人,汪兆铨则是己卯恩科举人。卢在清季时任广东咨议局副局长,民国后任广州府中学堂校长,1922年与周朝槐、何藻翔等人纂修《顺德续县志》。汪兆铨曾补菊坡精舍学长,民国后任教忠师范学堂校长,汪兆镛(1861—1939)在光绪十年(1884)成为学海堂专课肄业生,光绪十五年(1889)恩科举人,后被延入两广总督岑春煊幕府,辛亥革命后避居澳门,曾任《番禺县续志》分纂,著有《元广东遗民录》,编刻陈澧《东塾先生遗诗》。潘应祺(1866—1926)于清季时曾就读于广东水师学堂和广东实学馆,著有《算术驾说》《几何赘说》等学堂课本。② 何藻翔(1865—1930)早年肄业于广州应元书院,光绪十八年(1892)中进士,后官至外务部主事,随张荫棠出使西藏,清亡弃官南归。何在入民国后在两广政坛仍颇活跃,在1916年亦即朱庆澜任广东省省长期间,以乡绅资格受聘为全省保卫团局长,兼顺德团局长;又

---

① 黄荣康:《求慊斋文集》卷四,第6—7页,序于1922年。

② 有关姚筠、卢乃潼、汪兆铨、汪兆镛、何藻翔等人的生平,可参见容肇祖《学海堂考》;广东省立中山图书馆、广东省珠海市政协编《广东近现代人物词典》;陈玉堂编著《中国近现代人物名号大辞典》。

曾任《广东通志》《顺德县志》总纂等职，晚年校理陈澧的遗稿。据何藻翔年谱载，其任学海堂学长期甚短，1920年秋已赴香港执教，前后在香港圣士提反中学、汉文师范、湘父学校、学海书楼等处任职；在赖际熙的推荐下，又任港商傅翼鹏的家教，教其子女，并寓居傅家。值得注意的是，何虽然以前学海堂学长的身份到香港教授经学，又在赖际熙主持的"学海书楼"讲授，但据他在《六十自述》中称，"晚悔词章考据旧学，误尽青年，聪明浪用，唯以宋儒义理书启诱后进，坚其志趣，佐以《通鉴》《通考》掌故之学，扩其才识，庶三十年后，此小学生有出所学以救国者"①，可见，到了民国时期，在"学海堂"的旗帜下进行的经学讲授活动，离阮元原来建立学海堂提倡朴学的初衷有多远，甚至是否有所违背，已经不是与事者关心的事。

至于省长"张公""杨公""陈公"，则分别为张锦芳（1854—?）、杨永泰（1880—1936）和陈炯明（1878—1933）。1919年前后，广东政局由桂系督军莫荣新把持，与孙中山领导的军事势力抗衡。张锦芳从1919年6月开始代理广东省省长，翌年4月便离职，由杨永泰继任。未几，孙中山为驱逐桂系军阀，命令援闽粤军总司令陈炯明回师广东，陈即在1920年11月被委任为广东省省长，后来孙陈决裂，两派军队交战，陈于1923年年初率部逃往惠州。② 其实，这几年正是广东政局最混乱的时候，所谓"省长"，不过是各派军事势力树立的代表，其自身的位置都朝不保夕，与当年阮元所代表的政治威权和文化地位都不能同日而语。在弥漫着革命气氛的广州，在现代教育逐渐成为主流的中国，学海堂被边缘化是可想而知的。

---

① 何藻翔生平见吴天任编著《清何翙高先生国炎年谱》，台湾"商务印书馆"，1981；引文出自该书第151页。

② 有关这段历史，可参考蒋组缘、方志钦主编《简明广东史》，广东人民出版社，1993，第686—693页；陈锡祺主编《孙中山年谱长篇》，1919—1922年记事，中华书局，1991；有关陈炯明就任广东省长事，见《就广东省长职通电》（1920年11月10日）、《就广东省长兼粤军总司令布告》（1920年11月10日），收入段云章、倪俊明编《陈炯明集》上卷，中山大学出版社，1998，第508—509页。

然而，传统教育还是以各种形式得以延续。在广东，文言和白话之争一直到1940年代仍未断绝，不少前清宿儒仍在各处经营私塾。例如，位于广州的广才学校，创于光绪末年，至1930年代，其中小学课程皆用文言教授，主事者是上文提到的朱次琦弟子简朝亮的学生。① 与此同时，作为英国殖民统治地区的香港，更成为遗老的避难所，被视为维护传统中国文化的温床。当内地的知识分子正在轰轰烈烈地推动新文化运动时，香港却由于本地华人精英的偏好，以及香港政府刻意压抑华人民族情绪的关系，而得以为"保存国故"做出贡献。很多"晚清遗老"在香港特别吃香，他们得到富商的延聘，给其子女教授古文，也有开设私塾或经营汉文学校者。② 至于大学教育方面，香港大学自1912年成立后十多年间，一直没有正式设立中文系，更遑论跟随中国内地的新文学潮流。香港大学的中文教育，主要是开办一些传统的经学课程，也是由几位科举时代的广东遗老如赖际熙和区大典等人主持的。赖际熙（1865—1937），增城人，光绪二十九年（1903）进士，翰林院庶吉士，授编修，国史馆总纂，1912年避居香港。区大典（1877—？），南海人，光绪二十九年（1903）进士，授翰林编修，任香港大学堂经学总教习，香港皇仁书院男女师范学校校长、尊经学校校长等。其他任职香港大学的广东遗老还有朱汝珍和岑光樾。③

这批晚清遗老，被新文学的提倡者归类为"太史派"，称他们为"那几

---

① 见广州《国华报》，1932年6月9日报道。
② 有关20世纪初期香港的私塾教育，见王齐乐《香港中文教育发展史》，三联书店（香港）有限公司，1996，第183—192页。
③ 朱汝珍（1869—1942），号聘三，广雅书院学生，光绪三十年（1904）进士，翰林院编修，光绪三十二年（1906）赴日本法政大学深造，归国后任京师法律学堂教授，宣统元年（1909）奉命参与创定商律，1931年任香港大学教习，1933年任香港孔教学院院长兼附中校长。岑光樾（1876—1960），顺德人，光绪三十年（1904）进士，钦点翰林庶吉士，光绪三十二年（1906）赴日本法政大学留学，光绪三十四年（1908）归国，历任翰林编修、国史馆协修、纂修、实录馆协修等，1925年应赖际熙邀请到香港讲学，1926年兼任香港官立汉文中学及汉文师范学校教席，1938年改任西南中学教席，主讲文史。

位硕果仅存的胜朝翰林",其作品"既不是学先秦,学汉魏,学六朝;又不是学唐宋八大家的古文;更不像清代骈文家、桐城派、朴学家所作的文章的体格。他们的作品特征可说是脱不了八股的气味"。① 在报纸杂文家的笔下,像赖际熙这类寓居香港的遗老的形象是这样的:

> 于香岛芸芸太史中,其能得岛政府欢者,当推赖际熙……每岁中富商贾人死,多延际熙题旌,以故此铭丧之资,际熙所得,或谓其年可及万金。体日以胖,出入且乘肩,是于际熙生活乃不恶舆。际熙之舆为自制,乘时卧焉,翘双足于舆前。岛中侨民遥望之必曰:是吾粤赖太史也。②

学海堂的余烬之所以能够在香港这片土地上复燃,主要靠赖际熙的努力。他"有感于当时香港社会风气,忽视国学,道德日下,为保存国粹,发扬传统文化,有益世道人心起见",在1923年于香港开办学海书楼,邀请其他遗老如陈伯陶、朱汝珍、岑光樾、温肃、区大典、区大原讲学。每周两次,轮班讲学,教授四书五经,旁及诗词。③ 学海堂在广州已是昨日黄花,赖际熙只能梦想在香港这片土地上重振学海堂的雄风。

遗老们的这些文化活动,如果缺乏财政上的支持,是不可能实现的。赖际熙开办学海书楼,得到李瑞琴、利希慎、周寿臣、陈廉伯、曹善允等活跃于省港澳的商人的大力支持。商人需要有稳定的投资环境,在政治和文化立场上往往趋于保守,遗老的活动,可谓正中他们的下怀。另一位尤其支持遗老的商人是饶平人陈步墀(陈子丹)。遗老温肃记子丹事云:

> 遭国变,隐于商。主所营香港干泰隆肆事廿余年,以终其身。

---

① 郑德能:《胡适之先生南来与香港文学》(原载《香港华南中学校刊》创刊号,1935年6月1日),收入郑树森、黄继持、卢玮銮编《早期香港新文学资料选(1927—1941)》,天地图书有限公司,1998,第18页。

② 《轶闻文选》,广东省立中山图书馆藏民国剪报册,年份不详,约1920—1930年代。

③ 邓又同编《香港学海书楼讲学录选辑》,学海书楼,1990,第1页。

自辛亥后，朝官遗老避乱寓港者众。东莞陈提学子砺、番禺张提法汉三、丁侍讲潜客、吴编修瀹庵、闽县陈劝业省三，皆重公行通缟纻，而赖荔垞尤稔。余之交公，因赖而深。①

温肃当时"曩以从亡在外，资用常不给"，陈步墀"时济其困"。② 温肃"辛亥被召入都，暨乙丑从狩析木，每有匮乏，不待乞米帖出，而白金三百应期而至，岁以为常，故薪米无忧而橐不竭，皆君赐也"③。可以说，陈步墀是温肃在香港延续其文化事业的赞助人。

这些广东遗老既身在香港，除在文字的世界里缅怀故国外，如何在这里寓情于物，编造他们的中国梦呢？于是他们极力搜寻本地的历史遗迹，稽古考证，竭力拉近香港与中原王朝的关系。香港僻处海隅，史迹稀罕，唯宋元之际，宋室败退至此为绝地，相传在九龙城有一"宋皇台"，为宋末帝昺南逃经过的地方，清代有人在1807年勒"宋王台"三字于石，勒石人不可考。1898年，香港立法局华人委员何启，在立法局上提出保存宋皇台条例议案，立法局遂于翌年通过《宋皇台保存条例》。民国初年，广东遗老赖际熙、陈伯陶、吴道镕、黄映奎等到此游览，缅怀幽思，互相酬唱，成《宋台秋唱》，陈伯陶又考附近侯王庙，力图证明此"侯王"即为南宋忠臣杨亮节。赖际熙和陈伯陶更商议修建宋皇台，并得到建筑商人李瑞琴的支持，有其捐建石垣，宋皇台及邻近咫尺之地才得以保存，而未为该区的发展所影响。④

尽管广东遗老竭力延续他们心目中的王朝国家秩序，可到底难以逆转时代的巨轮，不能改变自身渐被淘汰的命运，香港更始终不是他们的乐土。以赖际熙为例，由于他不懂英文，香港大学又以英语为官方语言，一切校务会议皆以英语进行，赖际熙曾经在某次讨论港大中文系发展的

---

① 温肃：《陈子丹墓志铭》，载《温文节公集》，第16—17页。
② 温肃：《陈子丹墓志铭》，载《温文节公集》，第16—17页。
③ 温肃：《陈子丹夫妇六十晋一寿序》，载《温文节公集》，第14—15页。
④ 简又文编《宋皇台纪念集》，宋皇台纪念集编印委员会，1960，第264页。

会议中，因不谙英语而根本掌握不了会议内容，而港大当时中文系发展的方向，是要聘请一个懂英文的学者来主掌中文系。港大的校长认为，"中文学部应该一开始便由一个具备中国学术知识和至少有一点英语书写和会话能力的人来掌管"，以此看来，赖际熙和他的同僚已经不合资格充当香港大学的中文系教授。就连英国方面也有人质疑，在古文经史已遭摒弃的时代，究竟还有多少人会修习香港大学的经史课程，这些课程的存在价值何在，实堪怀疑。1935 年，赖际熙、区大典二人退休，许地山接任为教授，在香港大学正式设立"中国文学系"，开办文、史、哲、翻译四项课程，与传统的经学课程体制告别。①

就在同一年，陈济棠主张恢复读经的兄长陈维周，在广州开办"学海书院"，但似乎也没有多大作为。② 有报纸轶闻说，陈济棠在提议恢复读经之时，也企图恢复孔祀，广东士绅联合署名致书陈济棠，请其修复孔庙，署名者及数十人，领衔者为"八十老人之吴太史玉臣"③，吴玉臣即上文提到的学海堂末代学长吴道镕。然而，时至 1940 年代前后，不少广东遗老已日暮西山。像学海堂、文澜书院等机构，已经由半个世纪以前实实在在的政治中心变成一种可有可无的文化象征。学海堂从广东以至中国的汉学重镇，变成偏安一隅的遗老讲堂。学海堂代表的学术潮流，也继续是革命元老和效忠于国民政府的人士的批判对象。在 1940 年为配合"广东文物展览会"出版的《广东文物》一书中，一方面收入大量学海堂学人的遗物的图片，但另一方面，其刊载孙璞所著《粤风》一文，对阮元的学术影响则有以下一番评论：

> ［清代］汉学之盛，使制度典章，声音训诂，灿然大明，然虏廷既专制其民，务移易举世之心思，使之俯伏，点窜训故，愚惑黔首，

---

① 有关当时香港大学中文系的发展与赖际熙的角色，参见拙著《庚子赔款与香港大学的中文教育：二三十年代香港与中英关系的一个侧面》，《中山大学学报》，第 6 期，1998。

② 见《明德社主办学海书院简章》，1935。

③ 《轶闻文选》，广东省立中山图书馆藏民国剪报册。

其末流之弊，穿凿附会，瓜剖豆析，诚如魏源所讥，锢天下聪明才智，使尽出于无用之一途。虽有通儒，莫敢置喙。岭南之士，承其流而扬其波，故著书考据之风盛，则讲学之事息微，讲学之事微，而名节道德遂不可复问。由今论之，陈王湛三家之学，尽于阮元，而岭学几乎息矣。①

孙璞(1883/4—1953)是同盟会的成员，曾任孙中山秘书，历任广东省省级和县级官员，又曾在上海担任市政府秘书等职。② 我们不难看出，孙璞"名节道德遂不可复问""陈王湛三家之学，尽于阮元"等语，与本章前面引用过的黄节《粤东学术源流史》对阮元在广州建学海堂带来的影响的评价是同出一辙的。孙璞和黄节这番异口同声的表述，实际上是自晚清以来由种族之界演化为政治之界以至学术之界的论述的延续。③

就学术发展逻辑而言，汉宋调和，是清末广东经学的发展趋向；将汉宋严格划分，则更多是一种政治立场的宣示。由于民国不少文人学者和道咸以还的广东学人都有一定的师承关系，他们在清末民初的政治和革命运动中或隐退或冒进，俱抱持着某种政治立场，因此，近代广东的学术谱系和表述，实际上是汉宋调和的事实和汉宋相争的观点二者交错的变奏。对于"岭学源流"的看法的分歧，不仅是经学内在的分歧，也是由于撰述者基于不同政治立场有意无意制造出来的分歧，并影响着后人对广东清代学术和晚清遗老个人的评价。

---

① 孙璞：《粤风》，载广东文物展览会编《广东文物》，第896页。
② 孙璞历任的职位繁多，惜具体年份不详，其中包括：广东阳春县县长，广东省秘书长，省公安局秘书代理局务，财政部和实业部法规委员会咨议科长。1930年代任上海市政府秘书（时吴铁城为市长）、公安部主任秘书等职；又曾任代理民政司司长兼昆明县县长，在广东民政厅、建设厅、税务管理局等处供职；抗战胜利后，任广东税务局局长。著有《重九战记》《狱中记》《伤心人语》《粤风》《清宫秘史》《革命史话》《旅滇闻见录》《北游草》《顾斋诗文集》及《兰苔室吟草》等。参见陈玉堂《中国近现代人物名号大辞典》，第252、358页；广东省立中山图书馆、广东省珠海市政协编《广东近现代人物词典》，第133页。
③ 相关讨论参见拙著《"岭学"正统性之分歧——从孙璞论阮元说起》。

小结　从旧文化到新文化

　　从学术角度谈论广东文化，不可忽略晚清这种因政治社会制度之改变而引致的士子心态的改变。在清代，经学研习有成就与否，是量度一个地方教化程度的准绳，踏进20世纪，学术文化都必须体现在一所现代的分科精细的大学身上了。学海堂虽然风光不再，但它对晚清以后广东学术传统的形成的深远影响，已渗透在后来很多人所描述的"广东文化"的形象之中。各种讲述近代广东文化的著作引以自豪的一连串近代广东学术名人的名字，包括梁廷枏、张维屏、陈澧，甚至从来没有在学海堂就读或就教过的朱次琦等，都是和学海堂联系在一起的。清末民初有关广东学术文化的论述，无论是经学论著，还是官方及私人修纂的地方史志、文集丛书、儒林列传，大多出自学海堂学长之手。另外，在民国时期，学海堂的学长和学生的弟子与后人，在广东的教育和文化机构也占据了一定的席位，尽管他们不再唯经学是尊，但他们在治学的方法和内容上，或多或少都会受到前人的影响。民国时期广东两所最高学府——中山大学和岭南大学——的文史研究者，不少出身于与学海堂或广雅书院有关的家庭，许多又以学海堂或清末广东学人为他们的研究对象。本章多次引用在1934年《岭南学报》上发表的《学海堂考》，就是先后在中山大学和岭南大学任教的容肇祖撰写的。有关容肇祖在广东文化的论述中扮演的角色，我们在下一章才详细论述。这一章最后要强调的是，学海堂学长和学生既写就了广东的学术史，他们的子弟和弟子又为他们在史册上留下芳名。正是这种传承关系，使一部族谱式的广东学术史得以一代又一代地编写下去，直到这种学术传统不再时髦为止。

　　学海堂的停办象征着经学在广东的发展告一段落，也见证着广东地方政治的重新组合。进入民国，鼓吹经学是那些视西学和新学为洪水猛兽者的一种反击手段，但是，对于接受新式教育的学子来说，这些反击就显得有气无力，毫无吸引力。不过，接受了西学的中国知识分子也有他们的内部张力,就是他们必须寻找一种新的中国文化,去取代他们眼中的旧中国文化。他们在西方找不着中国,他们也不愿意在旧中国里找回中国,为了建构一种新的国家意识,他们到群众中去了。① 在这个过程中,新一代的中国知识分子从城市走到乡下去,和地方文化发生碰撞,正是这种新的国家意识的崛起,迫使地方读书人重新定义地方文化,广东人和广东文化,由此也增添了一番新的诠释。

---

① Chang-tai Hung, *Going to the People*: *Chinese Intellectuals and Folk Literature 1918-1937*, Cambridge [Mass.]: The Council on East Asian Studies, Harvard University, 1985, pp. 10-17.

第五章　由民俗到民族

民国建立后，尤经五四洗礼，新一代的知识分子以改革中国为己任，视儒家礼教和封建迷信为妨碍中国进步的绊脚石。在许多民国知识分子的心目中，要改变中国的"国民性"，即使不是要用一种文化模式去取代他们心目中的中国文化，至少也要采用一套比较单一的价值观，作为改革的准绳，那就是来自西方的"德先生"和"赛先生"，而要用适当的"文"去载这套新的"道"，他们更进一步提倡语文的革命。他们认为，只有用白话取代文言，"孔家"的招牌才有可能砸得粉碎净尽。新文化和新文体，成为充实 20 世纪中国国家意识的两个最重要的元素。

然而，如果用以衡量文化"进步"与否的准绳如此单一，而新文体又主要以北京话为基础，那么，地方文化和语言势必处于一个从属的地位，尤其是当文化改革的意识形态基础是民族主义，执行的主体是教育当局时。民国知识分子的矛盾，正在于他们一方面希望扮演"领导民众"的角色，把乡民从他们想象中的落后愚昧中拯救出来；另一方面，他们又知道自己和乡民不同，无法对他们有真正的理解。为了填补这段鸿沟，他们急切地感觉到"到群众中去"的需要。他们从乡村生活中寻求灵感，丰富正在实验中的白话文创作，期望提炼出一套为广大人民所能掌握的新中国语文来。① 在"到群众中去"的理想的驱使下，"地方"和"农村"成了

---

① 关于五四知识分子和 1920—1930 年代中国民俗学家的理想，见 Chang-tai Hung, *Going to the People*: *Chinese Intellectuals and Folk Literature 1918-1937*; Vera Schwartz, *The Chinese Enlightenment*: *Intellectuals and the Legacy of the May Fourth Movement of 1919*, Berkeley: University of California Press, 1986。

民国知识分子的聚焦点,在他们以为接近所谓民众的过程中,也创造了"民众"这个与他们自己相对的概念。① 从 1920 年代开始,这种兴趣更被纳入大学教学和研究的范畴,其中一些方面渐渐发展成"民俗学"这个领域。

1920—1930 年代的民俗学运动在广东虽然不见得有广泛的影响,而且当时学界对这场运动的态度亦充满分歧对立,但这种研究风气在广东的传播,正值当地知识分子缔造"广东文化"观的同时,必然会在"广东文化"这个范畴中注入新的养分或至少新的视角,因此,我们在探讨民国年间"广东文化"观的形成过程时,不可忽视民俗研究的影响。在地方文献上记录"风俗",由来已久,然而,传统文献中的"风俗"与民国以后知识分子视野中的"民俗",有一些微妙的差异,而把"民俗"装入"文化"的框框内,更是五四以后知识分子追求创造"新文化"的一个取向,换句话说,是知识分子所创造的"新文化"的民族性的一个重要组成部分。这一取向与同一时代的政治环境交织在一起,并且成为中国民族学研究发轫的重要契机,民俗学运动成为建立民族主义的政治文化意识的重要一环。

民俗学在中国

中国民俗学研究的兴起,是民国初年知识分子民族意识高涨的一种回响。新一代的知识分子把中国的积弱归咎于儒家文化和封建礼教,要从大众文化尤其是民间文学中寻找新文学的创作源泉,希望借着新文学的发展传播新思潮,同时也得以在文化的意义上建设中国。有关这方面,洪长泰和赵世瑜已经做了相当深入的讨论,以下只做简单的综述。②

---

① 有关近现代中国知识分子自以为了解民众,实质上是创造了"民众"这个与自身对立的概念的辩证关系,可参考萧凤霞的讨论,见 Helen F. Siu (compiled and edited), *Furrows*: *Peasants*, *Intellectuals*, *and the State*, *Stories and Histories from Modern China*, Stanford: Stanford University Press, 1990。

② 洪长泰的研究以民间文学史为主(见上引洪著);赵世瑜的研究则以民俗学发展为主题,见赵世瑜《眼光向下的革命:中国现代民俗学思想史论(1918—1937)》,北京师范大学出版社,1999。

民俗研究的热潮最先从搜集民间文学开始。五四运动前夕，新文化运动的先驱包括胡适（1891—1962）、周作人（1885—1968）、刘半农（1891—1934）、顾颉刚（1893—1980）等人，于1918年在北京大学发起了歌谣征集运动，陆续在《北京大学日刊》定期发表他们所收集的民歌。1920年"歌谣研究会"成立，未几于1922年并入北大的国学研究所，一份名为《歌谣周刊》的刊物，亦于同年创刊。1924年，北大又成立"风俗调查会"。数年之间，北大学者的眼光，从歌谣、文学，扩展到民俗调查，关心的范围越来越广泛。

不论在态度抑或方法上，民国年间好些热衷于民俗调查的学者，都企图与传统的士大夫区别开来。过去，笔记小说和地方史志都记载了不少民间故事，尽管这些叙述不是稗官野史，就属畸人异事，但现代的民俗学研究者对于这些故事的属实与否，内容如何，并不太关心，他们更重视的是这些故事的存在本身所包含的历史价值，及其所反映的人们的世界观和社会的某些侧面。周作人在讨论中国民歌的价值时曾说过，"'民间'这意义，本是指多数不文的民众；民歌中的情绪与事实，也便是这民众所感的情绪与所知的事实，无非经少数人拈出，大家鉴定颁行罢了。所以民歌的特质，并不偏重在有精彩的技巧与思想，只要能真实表现民间的心情，便是纯粹的民歌"①。可以说，民俗学研究者对于民俗的兴趣，不但在于"俗"，而更在于"民"。

民国时期的民俗学研究者把民俗大致分为三类，一是宗教信仰和行为，二是风俗，三是故事、歌谣和民间谚语。这样的分类方法深受1910年代著名英国民俗学家博尔尼（Charlotte S. Burne）的影响。博尔尼认为她列举的民俗学课题，足以涵盖"所有构成民众的心理工具的一部分的事物，并和他们技术性的技能区分开来"。博尔尼相信，透过"科学"分析当代民俗学家找到的落后的民众，可望能进一步探索远古时代人类的心理

---

① 周作人：《中国民歌的价值》，原载《歌谣》周刊第6号，1923年1月21日，收入吴平、邱明一编《周作人民俗学论集》，上海文艺出版社，1999，第101页。

史,在某一程度上,这是各个人类社会所共有的。博尔尼又认为,这样的历史反映了文明社会的原始阶段,有助于探讨不同社会文明程度不同的原因。尽管博尔尼一开始便说明她这本著作并不是"为从事人类学研究的人员而著",而是以业余爱好者为对象,但博尔尼建议的民俗学分类方法,却主导了1920—1930年代不少中国民俗学家的民俗学概念和具体的研究规划。① 在当时的中国民俗学家和业余爱好者心目中,所谓民俗,就是民众或普通人的思想感情与行为习惯的表现形式,尽管他们相信透过民俗可以理解民众的精神与内心世界,但当他们这样定义"民俗"的时候,其实也在把自己和"民众"区分开来。

在民国时期的民俗学研究者之中,顾颉刚是少数既对民俗抱有浪漫主义的投射,又能做出深入的研究的学者。同许多对中国的命运忧心忡忡的知识分子一样,顾颉刚认为了解民众,唤醒民众,是拯救中国的良方。有别于传统的士大夫,顾颉刚呼吁中国的知识分子不应蔑视民众,而要欣赏和认同民众的智慧和真诚。② 顾颉刚也觉得民间风俗中存在着迷信的成分,认为知识分子有责任改良民众的思想和习俗,不过,他也认为这些风俗的迷信之处自有其存在的理由,人们应该予以同情的理解。此外,顾颉刚认为学术研究和政府政策应该予以区分,民俗学家不应忙于为政府献策,而应该专心致志做好研究工作。

以《古史辨》出名的顾颉刚③,提倡应用科学的方法和客观的态度进

---

① Charlotte Burne, *The Handbook of Folklore*, London: Sidgwick & Jackson, 1914, preface, p. iii; pp. 1-3. Chang-tai Hung, *Going to the People: Chinese Intellectuals and Folk Literature 1918-1937*, pp. 20-21.

② 顾颉刚:《古史辨》第一册,"自序"(1926年),载《顾颉刚古史论文集》第一册,中华书局,1988,第19、38页;Chang-tai Hung, *Going to the People: Chinese Intellectuals and Folk Literature 1918-1937*, pp. 167-168.

③ 关于顾颉刚对中国史学的贡献详见 Laurence Schneider, *Ku Chieh-kang and China's New History: Nationalism and the Quest for Alternative Traditions*, Berkeley: University of California Press, 1971。

行民俗学研究。① 他在 1924 年发表的《孟姜女故事》一文中，分析了在经、史、笔记小说、戏曲、碑刻中记录下来和民国时流传的各种各样的孟姜女故事，勾稽其流传与演变。顾颉刚这种广泛地利用各类型的史料去层层分析一个历史故事的做法，令许多民俗学者和业余爱好者争相仿效，后来不少研究都以顾颉刚《孟姜女故事》的研究为楷模。

企图模仿顾颉刚的方法进行研究的人，积极记录和收集民间故事，加以分类，寻求典型。他们相信，这些典型带有某种存在于古今中外的共性，反映了民众的心理特质。他们也明白，要真正理解民间歌谣的意思，必须掌握构成这些歌谣的方言、谚语、韵文，以及涉及的宗教和风俗。② 歌谣收集的运动，由此进一步扩大为民俗调查运动，除了文学之外，其他学科如史学、人类学、民俗学的理论和方法，也大派用场。虽然真正能够像顾颉刚般做出有深度的民间文学研究的庶无几人，但在民俗学热潮的带动下，不论是专业的研究人员或业余的文史爱好者，都纷纷眼光向下，从民间"找寻"文化。地方文化的定义，也在民俗学的兴起和普及的情况下逐渐扩大。

民俗学在广东

民俗研究最先在新文化运动的中心北京兴起，但到了 20 世纪 20 年代中期，广东成为革命的中心，吸引了一批知识分子南下，尤其在 1926—1927 年顾颉刚南下，经厦门大学转到中山大学后，民俗运动的中心就转移到广东了。自 1927 年始，广州的国立中山大学的一些教授，继承了北大学者的民俗学传统和方法，建立"民俗学会"，开办民俗学传习班，出版《民俗》周刊，使广东一时成为近代中国民俗运动的重镇。

---

① Chang-tai Hung, *Going to the People: Chinese Intellectuals and Folk Literature 1918-1937*, p. 167.
② 顾颉刚：《古史辨》第一册"自序"，第 38 页。

1927—1933年广东的民俗学运动的主要领导人是顾颉刚、容肇祖（1897—1994）和钟敬文（1903—2002）。同当时大多数的民俗学家一样，他们三人都没有受过正式的民俗学或人类学训练。容肇祖生于东莞，在家乡受过一些基础教育后，于1909年转到广州的小学读书，辗转又回到东莞接受中学教育。1917年中学毕业后，容考入广东高等师范学校英文部。容的父亲在广雅书院肄业，舅父邓尔雅（1884—1954）是著名的金石学家，也是晚清广雅书院院长邓蓉镜的四子，容肇祖对旧学的兴趣和功夫颇得益于家学。1922—1926年，他入读北京大学哲学系，并在这个时候受到北大民俗学运动的影响，成为歌谣研究会的成员；又参加了北大研究所国学门的风俗调查会。1925年，容肇祖和兄容庚、顾颉刚等人，对北京妙峰山进香活动做了一次实地调查，随后发表了《妙峰山进香者的心理》一文，《京报副刊》更为这次调查出版了一期《妙峰山进香专号》，容肇祖认为"这算是继五四反封建迷信、移风易俗运动所开始作的历史使命的初步贡献"①。1926年，容在厦门大学任教，深受当时也在厦大任教授的顾颉刚的影响，共同发起风俗调查会。1927年春，容受聘为中山大学预科国文教授兼哲学系中国哲学史讲师，并开始和顾颉刚及钟敬文等在语言历史学研究所内成立民俗学会，担任主席，其后更负责主编《民俗》周刊。②

容肇祖早年发表在《歌谣周刊》的处女作《征集方言之我见》，充分反映了他民族主义的思想。容肇祖认为，征集和研究方言的目的，是改革和充实国语，③ 这显然是响应白话文先锋胡适的号召。尽管在胡适等人的心目中，方言和国语没有高低之别，但当推广国语落实到政治和教育

---

① 《歌谣周刊》，第45期，1923，第6页；容肇祖：《迷信与传说自序》，《民俗》周刊，第77期，1929，第4页；容肇祖：《容肇祖自传》，《东莞文史》，第29期，1998，第278页；容肇祖：《我的家世和幼年》，载东莞市政协编《容庚容肇祖学记》，广东人民出版社，2004。

② 黄义祥：《中山大学史稿》，中山大学出版社，1999，第183页。

③ 容肇祖：《征集方言之我见》，《歌谣周刊》，第35期，1923，第1页。

政策时，方言便无可避免地处于从属地位。容肇祖是东莞人，征集并投稿到《歌谣周刊》的民歌自然都出自东莞，① 但当我们把他收集歌谣的动机和对国语运动的憧憬结合起来考虑的时候，我们便明白容肇祖有兴趣的不仅仅是东莞一乡一隅的风土人情，而是如何为中国建立新文化贡献一份力量。

钟敬文的民俗研究生涯始于他在海丰县任教师之时。② 据钟敬文忆述，五四和新文化运动以后，他便"抛开旧文学，热心于新文学的学习和写作"。《歌谣周刊》创刊伊始，钟敬文就不时把他在海丰收集到的歌谣和谚语投稿到周刊去。③ 在顾颉刚发表了《孟姜女的研究》后，钟敬文和许多《歌谣周刊》的读者一样，经常写信到周刊向顾颉刚请教，并对顾的研究大加赞许。④ 这时他才廿岁出头，差不多在同时，他阅读了一些介绍英国人类学派的民间故事理论，特别是对"文化遗留物"的说法感兴趣，他后来回忆道：

> 它也影响了我对民间文学的观点，而且延长到三十年代前期。它明显地反映在我那些时期所写的文章上，例如《中国神话之文化史的价值》《天鹅处女型故事》等一系列的文章。这派理论，在我国当时新起的民俗学(特别是民间文艺学)是占着主导地位的(虽然后来我们地[疑为"也"字——引者]知道，它在欧洲学界这时已经退潮了)，像周作人、茅盾、黄石等学者，都是它的信奉者及宣传者。⑤

---

① 见《歌谣周刊》，1923年12月23日，第2—8页。
② 详见赵世瑜《眼光向下的革命：中国现代民俗学思想史论(1918—1937)》，1999，第123—132页。
③ 见《歌谣周刊》，第78期，1925，第7—8页；第81期，第7—8页；第85期，第7—8页；第92期，第1—2页。
④ 《歌谣周刊》，第79期，1925，第1—2页；第90期，第9—10页；第96期，第3页。
⑤ 钟敬文：《我在民俗学研究上的指导思想及方法论》，《民间文学论坛》，第1期，1994。

在顾颉刚、容肇祖和钟敬文的倡导和示范下,1927年在中山大学创办的《民间文艺》(后于1928年易名为《民俗》)周刊,就成为当时民俗学者在高等学府的一个试验场。作为大学教师,他们不但撰写和征求编辑大量民间文艺民俗的文章,更与教育研究所联合开办民俗学传习班,把少数民族的风俗物品和平民百姓的日常器物视为珍品,广泛收罗,公开展览。1929年,中山大学的语言历史学研究所举办了一次展览,展出不少民间文献和器物。两块分别写上"迎亲"和"出殡"的大匾,连同两只大灯笼,高高地挂在展场的出入口处。① 平民百姓的文化和习俗,得到高等学府学者如斯重视,在此之前,肯定绝无仅有;平白无故地在自家门口挂上"出殡"的字样,在广东一般人的心目中,更属犯忌。民国时期的知识分子,习惯了城市生活,对于乡村生活既陌生又疏离,再加上他们崇尚科学,藐视"封建迷信",对于民间的器物,不但可以有距离地做出自信且客观的分析,甚至改变它们的功能,开点无伤大雅的玩笑。我们可以想象这一情景可能发生在半世纪以前的学海堂吗?中国知识分子的世界观,到底是改变了。

尽管《民俗》周刊面向全国,但由于在广东出版,刊载的文章多以广东民俗为主,其中包括大量广东民间歌谣的记录。在本书第三章提到的道光年间招子庸编撰的《粤讴》,在当时被认为是下里巴人之调,到了民国时期,经历了民俗运动的兴奋之后,却被奉为广东民谣的经典。甚至连上一章提到的学海堂学生后人、入民国后以遗老自居的汪宗衍,也曾经在《民间文艺》发表过《关于粤讴辑者通信》一文;1928年《民俗》周刊也刊载了另一作者《关于粤讴及其作者的尾巴》一文;1936年,容肇祖在《歌谣周刊》发表了《粤讴及其作者》一文。② 《歌谣周刊》甚至将《粤讴》和《再粤讴》全文辑录,并同时刊登著名新文学作家许地山(1893—1941)原

---

① 《广州民国日报》,1929年1月4日。
② 汪宗衍:《关于粤讴辑者通信》,《民间文艺》,第2期,1927,第25—38页;招勉之:《关于粤讴及其作者的尾巴》,《民俗》周刊,第19—20期,第12—16页;容肇祖:《粤讴及其作者》,《歌谣周刊》,第4期,1936,第1—3页。

于 1922 年在上海《民铎杂志》发表的《粤讴在文学上底地位》一文。在这篇文章里，许地山把粤讴归类为"地方文学"，并引用英人金文泰（Cecil Clementi）把粤讴的主题和哲学思想与欧洲史诗相提并论的评价。①

除了粤语歌谣，客家歌谣也是当时民俗学者主要收集和研究的对象，其中最详尽的作品是 1928 年《歌谣周刊》连载的《粤东之风》。《粤东之风》的编者罗香林本身是客家人，当时还是清华大学的学生，后来成为 20 世纪中国最有成就的客家学者。《民俗》周刊陆续刊登了各种地方歌谣和风俗，读书人这样赞许《粤讴》，如此热心地搜罗客家歌谣，和当年广东文人为粤讴作序也要化名隐姓的做法，态度迥然有别。

1920—1930 年代的中国民俗学研究，大多停留在收集的层面，而罕有做出过深入的分析，广东学界的情况也不例外。过去的地方文献，如《广东通志》会在"风俗"一章记载鸡卜、蛋卜等巫术，或叙述葬礼中担幡买水、婚礼时唱哭嫁歌等民间习俗的细节。② 民国时期，大部分民俗学研究者做的，看起来也不外乎是把这些事情记录得详细一点，充其量加上几句枯燥的、泛道德主义的评论。除了大学里出版的期刊，坊间的报纸如《广州民国日报》和《越华报》也开设专栏，刊载描写广东乡村和"少数民族"的"奇风异俗"的文章。这类猎奇性质的记载，也无任何新鲜之处。明末清初广东学者屈大均，在其《广东新语》中已记载了大量有关广东的传说、土语和风俗。屈大均是清代文人中少有的对民间风俗感兴趣者，其著《广东新语》，就是立意记载广东各方面各层次事物的，其描述细致详实，亦很少下什么道德批评，从这方面来说，比起民国许多民俗学家，屈大均的"民俗学"修养可说是有过之而无不及的。当然，民国知识分子和屈大均最大的分别，在于前者视"民俗学"为"学"，他们把民俗研究建

---

① 《民俗丛书》（1971 年重印本，第 56 期），附刊；冼玉清：《招子庸研究》，《岭南学报》，第 8 卷，第 1 号，1947，第 95、99 页。金文泰在 1925—1930 年出任香港总督，之前在香港政府担任官学生时，已学会中文，尤擅粤语，1904 年曾将《粤讴》翻译成中文。

② 例如道光《广东通志》卷九十二；宣统《南海县志》卷四，第 20 页。

设为一门严肃的学科，在高等学府里据一席位，并企图改变自己和别人对民间风俗的看法和态度。

然而，改变的程度是因人而异的，投稿到《民俗》周刊的作者成分繁杂，对于民俗学的体会和思考深浅不一。好些宣称"到民间去"，聆听"群众的声音"的大学师生，仅仅做了收集的功夫，出版了像《广州儿歌甲集》和《台山歌谣集》一类的歌集，便没有再做进一步的调查和分析。除个别知名的学者外，不少投稿人都以化名投稿，个人情况不详。他们往往带着思乡怀旧的心情，或收集家乡的歌曲，或写下童年的记忆，或记下老人的口述故事。① 零碎的数据显示，这些作者都有着颇为相近的背景，不少人离开了家乡好一段时间，接受新式教育，在城市里工作和生活，他们大部分只是业余爱好者，在县以下的学校从事教育工作，也有个别从商或做工厂工人的，但只属例外。② 一些投稿人自称"离乡数代，家乡风俗，极少知闻"③。甚至有人因为对自己乡音不熟悉，对同一种方言不同地区的发音不够敏感，而把在寓居地收集得来的歌谣，误以为是自己家乡的歌曲。④ 某篇叙述东莞"喊惊"习俗的文章，是作者凭着他的童年记忆撰写的，他"自幼在省城念书，回去的日子也很少"，之所以还知道其中一种"喊惊"的方法，是因为他小时候每逢受了惊，他母亲便会替他喊，尽管他记录了这种乡村习俗，但他对这一习俗的态度显然是否

---

① 如辜宣存《先贤林大钦逸事》，《民俗》周刊，第46期，1929，第28—30页；许家维：《姊妹会与神童》，《民俗》周刊，第5期，1929，第21—22页；徐思道：《东莞底风俗——喊惊》，《民俗》周刊，第52期，1929，第23—24页；袁洪铭：《两姊妹的故事（东莞童话之一）》，《民俗》周刊，第64期，1929，第50—56页；梅山：《选夫——梅县的故事》，《民俗》周刊，第65期，1929，第20页；清水：《翁源儿歌》，《民俗》周刊，第91期，1929，第41—59页。

② 见司徒优《读了台山歌谣集之后》，《民俗》周刊，第74期，1929，第12—13页；钦佩：《翁源山歌》，《民俗》周刊，第75期，1929，第46—50页；于飞：《关于制钱》，《民俗》周刊，第101期，1930，第47—52页；刘万章：《粤南神话研究》，《民俗》周刊，第112期，1933，第8—9页。

③ 许家维：《姊妹会与神童》，《民俗》周刊，第5期，1929，第21页。

④ 清水：《翁源儿歌》，《民俗》周刊，第91期，1929，第56页。

定的。①

《民俗》周刊的撰稿者带着"到民间去"的热情投入民俗学研究,他们都以"科学"和"进步"的形象自居,对于民间风俗和文学中"封建迷信"的成分深恶痛绝。某作者说东莞"因为教育不甚发达的原故,民间的风俗非常迷信,把鬼神看作有无限威权"②;另一个说广东灵西婚俗新娘和姐妹唱哭调,"实是无谓得很,我曾和姐妹们问及为什么要哭,据她们都说,不哭,到嫁后就难找到美满的生活。原来是这样的迷信,其愚真不可及啊"③!也有作者在记录潮州民间神话之余,忘不了带上一点指责,谓"潮州人迷懵风水之说"④。

对"传统文化"和"封建社会"的批判,也见诸某些作者对粤讴的评论上。上文提到的《关于粤讴及其作者的尾巴》的作者招勉之,认为招子庸是"失败了",因为即使招子庸"从这些滥调里便吹一些新的空气进去,再加以土语的感叹的音韵押押尾和接接头,使诗词的风韵普遍化",但"悲哀不会丝毫地打动这些人们的心弦"。他认为,在乡下,人们尊重招子庸是举人,"是封建思想的传统的标准",敬视他的图画,"是莫名其妙的盲从","冒充内行好像近视老看东岳庙上匾的一回事",人们喜欢粤讴,只是因为粤讴"足以引起一班不三不四之风流——或阿Q式的浅薄的飘飘然——的感慨"⑤。招勉之在赞许招子庸的同时,实际上也在讽刺他心目中的"封建社会"。

这种对"民间"既爱又恨的态度,在《民俗》周刊各类稿件中比比皆是。这些评论往往只是在文末稍加一笔,但这随便几笔却反映了民国读书人与国民政府积极推动的"风俗改革"的政策前呼后应。国民政府以维护文

---

① 徐思道:《东莞底风俗——喊惊》,《民俗》周刊,第52期,1929,第23页。
② 见黎春荣《东莞风俗谈》,《民俗》周刊,第4期,1928,第25—27页。
③ 韦承祖:《广东灵西婚丧概述》,《民俗》周刊,第25、26期合刊,1928,第58—79页。
④ 培之:《潮州民间神话二则》,《民俗》周刊,第31期,1928,第3—6页。
⑤ 招勉之:《关于粤讴及其作者的尾巴》,《民俗》周刊,第19、20期合刊,1928,第12—16页。

化正统自居，但这个"正统"的内涵如何，意识形态基础是什么，却不容易统一协调。继承了辛亥革命"驱除鞑虏，恢复中华"的成果，国民政府必须强调其对传统汉族文化（某种程度上就是儒家思想）的拥护；展示其"建立民国"的成就，国民政府又必须表现得"民主""科学"和"进步"。因此，在有选择性地守护着中华文化的精粹的同时，它又自觉有责任彻底铲除旧文化的糟粕——"封建迷信"。这种清末以来在革命分子和知识分子之中发展起来的思维，到民国时期国家体制开始建立起来之后，就从原来浪漫主义的理想，演化为一厢情愿的强制措施。辛亥革命后，最初临时政府雷厉风行的废旧历、破迷信等运动，充分表现了革命分子的浮躁如何与他们的民主理想背道而驰。其后，国民政府北伐胜利，定都南京不久，国民党即在1928—1929年在江苏、浙江、安徽等地推行一系列的反迷信运动。1928年，政府颁布各种规章和条例，企图废除它认为是迷信和淫亵的活动或行业，活动如拜神、蓄婢、婚丧大肆铺张等，行业则包括占卜、星相、巫术和风水等，皆在禁止之列。[①] 1929年7月，国民党广东支部在广东设立"风俗改革委员会"，并在国民党机关报《广州民国日报》中，以附刊形式，出版《风俗改革周刊》，这些都是为政者自以为用科学思想"移风易俗"的举措。

　　就在这些政治运动雷厉风行的时候，本着科学主义的《民俗》周刊，却成为风俗改革者和某些挟风俗改革之名的政客攻击的对象。尽管国民政府的政策，在意识形态的层面上，乃源出于知识分子的浪漫主义，似乎和民俗学家的理想并无二致，但政府在具体推行破除迷信的运动时，矛头指向民间风俗，那就迫使民俗学家不得不和政府划清界限。从今天

[①] 见风俗改革委员会《风俗改革丛刊》，广州特别市党部宣传部，1930。相关研究参见 Prasenjit Duara, "Knowledge and Power in the Discourse of Modernity: The Campaigns Against Popular Religion in Early Twentieth-Century China", *Journal of Asian Studies*, Vol. 50, No. 1, 1991, pp. 67-83；潘淑华：《"建构"政权，"解构"迷信？——1929年至1930年广州市风俗改革委员会的个案研究》，载郑振满、陈春声主编《民间信仰与社会空间》，福建人民出版社，2003，第108—122页。

尚存的一百多期《民俗》周刊看来，中山大学当年的民俗运动似乎声势浩荡，但实际上，顾颉刚等人在成立民俗学会、创办《民俗》周刊后不久，便面对着校内外不少反对的声音。这些夹杂着许多具体的人事矛盾的冲突，实际上也反映了当政者与知识分子之间在如何定义国家文化的问题上的误解和对立。为了说明这个现象，我们有必要进一步了解当时中山大学和民俗学会的情况。

学术与政治

1920年代，广东一度成为革命中心，其学术环境相对于北方而言，对一些有学术抱负的学者有一定的吸引力。据容肇祖忆述，"1926年秋，北洋军阀野蛮地摧残文化界，北京许多名教授被迫相继离京，如鲁迅、张星烺、沈兼士、顾颉刚等应厦门大学之聘到厦门，我于这年10月也到厦大，任厦大国文系讲师兼厦大国学研究院编辑，不久，厦大董事长陈嘉庚因商业不振，国学研究院停办"①。面对这样的局面，顾颉刚和容肇祖又拟离开厦门大学，投身到其他学校去。

此时，位于广州的广东大学已易名为中山大学，纪念刚逝世的孙中山先生。中山大学的前身广东大学，虽以"广东"命名，却是国民政府成就统一大业的一个重要机构。在国民政府的宣传下，广东大学任重道远，它是"纪念总理的圣地"，是"革命的最高学府"，也是"西南的文化中心"。② 中山大学继承了这个使命，迟至1930年代，当时的校长戴季陶在一次公开演讲中，仍然说中山大学作为革命的南方的一个文化中心，可以把新文化带到北方去，因为北方的文化已经被摧毁多时了。③ 对于

---

① 容肇祖：《容肇祖自传》，载东莞市政协编《容庚容肇祖学记》，第265页。
② 据战时中山大学校友忆述，见余一心《抗战以来的中山大学》，《教育杂志》，第31卷，第1期，1941，第3页。
③ 戴季陶：《中山大学所负的历史的使命讲词》（1930年），载《戴季陶先生文存》第2册，中国国民党中央委员会，1959，第638—640页。

当时拒绝向北洋政府低头，一再南迁的学者来说，中山大学自然是他们的选择之一。1927年3月，容肇祖到中山大学任预科国文教授兼哲学系中国哲学史讲师；1927年8月，傅斯年就任中山大学语言历史研究所筹备主任，延聘顾颉刚，从10月开始，顾颉刚便担任中山大学历史系教授兼主任。① 以中山大学为中心的民俗学运动，就是在这个时候，在顾颉刚和容肇祖等人的共同努力下开展起来的。

然而，在革命口号的背后，南方的大学和北方一样，也是充满着派系政治的。国民政府一方面并不能全面控制广东，另一方面也志不在广东；同时，国民党内部又党派林立，大学许多人和事为政治所左右，学者的处境直接或间接地受到威胁，就连民俗学研究也不能幸免。

顾颉刚在中山大学对民俗学研究的推动，很大程度上得到了当时中大的副校长朱家骅（1893—1963）的支持。1927年10月，顾颉刚上任为中山大学历史系主任及教授，这时候的中山大学校长已经在短时间内经历过多次调动。1924年广东大学最初成立的时候，校长邹鲁是广州国民政府要员，也是国民党中央执行委员会的委员。1925年，邹鲁和另一些国民党右派成员结成西山派，企图在国共合作积极筹备北伐期间，排除党内的亲共产党人士，结果，西山派被挫，邹鲁亦被从中山大学校长的职位上辞退。1926年，广州国民政府任命一个五人委员会，在中山大学实行集体领导，由戴季陶任委员长，顾孟余任副委员长，其余三名委员分别是徐谦、丁惟汾和朱家骅，校务工作主要由朱家骅主持。朱同时也是地质学教授，在此之前，曾任职北大。1927年，广东省政府重组，李济深（1885—1959）任省主席，罗致朱家骅到省政府中担当包括署理省政府常务委员会主席、民政局专员等要职。三个月之后，朱被任命为教育专员和中山大学副校长，而戴季陶亦获续任校长一职。戴季陶原来也支持邹鲁开除共产党人的，但由于得到蒋介石的庇护，戴季陶并没有像邹鲁般受到党纪处分，反而再次被选为国民党中央执行委员。尽管戴季陶

---

① 顾潮编著《顾颉刚年谱》，中国社会科学出版社，1993，第144页。

是正校长,但由于他大部分时间不在广州,校务实际上由朱家骅处理。①

  中山大学的民俗学会,就是在朱家骅任职副校长期间,于1927年11月设立的。虽然朱家骅在1927年年底因需就任其他公职而不在校,但副校长的职务得以保留,并极力支持顾颉刚和他的民俗学研究。据顾颉刚的哲嗣顾潮说,顾颉刚于1927年6月到10月在杭州为中山大学图书馆购书时,朱家骅时在杭州任浙江省建设厅厅长,听到书肆里讲顾颉刚购书的情况,对顾"印象颇好,他隔几个月来中大一次,处理校务,父亲向他申请设备费、印刷费,他无不批准"。有好几次,《民俗丛书》甚至《民俗》周刊的出版遭到反对顾颉刚和不赞同民俗研究的教授阻挠,都是因为朱家骅的支持而得以继续的。②

  在国民政府竭力推行风俗改革之际,也是顾颉刚和中大的民俗学研究备受压力之时。一些不满顾颉刚及其民俗研究的人,甚至请平日不怎样处理大学事务的戴季陶出面,干涉民俗学会的运作。1928年5月,顾颉刚编纂的《吴歌乙集》正要付梓,协助编辑此书的钟敬文却突然被戴季陶开除,理由是《吴歌乙集》收入的部分歌曲有淫亵成分,钟敬文结果在1928年8月离开中山大学。戴季陶本人对中山大学的民俗研究有多少了解,我们一时无法得知,但以戴季陶的身份,他对于有涉意识形态的事情特别留心,亦不足为奇。当时,戴季陶正忙于筹备中央党务研究所,他主要关心的,是如何以三民主义和传统中国道德文化为基础,强化国民党的中心思想。其实,戴季陶对顾颉刚早存不满。顾颉刚因《古史辨》一时声名大噪,其提出的"大禹是一条虫"、三皇五帝不过是传说中的人物等见解,不但获得同行尤其是后学的认同,更被纳入学校历史课程。戴季陶向以维护中华传统文化自居,对顾颉刚这样的言论不能接受,提

---

  ① 黄义祥:《中山大学史稿》,第120—131页。
  ② 顾潮:《历劫终教志不灰:我的父亲顾颉刚》,华东师范大学出版社,1997,第120—122页;顾颉刚:《顾颉刚自传》(4),《东方文化》,第4期,1994,第13—14页。

出要把《古史辩》从学校课程抽出。① 戴季陶个人对顾颉刚的不满，足以让反对民俗研究的人士加以利用，以防止"陋俗淫声"散播之名，对民俗学会的人予以攻击。

显然，有人借风俗改革之名干预民俗学会的运作，面对这些指责，民俗学会的领导人和支持者继续以《民俗》周刊为基地，予以反驳。在1928年《民俗》周刊第25期的一篇文章中，经常投稿到《民俗》周刊的小学教师张清水就提出，民俗学家是"站在民俗学上的立场说话，不是个人道主义者，领导妇女的革命家"②。翌年的《民俗》周刊，也刊载了钟敬文致容肇祖函，强调"民俗的研究，是一种纯粹的学术运动，——最少在我们从事者的立意和态度，应该是如此！——致用与否，是另外一个问题，不能混为一谈，更不该至于喧宾夺主"③！同年，容肇祖在第71期的《民俗》周刊发表了一篇长文，申明学术政治不可混为一谈：

> 我们是用忠实的态度去描写刻划一些风俗上的事项，我们是用客观的态度，用不着鄙夷的口吻，也不是恭维的奉承，因为我们是对于这些材料的评价是无所容心的。改革社会者从我们的材料的根据，去提倡改革某种的风俗，我们固是赞同，但不是我们学问里的事情。如果我们的研究，有人籍［应为"藉"，即"借"——引者］着去保持某种的风俗，以为是我们承认他们的好处，当然我们更不去负这种的责任。我们也许是内中间插有评判好坏的话，而重要的目的，却是求"真"。④

他不久又在《民俗》周刊发表《迷信与传说自序》一文，直接针对政府

---

① 钟贡勋：《戴校长与母校》，中山大学校友会编《中山大学成立五十周年纪念特刊》，中山大学校友会，1974，第82页。
② 清水：《读苏粤婚丧》，《民俗》周刊，第35期，1928，第24页。作者张清水是翁源县一位小学教师，经常投稿《民俗》周刊。
③ 《本刊通信》（钟敬文致元胎），《民俗》周刊，第52期，1929，第29页。
④ 容肇祖：《告读者》，《民俗》周刊，第71期，1929，第2页。

的反迷信运动：

> 说到迷信的一个问题，当我们认为不应存在的时候，便要高呼着打倒它。然而我们拼命高呼打倒某种迷信的时候，往往自己却背上了一种其他的迷信。在知识未到了某种的程度时，迷信是不容易打倒的。……我们或者可以跟随着政治的革命之后而高呼"思想革命"。但是一壁叫"政治革命"的民国成立之后，却有"官僚政治""军阀政治"，自然一壁叫"思想革命"之后的，一壁迷信是会依然存在的了。

> 要政治革命的成功，要将政治的知识灌输于一般的民众，要思想革命的成功，更要将正确的思想普及于一般的民众。我们此际只有抛弃了向民众作对方面的狂呼，而脚踏实地地把民众的迷信及不良好的风俗作我们研究的对象。讨寻他的来源和经过，老实不客气地把他的真形描画出来。无论若何的在人们心目中的势力，断不能推翻我们的结论。无论他怎样的要变形的出现，断不能逃过我们的眼睛。我们的力量，我们的范围，不怕渺小，而我们的所催折的，是从根荄拔去。①

容肇祖这番话显然是在回应某些人对他们的误解甚至攻击。1929年2月，顾颉刚也离开中山大学，民俗学会的牵头人就只剩下容肇祖了。1930年1月，广州市政府社会局以破除迷信的名义，收缴了市内许多庙宇的500多具神像。容肇祖此时离开中大在即，但也和有关人士交涉，获准把200多具神像移到中大的"风俗品陈列室"，做民俗研究的材料之用，可是，因为某些人的阻挠，此事最后不了了之，容肇祖也愤愤而去。就在此事发生三个月后，《民俗》周刊也被迫停刊，刘万章在第110期《民俗》周刊上刊登辞职启事，并发表《本刊结束的话》，他愤怒地写道：

---

① 容肇祖：《迷信与传说自序》，《民俗》周刊，第77期，1929，第1—2页。

> 我把以下的一段话，当做我们三年来努力的一点招供，我们并不为本刊可惜，我们更不因停出本刊为民俗学可惜，我们为中国环境底下的一切学术可惜！
>
> ……在现在中国学术界里，对于民俗学虽然有一班吃古不化的老、嫩的"古董"，他们看不起民俗学，仇视民俗学，尤其是咒骂努力民俗学的同志，但民俗学毕竟有发展的可能，你要仇视她，反对她，恐怕没有什么功效吧！现在国内，如福建，浙江，北平，都有民俗学的团体和刊物。说不定本刊"结束"以后，月刊出世，还要独树一帜。我们要努力尽可以努力下去。①

关于此事，容肇祖在后来1933年复刊的第111期《民俗》周刊中发表的《我最近对于"民俗学"要说的话》中，透露得非常详细。这篇文章，表达了他"一点的心情，数年来到今犹未能忘的"，可说是容肇祖针对反对民俗研究的人而发的一篇宣言：

> 旧风俗习惯的破除，是改良社会者的事业，民俗的纪录，是民俗学者所有事。二者观点不同，而实可相助为用。改良社会者打破一种陋习时，民俗学者可以为这种陋习最后的纪录。民俗学者的纪录，亦可为改良社会者的利用。广州市社会局于十九年一月为破除人民偶像崇拜的习俗，没收各街市中的陋像五百余；其时我尚在中山大学，虽已提出辞职，然而向社会局接洽接收此种偶像，既经允可，选有二百余件，以货车运入校，备陈之于风俗物品陈[此处缺一"列"字——引者]室，将来并拟为照像编成一书，附以各种神的源流考证，一为民俗学丛书之一，且可备宗教史学者的参考。乃竟以某院长向戴季陶校长的一番说话，以为保存民间的迷信，一切偶像，限令即日从校中迁出。因此使我离校的决心更为坚决。盖历史学家，民俗学家，注意于材料的搜集与保存，实为重要，亦犹中山大学语

---

① 刘万章：《本刊结束的话》，《民俗》周刊，第110期，1930，第58—59页。

言历史研究所档案整理室之保存《袁世凯通缉孙总理令文》，不能视为侮辱总理也。破毁偶像是打破迷信，而历史学家，民俗学家的搜集偶像，亦可以说是不悖于打破迷信的目的；犹撕毁令文是国民党员的职务，而保存《通缉孙总理令文》亦不悖于党员的行为，盖有此实迹的保存，而革命历史更显其光荣也。到现在，我们要搜集广州市所有的偶像而考证之，当不易言，真我们所引为痛惜的呵！①

到底这位向戴季陶进一言的"某院长"是谁，我们暂不根究，但即使是支持顾颉刚的朱家骅，在1930年9月正式继戴季陶任中山大学校长时，似乎也未能给予民俗学会什么有力的支持。其实，当时南京政府对广东只维持名义上的统治，实际控制广东的是军人陈济棠，支持蒋介石的朱家骅在上任三个月后便离开中山大学，即便在离开前的一次公开演讲中，朱家骅说过"从前民俗学会的《民俗》周刊，是一种有价值的出版物，应该设法把他恢复起来"②。

陈济棠统治广东期间，从事民俗学的学者与政府当局和大学的关系依然紧张。1932年，原来与国民党左派不和，被迫离开中山大学的邹鲁，因为愿意和陈济棠合作，成为西南政治局的常务委员，再度得以担任中山大学校长的职位。已经在岭南大学工作了两年多的容肇祖，也刚好在1932年秋季重返中大中文系任教。不过，由于反对中文系教授古直提倡读经的举措，容肇祖又被调职到历史系。古直（1885—1959）提倡读经的原因，除了是他个人喜好，也是在响应邹鲁的主张；而邹鲁之所以提倡读经，自然是为了要与陈济棠的政策相一致。

其实，五四运动"打倒孔家店"的主张，在广东并没有得到太大的回响，广东不论是文化界或教育界，对于新文化和新文学的接受程度，远

---

① 容肇祖：《我最近对于"民俗学"要说的话》，《民俗》周刊，第111期（副刊号），1933，第18—19页。
② 朱家骅：《致同事诸先生书》（1930年12月9日讲话），《国立中山大学日报》，1930年12月13日；容肇祖：《卷头语》，《民俗》周刊，第111期，1933，第4页。

远不如上海、北京等城市。1928年,大学院(南京政府于1927—1928年成立"大学院",取代教育部),下令搁置孔子春秋二祭,马上遭到包括广东在内多处地方政府的反对。1928年12月,广东省政府下令所有学校纪念孔子诞辰,至1929年国民政府亦渐渐对祭孔之事表示支持,在教育部发出的全国纪念日和假期中,孔诞即是其中之一。

容肇祖从中文系调到历史系,当中可能得到历史系教授朱希祖(1879—1944)的支持,自1932年11月至1934年1月,朱希祖担任文史研究所所长,而容肇祖也再度主持民俗学会,《民俗》周刊亦于1933年3月复刊。① 不过,不足三月后,《民俗》周刊再度停刊,容肇祖也决定离开中山大学。关于此事,朱希祖在其日记中写道:

> [1933年6月30日]二时,容元胎来[元胎为容肇祖字——引者],略谈即去,知元胎已为忌者排去,下学年不在中山大学矣,余闻之,心不乐,即至陈昆山处,知彼蝉联,乃至朱谦之处,询问元胎被排状。据云:某主任声言反对《民俗》周刊,元胎之去,乃新旧之争耳,亦有私仇报复之嫌,付之一笑而已。②

在笔者所见有关容肇祖、朱希祖和朱谦之的自述中,并没有指明这位"某主任"是谁。古直曾任国文系主任,在读经的事情上又和容肇祖意见相左,到底这"某主任"是否就是古直,一时难做判断。③ 不过,《民俗》周刊被停刊,容肇祖被迫离开中山大学,显示了作为文史研究所所长

---

① 朱希祖:《恢复民俗周刊的发刊词》,《民俗》周刊,第111期,1933,第1页。
② 《郦亭粤行日记》,载《朱希祖先生文集》第6册,第4156页。陈昆即陈廷璠(1897—?),1922年北京大学哲学系毕业,1933年时任中山大学教授。
③ 在朱希祖的《郦亭粤行日记》中,又有1932年10月22日一条曰:"朱谦之君邀余及吴君康李君沧萍吃晚饭,又步行至古先生直寓存问其病。古先生为中山大学国文系主任,所定课程注重读经,欲以经为文,颇为容君元胎所驳诘。容君本为国文系教授,今调为史学系教授,全以此故。古先生因此辞职,今虽慰留,然郁郁不乐,仍思脱去,其病盖以此也。余幸不为史学系主任,免却许多烦恼。"见《朱希祖先生文集》第6册,第3863—3864页。

的朱希祖和作为历史系主任的朱谦之,在这些事情上是如何的无能为力。1934年1月,朱希祖也离开中山大学,到南京的中央大学去。随着顾颉刚、钟敬文和容肇祖的相继离去,广东的民俗学研究也一时归于沉寂。

广东的民俗学运动以中山大学为中心,在开始时并不高调,到了这个时候,主事者纷纷为自己的研究辩护,是由于政府和学校的政治和人事角力,迫使他们不得不这样做。沿着北京大学民间文艺的拓荒人的路子,广东的民俗学家之所以从事这方面的研究,非为保存旧俗,而是希望求真,长远来说,更是为了建造新中国文化寻求出路。他们研究地方风俗,并非为了突出地方的特色,而是为了找寻共性——超越一地一省甚至一国的共性,因为,民俗学的研究从来就是探索人类的共性的。可是,当北伐胜利,国家至少在名义上达致统一之后,政治改革者企图在意识形态上巩固军事成果时,却和知识分子的理想发生冲突。

到了抗战前夕,国民政府这种强调统一的民族主义政策,甚至延伸到限制方言的使用。1936年夏,设于南京的中央电影检查委员会宣布,为了进一步推广国语,各地从今不得制作方言电影,两广地区亦禁止上映粤语电影,即使这些电影在香港或广东以外的地方拍摄,亦一律不准播放。这对于香港蓬勃的电影业势将打击甚大,华南电影协会派代表到南京请愿,在粤籍国民政府高级官员的调停下,中央电影检查委员会在1937年7月决定将有关措施延期执行。后来随着抗日战争全面展开,此事才不了了之。①

德国社会学家艾伯华(Wolfram Eberhard)自1930年代便与中国的民俗学家相交甚殷,对于国民政府与中国的民俗运动之间在意识形态上的矛盾,看法颇为独到。他认为,至1929年,国民政府把民俗学视作一个

---

① 一说延迟六年(见《越华报》,1937年6月20日),一说延迟三年(见吴楚帆《吴楚帆自传》,伟青书店,1956);另见杜云之《中国电影史》第2册,台湾商务印书馆,1986,第33页;李培德:《禁与反禁——一九三零年代处于沪港夹缝中的粤语电影》,载黄爱玲编《粤港电影因缘》,香港电影资料馆,2005,第24—41页。

"危险的领域",由于民俗学家"倾向于强调地区差异,甚至把地方的亚文化孤立出来",这无异于"触犯了官方极力维护一个统一的中国文化的教条"。① 换句话说,从政府的角度看,民族主义意味着统一和标准化,在这个前提下,地方特色是注定要被压抑的。

如果真的如艾伯华所说,国民政府有人反对民俗运动,是因为他们觉得民俗运动侧重地方特色,有碍国家统一大业的话,那这些人也未免太不理解当时中国知识分子的感情了。《民俗》周刊的文章,铁一般地说明了知识分子不但不会鼓吹迷信,更不会执意保存地方特色。顾颉刚便曾经大声疾呼地申明他的立场:

> 我们并不愿呼"打倒圣贤文化,改用民众文化"的口号,因为民众文化虽是近于天真,但也有许[此处疑缺一"多"字——引者]很粗劣许多不适于新时代的,我们并不要拥戴了谁去打倒谁,我们要喊的口号只是:
>
> 研究旧文化,
>
> 创造新文化。②

顾颉刚这番话清楚地表明了,民国知识分子对"地方文化"和"民众文化"产生兴趣,背后是有一个民族主义的议程的。他们要创立的,是一个"民族的"新文化,"地方"本身并不是他们的终极关怀,"地方"只是他们调查"民众"的空间,在那里,他们可以留其精粹,去其糟粕,从而创造出新中国文化。当时民俗学研究的主将钟敬文先生,在其晚年仍一再表明他们当时的追求,他说:

---

① Laurence Schneider, *Ku Chieh-kang and China's New History: Nationalism and the Quest for Alternative Traditions*, p. 149; Wolfram Eberhard, *Folktales of China*, Chicago: The University of Chicago Press, 1965, Introduction, p. xxxiv.

② 顾颉刚:《圣贤文化与民众文化——一九二八年三月二十日在岭南大学学术研究会演讲》,《民俗》周刊,第5期,1928,第4—5页。

五四时期，那些从事新文化活动的学者们，大都是具有爱国思想和受过近代西洋文化洗礼的；同时他们又是比较熟悉中国传统文化的。他们觉得要振兴中国，必须改造人民的素质和传统文化，而传统文化中最要不得的是上层社会的那些文化。至于中、下层文化，虽然也有坏的部分，但却有许多可取的部分，甚至还是极可宝贵的遗产（这主要是从民主主义角度观察的结果，同时还有西洋近代学术理论的借鉴作用）。尽管在他们中间，由于教养等不同，在对个别的问题上，彼此的看法有参差的地方，但是在主要的问题上却是一致的。这就形成了他们在对待传统里中、下层文化的共同态度和活动。①

　　正如赵世瑜总结的，民国知识分子对民俗学的兴趣，在某种程度上体现了民粹主义的思想与实践。知识分子对于所谓"民众"和自己的想象与投射，随着他们在政治、社会、文学和民俗学研究各方面不同程度的参与，而有所改变或充实。我们更可以说，在民粹主义背后，民国知识分子的终极关怀，仍然是民族主义。这套以统一的中华民族为前提的民族主义，不但主导了他们的思想，还深深地影响着他们的词汇和语法。在为国家，也为他们自己寻求一个新身份的过程中，民国知识分子发现，民间文学和风俗，是为一个统一的中国建立起一套新文化的最丰富的资源。就在他们缔造这套新的国家意识的同时，也有意无意地重新定义和定位地方文化。他们理想中的国家文化，是城市的，是属于将来的，是普遍的，也是抽象的；他们眼前看到的地方文化，也就是各地俯拾即是的风俗，是乡村的，是属于过去的，是个别的，但也是实实在在的。对于这些知识分子来说，中国文化不是也不应是各种地方文化的总和，"中国文化"是高于"地方文化"的，他们之所以热衷于从民俗去认识"地方文化"，是因为他们更关心如何去创造新的民族文化。

---

　　①　钟敬文：《"五四"时期民俗文化学的兴起——呈献于顾颉刚、董作宾诸故人之灵》，载《钟敬文文集》，安徽教育出版社，1999，第107页。

学人与政要

尽管在概念的层面上，民国知识分子有意无意地把"地方文化"置于"中国文化"之下，但一旦牵涉到个人的身份认同时，这种新的国家意识，却不一定会把一地方一人群的特性压下去，反而成为支撑这种独特性的基础。在广东，最显著的例子莫如客家人的自我身份的表述。在第二章里，笔者已经讨论了 19 世纪末的时候，客家士子如何在论述客家文化特色的同时，建立起自己的汉族认同。在这一节里，笔者将探讨民俗运动引出的民族学研究风气，在 20 世纪二三十年代如何透过新的学术话语，使客家人的文化认同在新的政治力量的荫护下得到强化。

在 1930 年代的广东，最积极从学术上论证客家人的汉族血统的客家学者，非罗香林（1906—1978）莫属，一直到今天，罗香林仍然被视为"客家学"的奠基人。罗香林就是在民俗学兴起的浪潮中培育出来的新一代学者，他于 1926—1932 年在清华大学历史系就读时，和许多年青学子一样，深受民俗学研究的吸引，从此开始了他对客家山歌以及后来对客家历史的兴趣。廿五岁的时候，罗香林还在清华大学念本科，便在《民俗》周刊以专号形式发表了他第一篇研究广东民族构成的文章——《广东民族概论》。1930 年代后期，罗香林不但在学术上已颇有名气，在广东的政府，尤其是文化事务方面，已有一定的影响。罗香林个人对客家族群和文化的认同，对客家历史的兴趣，以及对国民政府的忠诚，三者结合起来，启发了他研究孙中山的族属的兴趣。1933 年，他出版了《客家研究导论》一书，提出孙中山是客家人的说法。后来在他 1942 年出版的《国父家世源流考》中，对这个论点做了更全面和肯定的论证。

罗香林最早发表的有关客家研究的作品《广东民族概论》，可以说奠定了他有关人种和民族分类研究的基础，他日后的许多研究，基本上是这套观点的发挥。按罗香林的分类，广东历史上和现代存有的民族，有"黄种""黑种""白种"和"未考实的人种"之分。其中"黄种"包括回族（阿拉伯人)、苗蛮族(苗族、瑶族、壮族、畲民)、汉族(越族、广府族、客家族、福老族);"黑种"包括僧祇奴、昆仑奴和鬼奴三类;"白种"主要是阿利安族,也就是波斯人;而"未考实的人种"则有蛋家、摆夷和黎人。他又认为,"一民族有一民族的特性",而广东民族的特性,在好的方面,是"爱好洁净性""好动好劳性""坚苦耐劳性""冒险进取性""爱国保族性";不好的方面有"刚愎自用性""迷信神权风水性"和"浪费享乐性"。受"科学主义"的影响,罗香林以为,血统是有"纯粹性"可言的。他认为,"广东诸汉族中,比较上可称纯粹者,则为客家族",不过,他的看法与当时颇有名气的医生梁伯强所做的血统研究有出入。于是,他尝试提出一些补充性的解释:

> 据近人梁君伯强的研究,中国越南方的汉人,则其血液越为纯粹。广东人 A 质多于 B 质,血液黏集指数,约为 1.26。这种说法与福老客家二族,或许没有冲突:因为福客虽尝杂有畲民的血分,然而较之长江以北的汉族,仍是纯粹得多。至于广府一族,则颇与梁氏的结论,有所出入,因为从历史上看,他们并不是纯粹的民族。这种历史事迹与实验结果不相符的现象,不知当用何种学说始能解释。也许是:广府族虽尝与各种旧日粤族发生混化作用,但因那些民族的智力体力均不若广府族之故,两相比较,适成劣性,混血以后,他们的劣性为广府族人的优性所抑制,所生子女,体中虽潜有劣性恶质的系统,然其表现则类为优性。这种解释倘若不能成立,则不是我的史的["史的"二字,疑为误植——引者]观察错误,便是梁氏所实验的广东人为不属于广府族的人,或许单是客家,或许单是福老。①

罗香林提到的梁伯强,是从德国毕业回来的医科学生,1926 年在《东方杂志》发表了一篇文章,就他的实验结果发表结论,说中国南方的

---

① 罗香林:《广东民族概论》,《民俗》周刊第 63 期,1929。

汉人，越往南血液越纯粹。① 1910—1920 年代，进化论主导了社会和人文学科对社会发展的解释。有自然和社会科学家认为，保存体质的"纯粹性"，是维持某个族群优良发展的最佳方法之一。梁伯强很可能是在这个前提下进行他的研究的，并显然引起了罗香林等人文学科的研究者的注意。罗香林这番极力表现得客观科学的论述，力求得出的结论只有一个，就是客家是血统最纯粹的汉族。在本书第二章讨论晚清的乡土教材时，我们已注意到，教材作者在"种族"一章中，特别注意自己所属的民族是不是汉种，罗香林的观点，实际上是这个讨论的延续。在今天看来，这只不过是颇为肤浅的循环论证。不过，这种论证方式，即以血统的"纯粹性"来量度某某民族是否属于汉族或接近汉族，却是当时体质人类学研究种族的典型的方法。

当时的罗香林没有受过什么正规的人类学和民俗学训练，罗香林自己也承认，他"于人类学，地理学，民族学，考古学，语言学，素来毫无研究"②。像当时中国大多数的民俗学研究者一样，罗香林对民俗学产生兴趣，始于收集和分析客家歌谣。1928 年，他和"几个留在北平的爱好平民产品的客家青年"组织了"客家歌谣研究会"，他后来对此会的评价是："客家歌谣研究会，说来伤心！组织之初，会员仅十一人。一年以来，又因人事的变迁，出洋的出洋，改业的改业，离散的离散，做官的做官，弄至现在，其仍以收集或研究为职志者，已只有五个弱丁了。"③在此期间，罗香林发表了《什么是粤东之风》一文，经增补后在 1928 年出版成《粤东之风》一书；不过，这些都只能说是罗香林在清华大学主修历史期间的业余兴趣，似乎并不是从正规的专业课程学习得来的。④

---

① Frank Dikötter, *The Discourse of Race in Modern China*, p. 135；梁伯强：《医学上中国民族之研究》，《东方杂志》，第 23 卷，第 13 期，1926，第 87—100 页。

② 《本刊通讯》，《民俗》周刊，第 63 期，1929，第 49—53 页。

③ 《来信及其它》，《民俗》周刊，第 23、24 期合刊，第 72—80 页；《学术通讯》，《民俗》周刊，第 77 期，第 52—55 页。

④ 清华大学校史编写组编《清华大学校史稿》，中华书局，1981，第 72—80 页。

罗香林对体质人类学的认识，是来自当时流行的地理学和人类学书籍。他在《广东民族概论》一文所列举的书目，便有美国地理学家韩廷敦（Ellsworth Huntington）的 *Character of Races*（《种族的特性》），史禄国（S. M. Shirokogoroff）的 *Anthropology of Eastern China and Kwangtung Province*（《华东与广东省的人类学》），李济的 *The Formation of The Chinese People*（《中华民族的形成》），钟独佛撰的《粤省民族考原》，张其昀编的《中国民族志》，常乃惪的《中国民族小史》，张善的《夷为汉族之商榷》，梁启超的《历史上中国之民族》等。

其中，韩廷敦的 *Character of Races* 对罗香林的影响尤其明显。他经常引用韩廷敦用来形容客家民族的一句话——"客家为中华民族中最纯粹最优良的民族"（The Hakkas are the cream of the Chinese people），就是载在韩于1924年出版的 *Character of Races* 这部著作中的。据罗香林引韩廷敦，这句话出自一位姓 Spiker 的外国人之口；其他数据显示，长期在客家地区传教的乔治·坎贝尔（George Campbell）也说过类似的话。韩廷敦1900年在中国、印度和西伯利亚逗留了一年半①，他的基本理论是人类的进步主要仰赖于三方面的因素，即气候、人的素质和文化。他认为，自然环境的因素，如气候的变化，会导致人口迁移，对文化的进步或有所促进，或有所妨碍。② 罗香林似乎深受韩廷敦这套地理文化观的影响，甚至曾打算在研究院毕业后，便赴美国耶鲁大学与韩廷敦研讨种族文化问题，后因事变迭起，卒果未行。③ 在后来撰写的客家调查计划书中，罗香林还是特别强调环境与人种发展的关系：

不佞之意，以为客家问题，确有探究必要，弟此种工作，尝以实地检验为先。盖民族研究，其唯一用意，在于明其活动之种种景

---

① *Who Was Who in America*，Chicago：The A. N. Marquis Company，1950，Vol. 2，p. 272.

② *Dictionary of American Biography*，*Supplement Four 1946-50*，New York：Charles Scribner's Sons，1974，pp. 412-414.

③ 罗敬之：《罗香林先生年谱》，台湾编译馆，1995，第23页。

况,而此种种景况之所以构成,则与其族诸分子所具生理要素,及所值文化自然之环境,有绝大关系。任何民人,莫能离生理要素而言生存,亦莫能离环境影响而言活动。故欲研究民族问题,自当检其人种,验其生理;察其社会,窥其生活;探其环境,究其影响;考其制作,衡其文物;咨其宗信,明其教化;览其述作,核其思维。夫然后乃得综勘比观,表其活动发生之因,穷其兴替得失之蕴,参合至理,嗽其特性。①

外国人对客家人赞许有加的评价,也成为罗香林肯定客家人优良的民族性的一个很重要的论据,上述"客家为中华民族中最纯粹最优良的民族"这句话,在1928年于《民俗》周刊发表的《读钟[即钟敬文——引者]著〈民间文艺丛话〉》一文、1929年发表的《广东民族概论》,以及1950年出版的《客家源流考》等论著中,均一再引用过。

罗香林对于客家人是汉族,而且是比广府人更纯粹的汉族这一点非常自信,遇到怀疑客家人的汉族成分的言论,都会予以反驳。在《读钟著〈民间文艺丛话〉》一文中,罗香林对于钟敬文从蛋家和客家歌谣的结构间接推论到客家人是"原人或文化半开的民族"一点,无疑难以接受,乃反驳说:

> 钟君目睹蛋歌,客歌都有"对歌合唱","重迭歌调"的风气,而诗经中又有章段覆迭的歌谣,于是便妙想天开,发明了"对歌合唱,是原人或文化半开的民族所必有的风俗"的原则。根据这个原则又谓"其时(商,周)民间文化的程度,正和现在客家蛋族等差不多。"在钟君以为这种发明有无上的荣誉,不知这种说法,实在是出乎人意料之外的。……
>
> 诚然,客家族中,确有"对歌合唱"的风气,不过钟君要知道,客家之所以有这种风气,并不是因为他文化半开,也不是因为他的

---

① 罗香林:《乙堂札记》,罗260—17,vol. 11,香港大学冯平山图书馆藏。

文化和商周时代的民间文化相等。这一层读者需要注意！①

罗香林接着引用韩廷敦"客家为中华民族中最纯粹最优良的民族"一语，并说这"本为欧美谈民族学者所共认的事。固然，他们的结论，不见得便无可非议，然而无论如何，谓客家为半开化的民族，则为事实上所不许之事"②。

值得我们注意的，不是罗钟二人孰是孰非，而是他们都不约而同地抱着一种进化论和二元论的观点。在他们的知识体系中，文化有高低之分，有原始和进步之别，有未开、半开和开化的等级，而汉族——也就是他们自己认同的族群，则当然是文化程度甚高的种族。

对于这些观点，罗香林是企图通过严谨的体质人类学调查来验证的。在他的读书笔记中，记录了不少有关体质人类学的理论和方法，其中包括史禄国的 *The Anthropology of Northern China*（《华北的人类学》）中涉及体质人类学的部分。③ 他早年的著书计划，已包括了准备用人种测验做比较的"华南民族研究"。④ 1932 年，他受燕京大学国学研究所之托，赴粤调查民系，与北京协和大学南下考察的美国人史蒂芬生博士（Dr. P. H. Stevenson）在广州先后考察了四个月。这次人种调查，对象有"客籍"及"广府本地籍"军人百余名，罗香林本拟再以"客家、福老、本地三系，及蜑民、畲民、黎人三种"为调查对象，但以时间不足，而仅做客家、本地和蜑民的调查工作。结果，他与史蒂芬生在当时广东的最高军事领袖陈济棠的安排下，往广州燕塘军官学校以部分客家和广府军士为研究对象，其后又到广州河南海珠地区对蜑民进行测验。后来，罗香林又单独

---

① 罗香林：《读钟著〈民间文艺丛话〉》，《民俗》周刊，第 33 期，1928，第 15—16 页。
② 罗香林：《读钟著〈民间文艺丛话〉》，《民俗》周刊，第 33 期，1928，第 17 页。
③ 《乙堂札记》，罗 260—17，vol. 8。
④ 《乙堂札记》，罗 260—17，vol. 6。

赴曲江等地，进行人种和语言调查和古迹访游。① 从罗香林的笔记看来，他当时打算进行的华南族系体质与测验计划本来有颇大规模，可惜由于时间和资源有限，未竟全功。在他的笔记中，有如下记录：

> 固然，我的愿望，在于整个华南族系的研究，而不仅限于客家一系调查；不过工作的开始，我总觉得，其范围不能过大，而且，要择其最重要的部分着手，客家一系在华南诸族系中，确有其重要的地位，而其文化与源流，又最为海内诸学者所聚讼；为求工作的容易进行，容易得到海内人士的赞助起见，所以我决定先从客家的调查着手。
>
> 计划书写好后，我曾将它送给几个学术机关，请求赐予赞助，俾得实行调查。无如，事不凑巧，以值国家多事，几个学术机关，均以经费支绌之故，原则上虽赞成此种调查，而事实上则无能为力。直至今年二月，始得北平燕京大学国学研究所的资助，即派我到闽粤二省，使一方调查客家的种种状况，一方则测验华南诸族系在人种上的特征。前一工作由我个人独立负责；后一工作则与美人史蒂芬生博士(Dr. P. H. Stevenson)协议合作。史氏为北平协和医科解剖学教授，于中国人种，研究有年，此次出发测验，系受中央研究院的委托。
>
> 关于人种的测验，我们原拟以客家福老本地三系及蛋民畲民黎人三种为工作的对象。前三系均为汉族，不过语言各殊，习性稍异，为便于学术的研究起见，所以特把它权为分开。后三种为汉族以外的民族，虽说与汉族同为组成中华民国的一个分子，自政治上的眼光看来，是绝对不能把它们和汉族分开的；不过，它们拥有的文化，多少总与汉族的文化有些分别，至于人种上的分野，那就更不容我

---

① 罗香林：《在粤测验人种纪略》(1932年记于广州)，载《民俗学论丛》，"附录"，出版年地不详，自序于1965年，第202—210页；罗敬之：《罗香林先生年谱》，第20页。在珠江三角洲的语境中，"本地"一般指讲广府话的人。

们否认了。为求明了它们的真象起见,所以,我们不能[从上文看,此处疑缺一"不"字——引者]把它分开来测验。①

在这次调查中,罗香林用了许多"量度"的方法,获取其调查对象的身高、头部、面部、眼部、耳部、鼻部、牙齿、手部、肤色、毛发等数据,作为其分析种族分类的资料。结果,他发现,"就曾经测验的一百本地兵士而论,其籍在合浦灵山等县者,眼睛鼻子的表像,均与猺人相仿,这是汉猺混化的结果,不足为奇,又籍在广州附近的本地籍兵士,则每有与水上蛋人相似的特征"②,在今天看来,这样的调查结果实际上挑战了他"汉"与"非汉"的二分法。不过,在当时的学术语境中,我们也很难想象罗香林能够意识到要对这种二分法做出根本的反省。

罗香林以其深厚的史学素养和考据功力,在民族史研究上开拓了一条新的路径,尤其在客家研究方面成就卓著,成为客家研究的奠基人,在中国近代学术发展上功不可没。不过,我们不能忽略的是,罗香林的研究动机和立场,以至他的研究方法和视角,难免受到他的自我身份认同及其所处时代的学术潮流所规限。

在罗香林的研究中,除了学术上的探索,他还致力于通过自己的学术研究,通过重新解释和书写历史,确立当代客家人的身份认同,为客家人在当时的政治环境中争取地位和利益。他之所以能够实现这个目的,除学术上的努力外,还因为他拥有不可缺少的政治与文化资源。罗香林不但一直与民国时期的很多客籍政治人物关系密切,他自己也一度在广东省政府供职,其政治角色和社会关系,使他同时具备了两方面的资源,有助于强化和推广他的学术观点,以学术研究的方式,成功地在20世纪塑造了客家人的历史和形象。

在罗香林能发挥的学术影响的背后,是客家人在民国时期的政治和

---

① 《乙堂札记》,罗260—17,vol. 6。
② 罗香林:《在粤测验人种纪略》,载《民俗学论丛》,"附录",第209页。

社会地位的上升。自辛亥革命以来，客家人在广东政治的地位与日俱长。① 1912 年，祖籍蕉岭，生于台湾的丘逢甲一度任职广东军政府的教育部部长，并代表广东出席上海筹组中央政府的会议。1920—1940 年代，在广东军政甚至学界的领袖中，客家人占了不少，其中著名者如 1921—1922 年担任广东省省长和广东军队总司令的陈炯明，国民党中央委员、中山大学校长、西南政治局委员邹鲁，1928—1931 年担任广东省政府主席的陈铭枢，1931—1935 年主持广东政治、经济和军事的西南政治局主席陈济棠，还有 1945—1947 年出任广东省政府主席的罗卓英（1896—1961）等。

　　广东的客家人在民国政坛上占据举足轻重的地位，与客家人认同意识的提升显然有直接的关系。由第二章的讨论，我们已经看到早在清代末年，客家士子已经很快建立起非常强烈的族群身份认同的意识。1920 年，商务印书馆出版乌耳葛德（R. D. Wolcott）所著的 *Geography of the World*（《世界地理》），在"广东"条下，谓"其山地多野蛮的部落，退化的人民，如客家等等便是"，惹起客人严重不满，"客系大同会"（又称客属大同会）似乎就是由于这宗事件而在上海组织起来的。客系大同会在北京、广州等地都设有分会，在汕头更出版了旨在宣扬客家文化的《大同日报》。1921 年 4 月，客系大同会的支部在广州长堤嘉属会馆，就商务印书馆教科书事件召开全国客族大会，据说到会代表来自 20 多个县，开会人数几达千人，讨论议题包括"一、对待商务印书馆，促其毁原版；二、速编客族源流，使世界人士咸知我族之地位及种族之由来"，有人甚至建议广东省省长与该教科书作者所属国家的领事交涉。② 最后，在客系大同会的压力下，商务印书馆统一修改有关内容，并收回尚在市面上

---

　　① 有关客家人在辛亥革命和民国政治的参与情况，见 S. T. Leong, "The Hakka Chinese of Lingnan: Ethnicity and Social Change in Modern Times"; S. T. Leong, *Migration and Ethnicity in Chinese History: Hakkas, Pengmin, and Their Neighbors*, pp. 85-93。

　　② 《广东群报》，1921 年 4 月 4 日。

流通的书籍。①

1921年，旅港客家人士在香港成立"旅港崇正工商总会"（简称崇正总会）。当时侨港客籍商人李瑞琴捐资成立永久会所，并提议曰："吾系侨港人士，以工商二界为多。窃谓吾人拟组织之团体，当以旅港崇正工商总会为名，不必冠以客家二字。因吾人坚忍耐劳，赋有独立之性质，所习又不与人同化，故土客之间，情感不无隔阂。吾人雅不欲以四万万五千万之中华民族，各分畛域，故应取崇正黜邪之宏义，而称为崇正工商总会。"②罗香林又解释说："香港崇正公会即旅港客家同人会，他们因不欲自异于人，故不称客家，而称崇正。"③香港崇正总会的主席，一直由晚清遗老赖际熙担任。本书第四章曾经介绍到，赖际熙在清末民初是一位在省港文人圈子中颇有地位的前清遗老，入民国后，他以客籍名学者的身份，主持编纂了民国（1920）《赤溪县志》和民国（1921）《增城县志》。这两部县志是继光绪《嘉应州志》后，从客家人的立场叙述广东地方历史的县志。赤溪原属新宁（今台山），当地向来土客械斗甚烈，经历了多年的战争，土客之间逐渐划分出两个不同的聚集地区，同治六年（1867），以客籍人为主的赤溪从新宁分离出来，客家人由此取得了主导地方权力的空间。一个明显的事实是，光绪（1893）《新宁县志》从广府人立场，称客家人为"客匪""客贼"；而赖际熙编的民国（1920）《赤溪县志》，则把土客械斗中战死的客人称为"客勇"。与此相似的例子是，乾隆和嘉庆年间的《增城县志》俱非客人编纂，对客人评价颇为负面，而赖际熙主纂的民国《增城县志》，则把这些诋毁性的用语全部删去。可见借着赖际熙这样的学者，当时的客家人已经在原来主要由广府人主导的地区拥有了自己

---

① 罗香林：《客家研究导论》，第7页，据罗载，R. D. Wolcott一书关于客家人的叙述的英文原文是"In the mountains are many wild tribes and backward people, such as Hakkas and Ikias"；又据罗香林《乙堂文存》，第2—3、11—12页，香港大学冯平山图书馆藏。

② 乙堂（罗香林）：《香港崇正总会发展史》，载香港崇正总会编《崇正总会三十周年纪念特刊》，1950，第3页。

③ 罗香林：《客家研究导论》，第30页，注42。

的话语权。1925年，赖际熙又编就《崇正同人系谱》，以类似方志的形式，记载了广东客家人的风俗、语言、宗族、艺文、选举、人物等。不过，系谱与方志最大的分别，在于其跨越地域，显示了客家族群的身份认同和广东其他族群颇有区别。①

随着这些由客人自己编纂的历史文献的累积，广东的历史叙述不再像过去那样为广府人所垄断，一个明显的例子是1929年广州市筹备成立市立博物院时有关其"历史风俗部"的设计。筹备委员为了征集历史风俗展品，拟就了一份标准书及示范图，把"广东民族"分为"汉民族"和"非汉民族"，前者包括"客系、海南系、潮州系、鹤佬系、本地系"，后者含"黎系、猺系、猓猡系、蜑系、崋系"（见图5.1）。筹备委员就这幅"示范图"，还加上了这样一番解释：

> 此图所示汉民族中各系，均属诸华民族之移殖于粤地者，其移殖所从不一其地，其移殖先后不一其时，故至今所操语音，甚为歧杂，然皆出于中原音韵，故可定其为汉民族［此处疑漏一标点符号——引者］其非汉民族之各系，则语源殊异，虽大部分已与汉族同化，然其痕迹尚历历可寻，惟我两粤地理，山岭平原海洋均具有之，各族以各处地方之不同，受地理上环境所支配，形成各异之风俗，则匪惟非汉民族与汉族不同，即同属于汉族之各系，亦不同，尤相异者，见于其婚姻丧祭信仰等，故列举各门，以示采集之标准焉。②

我们不妨拿图5.1和本书第二章的图2.1互相对照，就可以看到时至1920年代末成立的广州市市立博物院对于广东民族的分类，与20多年前出版的《广东乡土地理教科书》"人种"一章的分类，是何等的大异其趣！不过，即便广州市市立博物院的民族分类算是或多或少表达着一种

---

① 见赖际熙《崇正同人系谱序》《重修增城县志序》《赤溪县志序》；罗香林：《故香港大学中文学院院长赖焕文先生传》，俱载赖际熙撰，罗香林辑《荔垞文存》，影印钞本，罗香林1974年序于香港。罗香林：《乙堂文存》，第28—39页。

② 见广州市市立博物院编《广州市市立博物院成立概况》，1929，第8页。

"官方"的立场，但官方出版物在对待客人身份的这个问题上，却不一定能够处处小心，提防犯忌。1930年7月，广东省政府建设厅出版的《建设周报》，刊登了两篇内容有侮辱客家人之嫌的文章。据罗香林说，其中一篇文章有云，"吾粤客人，各属皆有……分大种小种二类：大种语言，不甚开化；小种语言文化，取法本地人……"，一时服务于广州学政军各界的客家人士，大为哗然，其中更有大埔人饶靖中上书广东省主席陈铭枢（1889—1965）请为严禁。《建设周报》编辑遂于翌期周报刊登启事谓："本报三十七期……登载客人风俗一则……顷有人因此发生误会，殊深抱慊，吾人深愿中国全民族凭新建设之力，日臻文明境域，泯除历史上之鄙野习惯，则本报除本省建设消息外，当为更有价值之记载也。"这样的启事，等于认为上期文章所载的是事实，无异火上加油，更惹起客家人士不满。在崇正总会、陈济棠和邹鲁的强烈要求下，陈铭枢同意把周报的编辑降职，并要求他郑重更正，道歉息事。① 在此事告一段落之后，中山大学中文系系主任古直撰写《客人对》一文，对本地人称客家人为蛮族的做法，予以严厉的批评，② 而在这宗事件中起着重要作用的陈铭枢、邹鲁和古直等都是客家人。

　　自晚清至1930年代，历次因侮辱客人而引起的风波，刺激了大量为客家源流辩护的论战式文章的出现，相关的研究也陆续问世，罗香林的客家研究，就是在这样的政治社会背景和文献积累的基础上产生的。罗香林从民俗研究开始，视野扩展到民族学研究领域，建立起客家研究的整套学术话语和研究范式，就是在这样一种客家人政治和文化影响力迅速提升的环境下进行的。自1930年代后期开始，随着他的客家研究越来越有影响，以及他在学术上声誉的提高，他有更多的机会涉足政府的文化事业，与政坛关系愈加密切。1936年，他出任广州市图书馆馆长，兼

---

　　① 《崇正工商总会议案部》第5册，1930年8月4、14、22、26日，9月10日，香港大学冯平山图书馆藏；罗香林：《客家研究导论》，第10页；罗香林：《乙堂文存》，第11—12页。

　　② 古直：《客人对》，上海中华书店，1930。

任中山大学副教授,创办《广州学报》季刊。抗日战争期间,罗四处逃难迁徙,至1942年,奉国民党中央秘书长吴铁城令,又赴重庆任职国民党中央党部秘书处专员。同年著《国父家世源流考》,指孙中山先世源出河南,唐代迁江西,后又迁福建长汀河田,至明永乐年间,再迁广东紫金,康熙年间,其祖先参加反清义师,又自紫金迁增城,其后再迁中山县涌门口村,辗转迁往翠亨。这样的一条"迁徙"路线——从中原至长汀至紫金至增城——在广东客家历史叙述中非常常见,罗香林这样的考证结果,其实意味着孙中山属客家人。① 此书得到蒋介石"赐颂题字;孙哲生、邹海滨、吴铁城、陈立夫四先生,赐撰序文;于右任、张溥泉二先生,赐予题签",至少在政治上得到肯定。这一成果,不管罗香林个人的本意如何,客观上对于提升他在政界的声望,巩固他在国民党体制内的政治地位,无疑有着重要的影响。② 就在同一年,罗香林原来在1933年出版的《客家研究导论》,被日本人有元刚翻译成日文,在台北出版。翌年,《国父家世源流考》一书,更获教育部奖励著作发明奖。③

在人际关系上,罗香林与广东省政府主席罗卓英的关系也颇为密切。1942年,罗卓英任远征军司令长官,入缅甸作战,曾致函罗香林,谓"欲明了中缅往昔军事之史迹及泰缅与我历史之关系,作为鼓励士气及对缅甸民众宣传之参考",请罗香林寄他一些相关的材料。罗卓英在安徽歙县同宗处获得罗氏谱牒影印本,不忘寄赠罗香林一册。罗卓英就任广东省政府主席后,在一封信函中,又寄给罗香林《中国善后救济计划》等书,请他"摘出若干要点,以作准备,及与蒋署长洽商之数据",并请他"以侧面方式向郑彦芬君查询麦蕴瑜之为人及能力(关系现任粤省府技术室主

---

① 见罗香林《国父家世源流考》,商务印书馆,1942。邱捷指出罗香林提出的证据有许多自相矛盾之处。见邱捷《关于孙中山家世源流的资料问题》,《孙中山研究丛刊》,第5期,1987,第82—92页;邱捷《再谈关于孙中山的祖籍问题》,《中山大学学报》,1990,第4期。

② 罗香林:《国父家世源流考》,"跋",第57页。

③ 罗敬之:《罗香林先生年谱》,第51、54页。

任)"，可见，在广东省政府的人事挑选上，罗卓英也会听取罗香林的意见。① 罗香林又被罗卓英聘请兼任省文理学院院长，并以总干事名义主持广东省建设委员会事宜，创办《广东建设研究季刊》。罗香林撰写的《中国学术史上广东的地位》和《世界史上广东学术源流与发展》等文章，就是在此季刊上发表的，其《如何建设新广东》的书稿，也是在这个时候完成的。② 二罗虽然祖籍不同（罗香林是兴宁人，罗卓英是大埔人），但份属同宗，又同是客家人，自然较容易建立密切的关系，罗卓英以军人背景担任省政府主席，罗香林毋宁是他政治和文史顾问的最佳人选。

由罗香林的个人经历，特别是他走过的学术道路及其在政治上的境遇，我们可以看到，民俗学和人类学在中国的发展，为客家学者提供了一套科学和学术的语言，延续了晚清以来客家人的汉族根源的讨论。尽管客籍政要不一定需要利用他们的客家人身份在政场中谋取更高的地位，但在需要的时候，他们的支持是维护客家人尊严的重要资源。罗香林同时兼备学者和官员两重身份，展示了学术和政治如何结合起来，提升他所认同的族群的地位。由罗香林推动的客家研究，在广东文化研究的学术传统形成过程占有重要位置，透过这个过程，我们可以看到在学术研究领域上建立广东文化观念的政治议程。

小结　民族主义与地方文化

民国时期的官员和知识分子都有着一个共同的关怀，就是为中国的民族与文化，添补新的内容。中央和地方官员往往更倾向于保存他们提

---

① 《罗香林教授所藏函牍、他人手稿及贺片》，罗 110—60 S.51—53，香港大学冯平山图书馆藏。S.53 信函提到的郑彦芬应是郑彦棻（1902—1990），曾任广东省参议员，广东省政府委员兼秘书长，1946 年任三青团中央团部副书记，后任国民党中央党部秘书长；麦蕴瑜情况不详。罗香林曾于 1942 年撰《缅甸民族源流及中缅人士应有之认识》一文，见罗敬之《罗香林先生年谱》，第 51 页。

② 罗敬之：《罗香林先生年谱》，第 34、50—51、59—60 页。

倡的国粹，弘扬他们心目中的孔道，而大学的知识分子则更愿意走向农村，在民众文化中寻求启发。前者不能说是复辟主义者，因为他们弘扬孔道，也是为了建设民国；后者也无意鼓吹地方主义，因为地方文化并不是他们的终极关怀。不论是复古或是求新，不论是鼓吹圣贤文化还是重视民众文化，都殊途同归——营造新的国家意识。这也是许多民国时期文化创造的立足点所在。

正如赵世瑜指出的，中国现代民俗学的产生除了受到西方新学的巨大影响，中国历史上重视民俗现象的学术传统同样扮演了积极的角色。中国传统学术之所以重视民俗，一是出于政治的需要，二是在于其社会教化的意义，三是基于移风易俗的责任感和使命感，四则与出自纯学术的求知欲望的"博物"知识结构有关。①

在这个前提下，尽管某些从政者希望维持地方的自主性，尽管某些族群如客家人要强调自己的独特性，"地方文化"从来都不是他们要强调的元素。广东政治人物维持着广东的半独立状态，无须突出广东文化，他们要做的，只是紧跟南京政府弘扬孔孟之道的文化政策。同样地，客家人要肯定自己的民族的纯粹性，也无须过分强调自己的文化特色，更重要的是证明他们的汉族血统。国家意识、政治忠诚、地方自主、族群身份，都在同一个过程中互相巩固。

如果国族身份在民国年间真的凌驾地方身份，那么地方认同是否就不能存在呢？还是以另一种形态，另一套语言出现？笔者在下一章尝试解答的就是这个问题。

---

① 赵世瑜：《眼光向下的革命——中国现代民俗学思想史论(1918—1937)》，第62—71页。

广东民族俗尚示范图

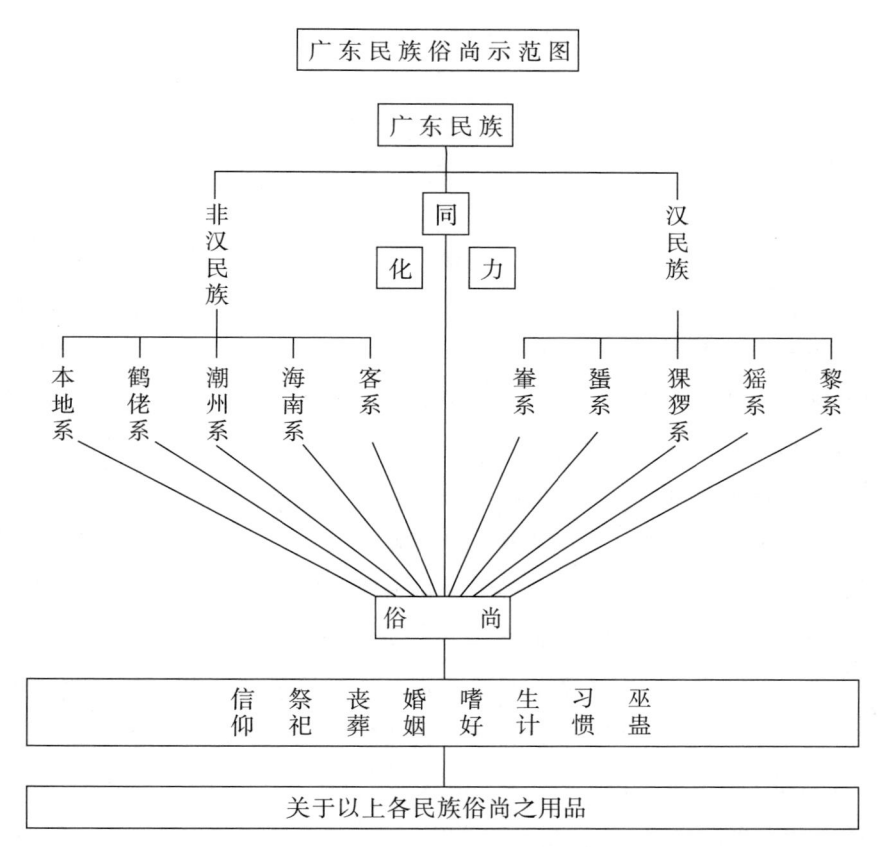

```
                  广东民族
          ┌─────────┼─────────┐
         非汉      同化/力      汉民族
         民族
    ┌──┬──┼──┬──┐        ┌──┬──┼──┬──┐
   本  鹤  潮  海  客      輋  蜑  猓  瑶  黎
   地  佬  州  南  系      系  系  猡  系  系
   系  系  系  系              系
                  │
                 俗尚
    ┌──────────────────────────┐
    │ 信 祭 丧 婚 嗜 生 习 巫  │
    │ 仰 祀 葬 姻 好 计 惯 蛊  │
    └──────────────────────────┘
    ┌──────────────────────────┐
    │   关于以上各民族俗尚之用品   │
    └──────────────────────────┘
```

图 5.1 1929 年广州市市立博物院筹备委员设计的"广东民族俗尚示范图"（广州市市立博物院编，《广州市市立博物院成立概况》，1929 年，第 8 页，此图按照原图重新绘画）。

第六章　旧人新志

中国历代编修方志的传统，使得每一地区都有可能通过地方志的编修，以历史记录和叙述的方式，来表达地方文化意识。自清朝以后，地方志大多是在本地地方官员的主持下，荟集本地最有影响的文人集体编纂。因而，地方志的内容及其表达方式，反映了地方领袖主导的文化观念以及由此建立的历史解释，是当地各种政治和社会势力较量和对话的结果。民国建立以后，新政府也十分重视地方志编纂，早在1917年，北洋政府内务部就会同教育部通知各地纂修地方志书。1929年，国民政府内务部颁布《修志事例概要》，各地普遍设立修志馆。1944年，国民政府又颁布《地方志书纂修办法》，规定志书分为三种，省志30年一修，市志和县志15年一修，并责成地方修志馆。抗日战争结束后，国民政府在1946年又重新颁布《各省市县文献委员会组织规程》和《地方志书纂修办法》，部分省、市、县设立了修志馆或文献委员会，断断续续地进行修志。①

民国时期先后颁布的修志条例，反映了新的国家体制和相应的政治和社会理念，如何改变着传统方志的体例和内容。1946年公布的《地方志书纂修办法》，就有"凡乡贤名宦之事迹及革命先烈暨抗敌殉难诸烈士之行状，均可酌量编入，但不得稍涉冒滥"，"天时人事发现异状，确有事实可征者，应调查明确，据实编入，但不得稍涉迷信"，"编刻诗文词

---

① 关于民国时期各地编修方志的情况，可参见薛虹《中国方志学概论》，黑龙江人民出版社，1984。

曲，无分新旧，但以有关文献及民情者为限，歌谣戏剧亦可甄采"等规定。① 这些规定反映出，"革命烈士"在民国时期已成了方志中表彰的人物类型，"迷信"已经成为一种标签，被利用来排斥和拒绝那些违反"科学"的事物，而那些反映民情的歌谣戏剧则被接受，可以酌量收进方志。据来新夏统计，民国时期编纂的方志有 1500 余种之多②，这些方志虽然体例规格不一，不一定严格遵守上述的修志条例，但在篇目、内容和遣词造句方面，或多或少地反映了清末新政以至辛亥革命带来的政治和社会变化。

不过，就本书的论题而言，我们希望关注的重点，还不是全面去探讨新的国家意识形态、政治价值和规范，对新修方志产生了什么影响。我们希望讨论的，只是以一部方志为个案，探讨在我们前面几章所讨论的从清末以后形成的国家意识与地方文化观念，如何在新方志的编修和内容上体现出来。我们拟分析的个案，是《中华民国高要县志初编》（以下简称民国《高要县志》），这部方志成于 1948 年，内容详尽，体例亦比较完备，可说是民国通志较成熟的典型。在本章，笔者会先简单比较民国《高要县志》与王朝时代编纂的《高要县志》，再透过分析县志编纂的背景，尝试说明为什么民国的县志和过去的县志会有这样或那样的异同，希望呈现民国时期县级地方领袖对一县一省以至一国的认同，如何受清末民国以来的国家观念和民族主义思潮的影响；而在民族主义的前提下表达一种国家身份的同时，这些地方文献如何在字里行间透露出地方领袖对地方利益的维护和认同。

---

① 《国民政府公报》，第 2666 号，1946 年 11 月 4 日（台北成文出版社有限公司 1972 年重印，第 205 册）。

② 参见来新夏《中国地方志综览 1949—1987》，黄山书社，1988。

《高要县志》的纂修

高要县位于广东省西部，民国时总面积约 2800 平方公里①，1947 年全县约有人口 460000 人②，其中大多数居民操粤语。高要县在清代是肇庆府所在地，民国时期，广东省政府设立管辖西江地区各县的行政机构大部分时间也驻扎在这里。因此，高要一直是西江地区的政治中心。

由于高要位于西江中游，西江自西向东从高要穿过，使高要成为两广地区的交通要道，历来是兵家必争之地。1922—1923 年的军阀混战，1938—1945 年的日军侵略，皆对高要造成严重的伤害。在整个民国时期，政治局势不稳，地方自治更多是纸上谈兵，高要一县，亦无例外。掌权的军阀此起彼落，地方议会也时废时兴。1923 年，广东和广西军阀各自委派县长，致使高要一时出现两个县长的局面，最终只能以武力解决。

民国时期，在高要设立的县级政府和省政府的派出机构变动频繁，名目繁多，③ 国民党和军阀不同派系的势力消长不常，而地方上的各种势力也关系复杂。不过，不管在民国时期高要县的政府机构如何变动，高要县的本地士绅始终是地方权力的中心。在 1935 年开始纂修，1948 年完成的《中华民国高要县志初编》的编辑过程，就是当时高要地方权力演变和重整的一个缩影。民国《高要县志》的纂修职名很清楚地显示出，除挂名的总裁是曾任国民党陆军总司令的高要籍人余汉谋，以及挂名的监修是历任县长之外，实际主修的均是具有"前清"功名，同时出任民国官职的本地士绅（详见后文）。而纂修过程所经历的周折，则交织着当时

---

① 广东经济年鉴编纂委员会编《二十九年度广东经济年鉴》，广东省银行经济研究室，1941，第 A114 页。
② 民国《高要县志》，第 38 页，据县政府报告。
③ 肇庆市端州区地方志编纂委员会编《肇庆市志》，广东人民出版社，1996，第 401—404 页。

地方上各种政治势力的复杂关系。

　　高要县的方志，始修于康熙十二年(1673)，续修于道光五年(1825)。咸丰年间曾有续修，名曰《续修志稿》，刊于同治二年(1863)，附于道光志之末。入民国不久，在1915年就有重修县志之议，并已推举筹办员16人，后"以经费无出，议而未行"。其后数年间，地方当局一再拟议重新举办，终因种种周折，一再迁延。其中1919年的一次，已经把纂修的班子都搭好，并聘请了当时著名的晚清遗老东莞陈伯陶出任总纂，"一切规划已粗就绪"，但因为地方势力关系复杂，有人出来以"未经大集会议，手续不完"为由反对，①"而邑人亦有附和之者，于是各董理分纂总辞职，而志局复停办，其后志局或设或停，蹉跎十数年"②。后来又由于军阀混战，地方骚扰，就连志局亦屡遭蹂躏掠夺，"而总纂分纂，既多物故，已成之稿，凌杂纷乱，无人整理"。一直到1935年，才在余汉谋的敦促下，由当时的县长召集地方领袖和文人商议重修县志的事，并决定一面厘定旧稿，一面纂辑新稿。同时主持其事的高要县修志馆馆长梁赞燊在1938年《宣统高要县志》编成时，专门撰写了一篇《始末记》述修志之曲折，并大发感慨曰：

　　　　成书原定以一年为期，乃因人事辗转变迁延滞，历二年而犹未获成也。盖凡一事之成否，莫不有其纡回曲折，如川之赴壑焉，当其未至，逆者、折者、冲者、激者，不一而足，或本进而反退，或若迎而忽拒，此其中有天事焉，有人事焉，畏其难者不能至，视为易者不知其所以至也。自民国四年，吾邑始议修志，至今二十余年，之间所历国家政变至大，人事纤悉之细，纷总离合，不惟可纪述者，变态不穷，而亲其役者之所遭，亦备尝艰苦也。其始议矣，而未必行，行矣，而若或阻之，及既阻而复行矣，而又种种困厄之，若有

---

① 宣统《高要县志》，《重修高要县志始末记》，第1页。
② 民国《高要县志》，《前志源流与修志始末附记》，第932页。

以尼其成者，至于死生之故，人事之变，则尤可痛也。①

读着这些感慨之言，再联系到高要县重修县志之举，迁延反复，几乎经历了整个民国时代，我们不难想象其中交织着多少地方政治的权力斗争和人事纠葛。修志最终得以成事，1935年是一个重要的转折，这除了可能由于当时在国民党中政治地位逐渐上升的余汉谋的直接干预，还可能与当时以士绅为主的地方势力重组有关。

自清末以来，高要县的士绅组织，是两个均以"宾兴"为名的机构。"宾兴"一语，出自《周礼》，原指地方官员宴请地方上有功名士绅的活动，明清时期各地设立用以资助科举考试的基金，往往以"宾兴"为名。② 高要县先后在咸丰四年（1854）以没收的红兵财产置宾兴馆，到同治年间，又因有绅商争夺墟市盈利，最后官方干预，将墟市盈利移作津贴科举考试的基金，并设宾兴局为集议之所。由两个机构设立的缘起看，控制两个机构的势力似乎不完全一致，因此，两个机构虽然大致上都是在地方政府支持下的士绅或绅商组织，但却一直分别运作。民国《高要县志》卷十二《教育》附有一份《宾兴馆纪略》，讲到两个机构的组织方式时说：

> 宾兴馆与宾兴局向分为二，馆以富绅二人主理，三年一举；局则有正有副，一年一举，正局就举人和进士公推之，副局五班（仍旧名）轮举，廪膳生以上皆可膺举，皆无连任，皆不能以他途进。馆局各主管其所有财产，今则并入宾兴馆董事会接管。

这种士绅或绅商组织，虽然在功能上只管理地方用于教育事业的公

---

① 宣统《高要县志》卷首，《重修高要县志始末记》，第4页。
② 在咸同年间，以县宾兴馆的形式开展制度化的宾兴活动在其他地区也十分普遍，参见邵鸿《清代后期江西宾兴活动的官、绅、商——清江县的个案》，载南开大学社会史研究中心编《中国社会历史评论》第4辑，商务印书馆，2002，第75—84页。

产，但在清末民国时期，往往是在地方事务上最能发挥影响的权力机构。① 事实上，在民国初年，高要县地方自治停办，县议事会、参事会解散以后，就曾"以复宾兴局改名合邑总局"，主持一县政事。② 这样两个名称和功能都几乎一样的机构在相当长时期内并存在一个县中，也许隐含了一些值得继续深入探讨的地方权力关系，但这不是本书需要展开的问题，姑且不深究下去。

1935年两个旧的宾兴机构被新组成的宾兴馆董事会接管，不但统管原宾兴局和宾兴馆的事务，并接收了这两个组织的财产，包括房产、地产、猪市、田塘鱼埠等，从中收取租金，收入十分可观。③ 新的宾兴馆董事会，似乎更多地被地方政府所控制，推选出来的董事要由县政府延聘，其中1940年的第三届董事会，甚至是直接由县政府召集的。据1946年发表的《高要县政府施政报告》称，"县立中学的经费百分之九十以上是由宾兴馆支付的"。当时的县长在这份报告中还说，"本来依照规定，宾兴馆的财产是应该由政府去整理，保管和运用的，但本县宾兴馆的组织，在社会上一向有相当的声望与地位，所以在职权、契约、保管，及运用各方面，我都非常尊重宾兴馆各位董事"④，可见，宾兴馆董事会在高要县拥有特殊的地位和权力。由于宾兴馆董事会掌控着县内的学校教育和文化事业的经费，同时也是县政府控制下的地方士绅组织，所以，《高要县志》的纂修，也就与宾兴馆董事会有着密切的关系，例如，在修志局暂行停顿时，其档案即由宾兴馆董事会接管，县政府筹措的修志经费，也曾一度交宾兴馆董事会存储备用，宾兴馆董事会甚至曾经直接资助过修志等。

---

① 最为人们熟知的一个例子就是东莞明伦堂，参见叶少华《东莞明伦堂》，载《东莞文史》，第30期，1999，第151—174页。
② 民国《高要县志》卷六，《政制》。
③ 《高要县宾兴馆产业四刻》，1945，广东省立中山图书馆藏。
④ 《高要县政府施政报告》(民国35年12月25日在高要县参议会报告)，第16页。这里用"宾兴馆"一词，大抵是习惯使然，当时已更名为"宾兴馆董事会"。

由此看来，1935年宾兴馆董事会的组成，应该是高要县的士绅与其他地方势力以及地方政府的权力关系进一步整合的结果，在这样的背景下，《高要县志》的纂修可以另起炉灶并终于得以成事，也就不难理解了。就是从这时开始，由地方士绅组成的纂修人，很快完成了整理修辑宣统《高要县志》旧稿的工作，三年后付梓刊行。至于民国《高要县志》的编纂工作，在这个时候又因战争而一度中断，志局一再迁移。1944年9月，肇庆沦陷，志局人员各怀稿件，四散奔避。一直到1945年8月抗战胜利之后修志工作才勉强恢复，至1947年12月志稿才大体完成，末篇"附记"最后识于1948年。纂修人将既成之稿先付油印了若干本，分送政府机关以供审核。① 1949年，余汉谋作序后再以铅印本印行于世。

语言和内容

由以上所述，我们知道，所谓宣统志与民国志，其实是由同一批纂修人，在同一时间纂辑而成的。这种把记述清代史事的方志命名为《宣统高要县志》，而把记述民国史事的方志命名为《中华民国高要县志初编》的做法，可谓用心良苦。主持两部方志纂修的梁赞燊曾解释为何要分别纂修成两部独立方志，他说：

> 至其大体，原以当时纂修在民国初年，故所纪载断自前清宣统三年止，而今展转又多，历年所情势已殊，吾国政体改革，为古今一大变，端其因果机构，回环变动，见于一邑一乡者，亦纷综而不可穷，而治制之得失，民生之利病，尤有心人所欲考求者也，乃限于体例缺焉弗详。夫修志者何也？为其考古证今，以适时用也。民国成立二十余年矣，今出版之志书，可考见者，只属宣统以前之事，实何适用？为故，宜完成宣统以前之纪载，俾旧有可考，并纂辑民

---

① 民国《高要县志》，《前志源流与修志始末附记》，第931—937页。

国以后之志乘，庶新有可观，无旧者，则新者无所溯其源；无新者，则旧者无以着其变，相资为用，相合而成，而斯志乃得为完备也。①

由此可见，民国《高要县志》的纂修者有很自觉的意识，企图在传统的县志的形式里，表达自清末民初以来陆续出现的新体制和新观念。不过，王朝时代的烙印，在这些编纂者身上仍然清晰可见；而习以为常的传统做事方式与理想中的现代观念之间的冲突，在县志的内容中也得到不同程度的体现。

就体例而言，民国《高要县志》与道光和宣统《高要县志》比较起来，并没有根本性的突破，但其中一些新篇章的出现，以及遣词用字的细微变化，仍然值得注意。例如，过去称为"食货"的一章，在民国版改成"财计"和"生业"；"经政"则改成"政制"。此外，在道光和宣统《高要县志》中，"风俗"只占"舆地"一章的极小部分，而在民国版则自成"礼俗"一章，且占50页之幅。民国志中"氏族""宗教""党务"和"法团"四章，亦为旧志所无。另外，大抵碍于《地方志纂修办法》编纂人物行状"不得稍涉冒滥"的规定，民国志取消了旧方志必然包括的列传，但为了表明该县并非没有贤能之士，仍设"人物篇"，只是其内容仅为"毕业生仕宦表"，列举当代人物的乡贯、学历和官职。三个版本的《高要县志》篇章名目的差异，详见表6.1。

这些篇目方面的变动，当然是在民国时期政府颁布的地方志编纂办法的框架中进行的，同时又受到当时其他地方方志编纂的潮流的影响，绝非民国《高要县志》所独有。1938年著名语言学家黎锦熙在主理编纂陕西《城固县志》时，同时写就了《方志今议》一书，以清代章学诚为代表的方志学以及民国时期新编的地方志（如1936年江苏的《川沙县志》）为讨论对象，并以自己主理编纂的《城固县志》为例，提出新编方志应该包括以下类目：（1）全志之总纲，下分疆域总图、大事年表、建置沿革志；

---

① 宣统《高要县志》，《重修高要县志始末记》，第3页。

(2)关于自然方面者,包括地质、气候、地形、水文、土壤、生物六志;(3)关于经济方面者,包括人口、农矿、工商、交通、水利、合作六志;(4)关于政治方面者,包括吏治、财政、军警、自治保甲、党务、卫生、司法七志;(5)关于文化方面者,包括教育、宗教祠祀、古迹古物、氏族、风俗、方言风谣、人物、艺文八志等。① 民国《高要县志》与《城固县志》在同一时期编纂,不论在篇目用词或具体内容方面,两者都有许多类似的地方。

表 6.1 《中华民国高要县志初编》目录与道光《高要县志》、宣统《高要县志》相应篇目比较

卷数	民国志	宣统志	道光志
1	大事记沿革表		
2	地理	地理篇	舆地略
3～5	氏族	—	—
6	政制	经政篇	经政略
7～9	财计	食货篇（赋税、盐法、仓储、禄饷）	经政略（田赋、禄饷、盐课、积贮）
10	生业	食货篇（实业、物产）	舆地略（物产）
11	堤防	地理篇（水利、堤工）	水利略
12	教育	学校篇	建置略（学校）经政略（学制）
13	礼俗	地理篇（附风俗谣谚）	舆地略（风俗）
14	党务	—	—
15	法团		
16	宗教	地理篇（坛庙、丛禅、寺观）学校篇（教会学堂附）	建置略（坛庙）经政略（祀典）
17	营建	营建篇	建置略

---

① 参见黎锦熙《方志今议》（黎序于 1939 年），收入《方志学两种》，岳麓书社，1984。

续表

卷数	民国志	宣统志	道光志
18	交通	经政篇（驿递）	—
19	救恤	经政篇（赈恤）	经政略（恤政）
20	人物（毕业生仕宦表）	职官篇、选举篇、人物篇	职官表、选举录、宦迹录、列传
21	艺文	艺文篇	金石略
22	兵事记	—	—
23	前志源流与修志始末附记	—	—

新名词和外国书籍的利用，也是民国《高要县志》有别于旧志之处。不过，用了新名词不一定代表用者对这些名词及其产生背景与使用语境有透彻的认识，也不一定意味着用者对这些词汇已习以为常。在"财计"一章中，编纂者讨论了"经济"一词的意思，也提到亚当·斯密（Adam Smith）的名字，但他们首先指出的，是西方"经济"的观念和传统中国"经济"这个词的联系，谓"经济二字，吾国所惯用者，犹言经国济时之各云尔"①。当述及农业人口时，编纂者也用上了"农民"一词，并且按照政府的分类，把农村人口分成"田主""自耕农""半自耕农"和"佃农"几个类别，这些从社会主义的意识形态出发的分析概念，是1920年代以来中国社会学家所惯用的。1920年代，卜凯（John Lossing Buck）在中国做的经济调查，1926—1933年西德尼·甘博（Sidney Gamble）和李景汉在河北定县做的社会调查，都运用了这些概念，按照土地的拥有情况，对农村人口进行分类。② 民国《高要县志》的编纂者，明显受到这种学术风气影响，然而，这些词汇并没有深入他们的分析框架和日常语言中，在其他章节里，"农民"这类词是不常见的。更常见的，是传统县志惯用的"县人""乡

---

① 民国《高要县志》，第277页。
② 参见 Morton Fried, "Community Studies in China", *The Far Eastern Quarterly*, Vol. 14, No. 1, 1954, pp. 11-36。

民"和"邑人"等用语。

在"礼俗"一章，民国《高要县志》的编纂者花了不少篇幅，论证拜祭祖先是宗教的一种，对团结"国族"有益，甚至引用了日本学者中西牛郎（Nakanishi Ushiro）所著《支那文明史论》使用的"祖先教"一词，证明他们所言非虚：

> 按日人中西牛郎所著《支那文明史论》，以吾国俗崇祀祖先，称为祖先教，谓祖先教之势力，卓越于世界万国，吾国人所以不轻去其乡者，以祖宗坟墓所在，有以维系其心，故虽居海外，而以劳力所得资金汇归本国者，每年数额甚巨，由祖先教之势力驱使之也，而家族之团结，形成为国族之强固，肇端于此矣。①

在"礼俗"篇中，编纂者把拜祭祖先纳入宗教的范畴，以便与"迷信"区别开来，明显地，"宗教"是这群编纂者可以接受的一个概念。与上述黎锦熙拟定的"宗教祠祀"含儒教、道教、佛教、基督教等类目的情况相同，民国《高要县志》"宗教"篇包括的宗教，是佛教、天主教、耶稣教、回教和道教。在这些论述中，宗教的对立面便是"迷信"，民国《高要县志》的编纂者在论及道教时，又运用了"道教"和"道家"两个词，把民间道士的活动和哲学层面上的道家思想，予以清楚的区分：

> 道教起于周末之老聃作《道德经》，世称道家，而不以教名也。自东汉张道陵以符箓禁咒之法行世，其子衡、孙鲁，相继遵行其道，鲁并于汉中立鬼道教以教民。北魏寇谦之，奉老聃为教祖，张道陵为大宗，而道教之名始。……后世所奉行之道教，更参杂多神的魔术与魔儿学，对于各种自然势力各有专神……降及现代，神权衰落，

---

① 民国《高要县志》，第674页，原文没有断句和标点，标点为引者所加，下同。《支那文明史论》早在1902年便翻译成中文，由上海普通学书室出版，《高要县志》的编纂读过的，很可能是中译本，参见谭汝谦编《中国译日本书综合目录》，香港中文大学出版社，1980，第452页。

庙观日毁，道教益见陵夷。……凡此种种迷信，咸当破除，而教育未普，科学未昌，民智未开，习俗未改，德治未敷，法治未立，神道立，自有其自然的存在与功用。此识者所由倡言加强国民教育之发展也。①

运用二分法，把自己能够接受的信念和行为和不能接受者予以区分，是传统中国读书人常见的思维方式，即使在今天大多数人都接受过辩证法的教育的年代，还是有不少人坚持这种机械的观点。民国《高要县志》运用了大量19世纪以来从西方或日本传入中国的新名词，反映了他们传统的二元论的旧思想。在"宗教"这一章里，我们读到"宗教"这个从日本移植过来的西方观念（其他用词如"多神""魔儿术"和"神权"，似乎也是从日本移植过来的），②也读到像"神道"一类的中国本土用词。不过，无论是外来的新观念还是本土的旧词汇，编纂们似乎都按照自己的理解和诠释去运用。上文已经论及他们怎样硬把传统中国"经济"一词和近代西方的经济观念相提并论；在"宗教"一章里，归类为"宗教"的信仰，是他们所认可的，而他们所反对的，是他们称为"神道"的迷信神鬼之道，尽管"神道"原来在《易经》的意思，一般是被理解为自然规律的。③

必须注意的是，迟至1940年代末才编成的民国《高要县志》，所援引的"新"知识，大部分都是19、20世纪之交的出版物。例如，吴汝纶（1840—1903）在1900年著的《深洲风土记》，严复（1854—1921）根据英国学者爱德华·詹克斯（Edward Jenks，1861—1939）的 A History of Politics（《政治史》）一书翻译、在1904年出版的《社会通诠》，都是民国《高要县志》编纂者一再引用的书籍。这些在差不多半个世纪以前堪称时髦的著

---

① 民国《高要县志》，第754—755页。
② Myron Cohen, "Being Chinese: The Peripheralization of Traditional Identity", in "The Living Tree: The Changing Meaning of Being Chinese Today", *Daedalus*, Vol. 120, No. 2, 1991, p. 129.
③ 有关"神道"原来的解释，见黄寿祺、张善文《周易译注》，上海古籍出版社，1990，第173页。

作，在1948年却仍被民国《高要县志》的编纂者引为"新思想"的根据。

明显地，用上新名词并不代表换掉旧脑袋。从民国《高要县志》的内容和用词可见，民国年间的地方读书人，在传统和现代之间左右徘徊，他们和遗老大不相同，他们服膺民国，很愿意去学习和采用新的思想和国家意识。如果我们还记得本书第五章讨论到民国时期民俗学的兴起对中国读书人世界观的影响的话，我们就不难明白民国《高要县志》的编纂者关于"宗教""迷信"的二分法是如何产生的；他们为什么愿意花较多篇幅去讨论地方风俗和礼俗，也变得可以理解了。不过，囿于他们过去的背景，他们在运用好些新名词的时候，不自觉地露了马脚。要明白两者之间的冲突，我们有必要了解这些编纂者所追求的新一代读书人的理想形象与他们自身的教育和成长背景，到底有何差异。

新旧交替的地方读书人

在大多数人的心目中，读书人的理想形象如何，和当代社会升迁的标准大有关系。民国《高要县志》的"人物"一章，让我们了解到民国时地方贤能的标准。县志编纂者肯定了大学毕业生的地位，并且用表列了清末以来高要县的大学毕业生和官员的人名。① 在表上列出的613人当中，513人标明了其教育程度，其中一半接受过大学教育。明显地，在废除科举后的40多年中，接受过西式的大学或中学教育，已经成为中国社会厘定个人升迁的准绳。

不过，编纂者本身的教育背景和他们所列举的新一代读书人的状况便有很大距离了。6名纂辑全为晚清科举之士，其中2名是贡生（一为拔贡，一为岁贡），2名是廪生，1名是附生，只有位列首席的梁赞燊是举人，在15名采访和5名干事中，有5名是前清附生，7名毕业于新式学堂。就业情况方面，3名纂辑和3名采访曾任学校校长，包括高要县最

---

① 民国《高要县志》，第791页。

有名的省立肇庆师范学校、肇庆省立中学、高要县县立中学等；其中 2 人曾经有在日本的华人翻译学堂任教的经验，2 人曾任高要县和英德县的教育局局长。部分编纂者曾在其他县份担任过县长或其他政府部门的局长/秘书。此外，全部编纂者都有过当县议员的经验，有些曾任村长，也有参与过管理地方文化和财政事务的委员会的。① 这些人的履历，和本书第二章讨论到的清末乡土志和乡土教科书的编纂者的背景几乎是一样的。

在这些编纂者里，陈德彬和梁赞桑的生平最能说明世纪之交的读书人在地方事务上扮演的角色。在民国《高要县志》中，由陈德彬负责的篇章包括大事记、政制和军事，而梁赞桑负责编纂和修订的，则有地理、礼俗、物产和人物等篇。陈德彬是晚清廪生，早在 1915 年，他便参与宣统《高要县志》的编纂工作，除了担任肇庆省立中学的校长，他还是高要教育局的局长、县议员，又曾出任岭南道尹（道尹是民国年间设立，位于省和县之间的行政机构）和代理南雄县知事；他的儿子在广东省教育部出任秘书。② 此外，陈德彬又是宾兴馆董事会财产整理委员会的成员，可见其在地方财政事务上影响非轻；其他既是民国《高要县志》的编纂者又属宾兴馆董事会成员者，还有在 1944 年出任高要县临时参议会参议员的吴远基。③

五四运动期间，陈德彬出任校长的肇庆省立中学的学生和肇庆其他学校的学生联合起来，成立了肇庆学生联合会，组织了一系列的示威游行活动。其间，陈德彬开除了两名学生，据称原因是学生参加游行活动完毕，回校时发现膳堂不再供应饭食，提出投诉。④ 当时，北京政府和

---

① 有关编纂背景乃参考该县志的"纂修中华民国高要县志初编职名"和散见于县志中的其他数据综述。
② 民国《高要县志》，第 57—60 页。
③ 见《高要县宾兴馆产业四刻》，1945。
④ 郑放、何凯怡等：《五四运动在广东各地》，《广东文史资料》，第 24 期，1979，第 46—62 页。

广东政府对学生活动都持敌对态度。1919年5月31日,广东省省长翟汪发出电报,要求各校校长停止学校一切反日活动,以免损害中日关系。① 陈德彬开除两名学生,大抵是因应上级的命令而做的杀一儆百之举。我们很难仅凭此事便给陈德彬贴上"保守""反动"的标签,但至少我们可以说,在五四运动期间,陈德彬和学生运动领袖之间的关系颇为紧张。

梁赞燊(1874—1961)是举人出身,清末在两广方言学堂任地理教员,曾编纂《两广方言学堂地文学课本》,简述西方地理、天文、人种等学,可见其颇能适应清末教育改革的时势,绍介新知。② 其后在肇庆府立中学任教历史和伦理,该中学的前身是晚清教育改革期间成立的端溪书院;除了肇庆府立中学,梁还在其他省立的新式职业中学任教。自1920年起,梁赞燊出任广肇罗甲种农业学堂校长,该校于1923年易名为省立第四师范学校,1935年改称省立肇庆师范学校,一直由梁担任校长至1946年止。1928年12月,梁曾致函广东省教育厅,谓粤曲粤剧庸俗淫亵,建议在学校禁止排演。梁还建议禁止男女同校和男女同台演出③,其不脱旧士绅本色,由此可见一斑。除了参与教育事务,梁亦是肇庆修理城濠公所总理。④ 抗日战争结束后,梁赞燊退休,随即主理高要县文献委员会,编辑出版前代名人著述。中华人民共和国成立后任政协广东省委员及广东省文史馆馆员。⑤

身为校长,民国《高要县志》的编纂者对地方的文化和教育事务特别

---

① 见《广东督军莫荣新,省长翟汪,省会警察厅厅长魏邦平等镇压广东五四运动的报告,函电》,《五四运动在广东各地》,《广东文史资料》,第24期,1979,第63—65页。

② 梁赞燊履历见《两广方言学堂同学录》,1936年重刻;梁编纂的《两广方言学堂地文学课本》,由清风桥文茂印局印行,出版年不详。

③ 《训令第581号:禁止男女学生不得共同演剧及演习戏曲俗乐曲》,载《广东教育公报》,第1卷,第6期,1928年12月,第88—89页。

④ 民国《高要县志》,第28页。

⑤ 民国《高要县志》,第650页。梁诩:《纪念先父梁赞燊》,《高要文史》,第1期,1985,第43—53页;梁诩乃梁赞燊之子,于1992年8月19日在肇庆接受笔者访问。

关心。在县志中，他们感叹地方文化败坏，而他们提出的改革地方风俗的解决方法，就是有选择性地吸取中国和西方的知识，加以利用。对于他们来说，中国文化的主体始终是他们所认同的儒家思想。在民国《高要县志》中，编纂者多番引用四书五经来强调自己的论点。尽管为了展示高要文化的科学和现代面貌，编纂者在"艺文志"一章的"杂录"中，收入了几本本地人编写的科学和数学教科书，但在这一章的首页里，排列在首位的仍是传统的经史。尽管儒家在民国时期的地位大不如前，民国《高要县志》的编纂者也清楚地表达了他们对儒家思想的拥护。①

地方志里的国家文化

正如本书在一开始便指出的，"文化"这个概念自清末出现以来，到了民国年间，已经成为中国知识分子的核心关怀，像民国《高要县志》编纂者一类的县级地方领袖也不例外。在他们的行文叙述中，"文化"这个用词频繁出现，并经常与他们自以为遵循已久的"儒道"相互配合。陈德彬在《高要县宾兴馆产业四刻》就宾兴馆董事委员会对地方教育事业的支持曾经发表了以下一番议论，并将之插入民国《高要县志》的"教育"一章里：

> 前此二十余年间，邑局屡复屡废，辛苦护持，以有今日，追思前人饷遗之劳，深维文化事业之重，凡我县人，当永永念之，保而勿失。今则赢入岁计，继长增高。清严几道有言曰："丰啬之间，种族之盛衰系焉。"而吴挚甫纪深州风土谓："风俗推迁，时升时降，转移之任，必归之文儒，儒道盛则蒸蒸日新，儒道衰则不及其故。"严

---

① 这和南京政府及广东当局的政策是不谋而合的。1929—1936 年，广东由军人陈济棠主政，大力提倡读经祭孔，陈济棠下台后，南京政府取消春秋二祭，但保留孔诞纪念。1948 年，南京政府甚至全面恢复祭孔，参见 Choi Po King, "Education and Politics in China: Growth of the Modern Intellectual Class 1895-1949", (unpublished D. Phil. dissertation, Oxford: University of Oxford, 1987), p. 267。

氏之所谓种族，非必全民种族之谓，凡一乡一邑一姓一族或一社团而为群之所聚者，皆是也。吴氏之所谓儒道，即今所谓文化也。考之欧美富强之迹，证以严吴两氏之言，盖灼然其不惑矣。①

另一编纂梁赞桑为《高要前代名人著述汇钞》撰写的弁言，"文化"一词出现次数频繁，而其对"文化"的诠释，与陈德彬将"文化"等同为"儒道"，亦颇有异曲同工之妙：

> 世衰道微，文化益落，匹夫有责之义，未之敢忘。余献身教育事业逾四十年，自愧所学浅薄，无补于时，今虽奉准退休，而刻苦耐劳如故，未尝一日敢废学也。余窃不自揆，颇以斯道斯文之责，引为己任。而关于本县，每欲保存既往之文化，提高现在之文化，发展未来之文化，固知力未能逮，而窃有志焉。
>
> ……所谓保存既往之文化者何？吾县自昔文化不弱，闻人踵起……夫所谓文化者，其涵义颇广，原非区区以所著述之文字为限，而要不能不托于文字与著述以传。吾县前代名人之著述，为当时文化之结晶品，足以沾丐仪范，后人不少，而不可放失者也。
>
> ……所谓提高现在之文化者何？夫文化之界说有二：其属于文词科学者曰文艺；其属于道德教化者曰文德。……今人提倡语体文，而以为新文化，非所谓言而无文者耶？夫文用各有当，吾非谓语体文必不足尚，而以为文言文不可废，而当从事习学者也。……语体文惟施之告语群众，及记录口语为宜；若夫国家高文典册，乡邑志乘，而可以语体施之乎？语体文者为文中最粗浅之一部，若其精深优美之境界，非文言文无由载之，亦无由达之也。
>
> 若夫未来之文化，如何进展，如何能发扬光大，非今日所能知，亦非吾人近日所能豫定。惟是能承其先者，然后能启其后；能浚其

---

① 《高要县宾兴馆产业四刻》，1945，第 4—5 页，着重号为引者所加，下同；民国《高要县志》，第 660 页。

源者,然后能衍其流,故必先能保存既往之文化,提高现在之文化,庶能发展未来之文化也。夫文化者,往者过,来者续,递嬗而不穷者也。盛而衰,衰而盛,亦循环而不已者也。盖有人能维持之振兴之则盛,无人维持之振兴之则衰。一国一县一乡之文化盛,则其国其县其乡富强而光荣;否则愚暗萎落,有必然者。夫斯道斯文,人皆与有其责者也;一县文化之兴衰,亦一县之人同负其责者也,愿与邑人共勉之!①

梁赞燊一方面跟随了民国知识分子的大流,习以为常地使用了"文化"这个概念;另一方面,他对"文化"的理解,显然又与提倡新文化运动者不同。虽然他意识到在当时的讨论中,"文化"这个概念所包含的已不仅限于文字的产物,但他也认为,文字始终是让文化得以传世的媒介。他虽然没有明言反对语体文,但是他用了"群众""粗浅"和"国家高文典册""精深优美"两组表述,来分别说明他心目中语体文和文言文的分工,显然表示了他对新文化运动和新文学都没有好感。

在这种"文言文/语体文""雅/俗"对立的语境中,梁赞燊将"国家高文典册"和"乡邑志乘"相提并论,接下来又把一国和一县一乡的文化的命运联系起来。在本书第二章有关晚清乡土教材的讨论中,我们已经了解到,地方文人在编撰乡土志和乡土教科书时,竭力将他们所属的"乡土"(一省或一县)与正在形成的国家观念连接起来,梁赞燊"一国一县一乡之文化盛,则其国其县其乡富强而光荣"这句话,可以说是清末乡土教材叙述逻辑的延续。不过,在清末的时候,"国家"这个概念尚在模铸中,不论是清政府、革命党,还是体制内的读书人,都在各自的空间参与这场论辩。然而,到了民国时代,定义"国家"这个概念的权力,渐渐收归到具体的政权手上,并且成为当权者巩固自己地位的重要资源。1928年,国民政府至少在名义上统一中国,定都南京,随即着手在物质建置和意识形态

---

① 梁赞燊编《高要前代名人著述汇钞》,"弁言",高要县文献委员会,1948,着重号为笔者所加。

上建造一个有助于稳定政权的国家制度和国家观念。

在1948年完成编纂工作的《高要县志》作者，可能在地方上拥有一定的政治和经济力量，但他们不会忽略在意识形态上与中央政府保持一致的需要。对于民国《高要县志》的编纂者来说，时至1930年代，最重要的国家文化路线的指标是新生活运动。1934年，南京政府在全国各地推行新生活运动，成为改革社会最重要的纲领。尽管这个运动在名义上是要鼓吹"新"生活，但在理念和实际推行上，更重视的却是维持旧道德。这样正中《高要县志》编纂者的下怀，他们改革社会风俗的见解正好在新生活运动的基础上加以发挥。民国《高要县志》的"礼俗"篇，在叙述完当地的婚姻、丧葬、祭祀、岁时娱乐及纪念活动的新旧习惯后，另辟"人民生活与新生活"一节，其中有云：

> ……鼎革以还，百废具兴，文明日启，社会之风习浸移，而人民之生事亦渐裕，于是口体之养，居处之安，服物器用之华，行旅交通之便，亦日事讲求矣。然或奢而无节，或俭不中程，或不适卫生，或不由秩序，亦比比然也。近年来政府乃有新生活运动之提倡，所谓新生活运动者，欲涤除我国国民不合时代不适环境之习性，使趋向于适合时代与环境之生活，质言之，即求国民之生活合理化，而以中华民国固有之德性——礼义廉耻为基准也，国民生活如何始得高尚，曰生活艺术化，如何始得富足，曰生活生产化，如何始得巩固，曰生活军事化，三者实现，是谓生活合理化，合理化所赖以实现之事曰衣食住行，使我国国民以礼义廉耻为规律，实现食衣住行之中，如是则生活之内容充足，条件具备即谓之新生活（语本《新生活运动纲要》）。新生活者二十二年二月十九日　总裁蒋公始倡于南昌行营，翌年二月通令全国施行，本县于二十五年组织新生活运动促进会推行之，于是人民亦多有讲求新生活者。①

---

① 民国《高要县志》，第683页。

以上有关新生活运动的讨论，实出自蒋介石就新生活运动发表的某次演说。① 蒋介石清楚地指出，新生活运动其实没有什么"新"可言，只不过要求人民按照传统中国礼义廉耻等价值观，"合理化"他们的日常生活。国民政府重新解释传统的儒家价值观，为其现实的政治需要服务。正如阿里夫·德里克（Arif Dirlik）指出的，新生活运动的重点并不在于再次肯定传统，其所表现的保守主义，实际上是"现代反革命的保守主义"②。

国民政府推动的新生活运动，在1930—1940年代给中国的国民身份赋予了一层更偏向集体的定义。新生活运动要求国民生活"合理化"，是由于国民政府认为，中国之所以积弱，是因为不良风俗和习惯导致中国的国民性充满弱点，只有促进国民生活的进步，中国才有前途。这样的"国民"观念意味着个人的行为和生活选择，必须优先考虑国家的需要，也就是说，集体的观念高高凌驾在个人的观念上。至于怎样才算是"合理化"的生活，蒋介石的答案是生活必须"美育化""生产化"和"军事化"。军人出身的蒋介石，自然认为"军事化"是治国良方，甚至把新生活运动等同于一场军事化运动，目的是统一国民精神和行为，使他们愿意随时为国牺牲。③ 换句话说，按照当时国民政府的方针，统治国家的最佳办法便是把国家视为一支军队，国民最值得效法的楷模就是军人。国民政府这种意识形态，在德国纳粹主义和意大利法西斯主义高涨的年代，不但有迹可循，而且对许多人有相当吸引力。

清末民初以来，军人地位急速上升，也为国家军事化奠定了基础，④这在地方的建设和文献上也有所反映。1920年代，前任肇庆督军倡建"肇军忠烈祠"，借以突出军人的地位；1939年，"肇军忠烈祠"易名为

---

① 蒋介石：《新生活运动》（叶楚伧记录），正中书局，1935，第87页。

② Arif Dirlik, "The Ideological Foundations of the New Life Movement: a Study in Counterrevolution", *Journal of Asian Studies*, Vol. 34, No. 4, 1975, p. 968.

③ 蒋介石：《新生活运动》，第42—43页。

④ Hung-mao Tien, *Government and Politics in Kuomintang China 1927-1937*, Stanford: Stanford University Press, 1972, p. 178.

"高要忠烈祠",纪念在抗日战争中阵亡的将士。在民国《高要县志》的"人物"一章中,513个人物列有教育背景,其中入读军事学堂者便占了五分之一。在230名列有官职的人物中,超过四分之三是军人。这是过去的县志从来未有的。在旧志选举表中,固然会列上武举人,但一般从军者的名字,是不会列入地方志的。

新生活运动鼓吹生活"美育化",民国《高要县志》有关艺术和音乐的篇幅也比过去的县志为多。在国家主义膨胀的年代,《高要县志》的编纂者提倡"国乐"是自然不过的事,但到底何谓"国乐",却似乎不是这些编纂者能够正面回答的问题,我们只能从侧面找出答案。如上所述,编纂梁赞燊在任职省立第四师范学校校长时,曾致函广东教育厅曰:

> 近日粤乐盛行,各校学生往往有口唱戏曲,手奏俗乐者,以学校尊严之地,几如优伶演习之场,引嗓高呼,形骸放浪,无益学业,尤荡人心。职校教授乐歌,除通习之风琴,纯正之乐曲外,其他一切戏曲俗乐,概行禁止。

梁这番建议,得到当时的广东教育厅厅长黄节的认可,黄节同意"戏曲俗乐均应严禁学生演习",并下令所属学校一体遵照。① 梁赞燊既有这种见解,在《高要县志》里,粤剧被认为是"淫、糜、哇、俗",不能登"大雅之堂",和西洋音乐不能同日而语,就不足为奇了。② 梁赞燊这种见解在当时的教育界具有一定的代表性,在几年后召开的广东省第四次教育会议颁布的"初中音乐科教学纲要"中,也有谓:"歌曲宜多选活泼、雄壮、快乐、积极者,其悲哀、颓废者,最好少用。至时下流行之卑劣歌曲如粤曲、梵音、电影歌曲,及黎锦晖一流之作品,绝对禁止使用。"③

---

① 《训令第581号:禁止男女学生不得共同演剧及演习戏曲俗乐曲》,载《广东教育公报》,第1卷,第6期,1928年12月,第8889页。
② 民国《高要县志》,第83页。
③ 邓章兴主编《广东全省第四次教育会议提案之四(1):修订初级中学校各科教学纲要》,1934。

民国《高要县志》虽然收入了几首粤曲，不过，都一律归类为"杂乐"，而非"歌曲"。粤曲和粤剧在 1940 年代在省港澳、东南亚甚至上海都有相当的市场，但部分地方读书人却嗤之以鼻，除了因为个人的喜好，也由于他们正在极力追求一种新时代的国乐，这实际上也出于肯定他们精英身份的需要。既然地方乐曲不能登大雅之堂，在作曲和器乐运用方面不得不借助于西洋音乐，那么，国乐的"国"的成分，又在哪里体现呢？我们可能只能在歌词里找到痕迹。民国《高要县志》收录并归类为歌曲的，有以下几首歌曲，也许可以反映民国地方文人对国乐的定义：

《公余服务团歌》
　　世界不容有自了汉，事业我们要一起干，
　　民族何能沙般散，革命何能自由惯。
　　今天是群众的时代，我们的眼睛要清楚看，
　　集体的生活，群众的运动，克服人们私与懒。
　　同志们，机关要如学校，
　　饭一起的吃，事一起的办，
　　我们团体的精神，光明灿烂，
　　我们团体的精神，光明灿烂。①

公余服务团是抗日战争期间广东省政府从广州迁往曲江县时，由省政府秘书处设立的组织。为了鼓励士气，齐整军心，服务团提倡"机关学校化"，鼓吹政府官员在公余时间过集体生活。团歌的作曲者黄友棣，是中山大学教授，也是广东艺术及技术学院音乐系系主任。黄友棣本籍南海，但在高要长大。歌词的作者梁寒操（1899—1975）是高要人，位居国民党中央宣传部部长。黄梁二人的学术和政治地位，以及他们和高要的关系，再加上公余服务团的政治背景，决定了他们的音乐创作能够得到《高要县志》编纂者的认同。"机关学校化"这个概念，对于身为校长的编

---

　　①　民国《高要县志》，第 879 页。

纂者来说，更无任何理解的困难。这都进一步造就了军法治国的基础。

肇庆师范学校的校歌，更把高要的地灵人杰，个人的前途升降，以及对国家的认同，巧妙地结合起来：

《肇庆师范学校校歌》

    洪维我校，位西江之阳，
    江水泱泱，发源乎滥觞，
    盈料[科]而后进，放乎四海，惟有本者积厚流光。
    问学为枢，力行为兴，日进无疆。
    人之范乃师之良，群之秀乃国之光。
    五育十准，相勉毋忘，艰难百折，方日进于荣昌，
    熏陶乐育，源源不息，与江水同长。①

出现在歌词中的种种有关国家的比喻，尽管从文学的角度看来，技巧并不特别高明，但却显示出作者把地方认同和国家认同联系起来的努力。这种认同感，当然也只有和个人的前途挂钩，才能变得更有实质意义。肇庆师范学校的学生，在为自己是高要的精英感到自豪的同时，当然也希望更上一层楼，成为国家的精英。不过，这样充满国家意识的歌词，当时的广东学生是否能够用"国语"唱出，却又是另一码事。民国年间，国语运动在广东一直推行得不太成功，迟至1941年，广东省政府教育厅出版了黄友棣的《怎样指导学校音乐活动》，其中就曾经提到："但我们却常听到许多不伦不类的国语歌声，这真是教人人不安的演唱。虽然，我们也不能太苛求；但差得太远，或唱出那些粤戏的'戏棚话'，却真是怕人。"黄友棣建议，教师在进行音乐活动时，让学生"唱完国音时，也唱唱地方语。一方面使他们灵巧地善于变化，一方面也使他们感到国音较利于歌唱。站在教师的立场，为了要把国语普及的工作做得更好，实在

---

① 民国《高要县志》，第878页。

应该奖励国音歌唱的"。①

在"国民"身份凌驾一切身份的情况下,民国《高要县志》的编纂者如何表达地域身份呢?上述陈德彬在县志中引用他自己在《高要县宾兴馆产业四刻》中撰写的附识,就是把对严复使用的"种族"概念的理解扩充到"凡一乡一邑一姓一族或一社团而为群之所聚者"的意义上去,使我们再一次联想到清末各地编撰乡土教材的地方文人,如何竭力地把爱乡和爱国之情联系起来。

与清末乡土教材的编纂者类似,民国《高要县志》的编纂者不忘在联系爱乡爱国之情的同时,表达其对一乡之中族群异同甚至高低之别的见解。在"氏族"一篇中,编纂者根据采访数据和族谱记载辑集了116个姓氏的源流与现况。编纂者认为,氏族的演进反映了"文化之启辟与社会组织之形成而巩固"②。如前所述,高要县以广府人为主,编纂者在"氏族"篇的附记里,对县内客家人和疍民的叙述,虽然没有直接诋毁之词,但字里行间还隐含着许多内外之别:

> 岭南乃古代百蛮地域。本县僻处西偏,益臻芜秽。传前朝为徭人窟完[疑"完"字为"穴"字——引者],事殆不诬,惟近世久经绝迹,居民皆为汉族。其有籍属稍殊者为客家。据考证者言,客籍语存古代中原语,殆与汉族同种。……客语与东北江客籍相通,然与吾人往还,则操粤东普遍语。彼此两无町畦。其人习勤耐苦俭啬,有古唐魏风,惟文化不振,迩岁以地力尽辟,走南洋群岛以资生者逾千焉。外此本县略有蛋户,其种源说者虽纷而多臆揣,以水为生,捕鱼与载客乃其业,亦有为商者,礼俗与吾人殊。清代颇歧视,不得与陆上人杂居,丁口不过二三千人。他如福建系县境无之。本县民

---

① 黄友棣:《怎样指导学校音乐活动》,广东省政府教育厅第一科,1941,第36—38页。

② 民国《高要县志》,第106页。

众纯粹汉族，客籍蛋户外，无可纪者，用附载焉。①

笔者无法查考是否所有列举在"氏族"篇的姓氏都算广府人的，是否在当时俱被界定为"纯粹汉族"。不过，从以上引文可见，民国《高要县志》认同的"吾人"，并不包括客家和蛋民。我们也不要忘记，高要也一度是咸同年间土客械斗甚烈的地方。虽然随着客家学的兴起，编纂们已经没有使用"客匪""客贼"等污蔑之词，甚至认识到有考证者说"客籍语存古代中原语"，但他们对客家人是否属"汉族"的态度仍然是十分暧昧的，否则，不会用"殆与汉族同种"这种说法；至于蛋民，编纂们虽然说他们的来源众说纷纭，但他们甚至连"殆与汉族同种"这种含糊的说法也不加上一笔。明显地，在民国《高要县志》的编纂者眼中，客民和蛋民并不算是"吾人""邑人"或"县人"，对于发展一地一邑之文化，似乎是无关痛痒的。

地方利益与民族大义

在观念的层次上，把高要人的地域认同和国家认同联系起来，即使在逻辑或事实上不能互相配合，但要在理念上说得通并不困难。不过，在现实生活中，当高要县的利益和广东省的利益，甚至中央的利益有冲突时，县志的编纂者便得在忠于国家的外衣下，巧妙地表达他们对地方利益的维护。

例如，作为一种地方文献，对本地的军事将领推崇备至，在抽象的意义上，本来是十分符合国家鼓吹军事化的主张的，不过，当这个军事将领和中央政府的领导人有矛盾时，地方志对他表示推崇，便无异于挑战中央，不得不步步为营。民国《高要县志》对于余汉谋的处理，便是这样的一个例子。

余汉谋（1896—1981），高要人，自1930年代开始便成为广东政治和

---

① 民国《高要县志》，第248—249页。

军事方面举足轻重的人物。1925年,他还是陈济棠部下的一名军长,1936年,余汉谋与蒋介石合作,推翻陈济棠的政权,随即被蒋擢升为广东第四战区副司令长官。抗日战争期间,余汉谋担任第七战区司令长官,1936年,又担任新生活运动协会的训导。① 在1930年代后期的广东,余汉谋实际上取代了陈济棠,成为蒋介石认可的最高军政领导人。

余汉谋在高要县自然也地位显赫。他出资支持高要县好几间寺庙和名胜的建设与维修工程,又捐款与高要县立中学,兴办"余汉谋图书馆"。② 1935年,他甚至被列入"高要五君祠"。五君祠的前身是1922年兴建的"三君祠",为纪念在水灾期间捐献过的三名本地人士而建,易名为"纪念五君祠"后,纪念的人有余汉谋,还有曾任广东省政府财政厅参议的高要人梁祖诰。③ 活人得以"入祠",可见余汉谋在高要的地位非比寻常。尽管民国《高要县志》的编纂者不为生人立传,但余汉谋的背景和抗日的英勇事迹,在"兵事记"等篇章中占据了不少篇幅,赞扬他"德器深厚,勋名显赫"。④ 更重要的是,我们前面已经提到,《高要县志》的纂修,就是在余汉谋的敦促下进行的,他还被奉为民国《高要县志》的"总裁"。可以说,在政治的层面上,余汉谋是民国《高要县志》的总后台。

不过,在高要以外,余汉谋的地位和名声却不无争议。1938年10月,广州沦陷,舆论认为与余汉谋大有关系。据某些人回忆说,日军情报人员透露,余汉谋曾派代表与日方代表会面,并答应采取不抵抗政策,弃守广州。1941年,国民党派驻邮局的情报人员发现余汉谋写的一封列有向日军投降条件的信函。⑤ 不论真相如何,面对对余汉谋不利的舆论,民国《高要县志》的编纂者下了一番注脚,为余汉谋辩护:

---

① 萧继宗:《新生活运动史料》,中国国民党中央委员会党史委员会,1975,第210页。
② 民国《高要县志》,第78、88、652页。
③ 民国《高要县志》,第761页。
④ 民国《高要县志》,第791、907页。
⑤ 何崇校、刘作、周养浩:《抗日战争中余汉谋与侵略军的勾结》,《广州文史资料》,第18期,1980,第153—166页。

广州陷后，一时舆论对汉谋极端责备，在渝粤籍中委致词，汉谋亦将此次前后应战经过，详细缕电各方，毫无欺饰，深自引咎。其后蒋委员长抵曲江，对汉谋云："粤省情形复杂，我最知，外间责备既多，拟将尔革职留任。"汉谋以处分太轻，恳请加重，谓苟于国家民族有利，虽牺牲个人，绝对甘心。委员长不许，谓以后倚畀之事正多，并以忠诚负责和平稳厚等语慰勉之。①

县志更进一步引用蒋介石致广东中央执行委员会的电报，谓自己必须对广州沦陷负上责任。尽管此电文并没有提到余汉谋三字，但编纂者下的结论却是，"释此电文，委员长对此粤事，引为己责，而于汉谋不废法而勖勉有加，是以则汉谋平日为人自有以上结委员长之知，而委员长亦可谓善将将也矣"②。由于民国《高要县志》迟至1948年方编纂完成，上述这番维护余汉谋的话，不但是针对抗战期间的舆论的响应，更企图营造出余汉谋在1940年代后期与蒋介石关系良好的形象。其实，余汉谋长期在陈济棠手下，蒋介石对他的信任大抵有限，而他对蒋介石的忠诚，很可能也是三心二意的。1942年，眼见国军节节败退，一些地方将领企图向中央政府的权威提出挑战，据说余汉谋便是与广西军事领袖李济深（1885—1959）达成协议的将领之一，他同意一旦重庆政府崩溃，便共同合作。③ 也有一种说法是，1944年左右，余汉谋与部分地方军事将领达成协议，对日军不予抵抗，任由日军摧毁蒋介石的军队。④ 抗战结束后，新任县长邓澄涛被政敌攻击，其中一个罪名就是他是余汉谋介绍的，故

---

① 民国《高要县志》，第908页。
② 民国《高要县志》，第908页。
③ Ch'i Hsi-Sheng, *Nationalist China at War: Military Defeats and Political Collapse, 1937-45*, Ann Arbor: The University of Michigan Press, 1982, pp. 113-114.
④ Lloyd Eastman, "Nationalist China during the Naking Decade 1927-1937", in Lloyd Eastman, Jerome Ch'en, Suzanne Pepper, and Lyman Van Slyke (eds.), *The Nationalist Era in China 1927-1949*, Cambridge: Cambridge University Press, 1991, p. 176.

"恃势傲物"①。我们很难判断这类说法是否属实，在战争形势不明朗的时候，地方将领各怀异志是自然不过的事。余汉谋和蒋介石之间互相猜疑是不足为奇的，民国《高要县志》营造的假象，毋宁说是为了调和中央和地方的矛盾。

余汉谋原籍高要，对地方事务积极地支持，即使有汉奸之嫌，又得不到蒋介石的信任，《高要县志》还是透过美化他和蒋的关系为之辩护。与此同时，陈济棠虽并非高要人，但在管治广东期间（1931—1936），为广东的经济带来一定的发展，而高要亦有所受惠，连接高要和三水、高要和德庆的两条公路，就是在陈济棠主粤的时候兴筑的。不过，在民国《高要县志》中，除在"礼俗"一章提到恢复祭孔一事和"政制"一章提及陈济棠外，"陈济棠"这个名字，在整本县志中几乎没有再出现过。② 在叙述1936年前广东与中央政府的关系时，不但没有提到任何人名，就连陈济棠领导的西南政治局也简称为"西南"，刻意淡化中央和地方的矛盾。对于这种情况，民国《高要县志》只轻描淡写地说：

> 自时阙后，民得稍稍安息，然中央与西南各省，政令未相通流，西南则务以驯扰其民，中央则息待时机之转。至二十五年八月粤省归政中央，于是全国始告统一。③

如何处理陈济棠的角色，对于民国《高要县志》的编纂者来说，似乎并不容易。一方面，余汉谋在1930年代与蒋介石合作，背叛西南政权以前，与陈济棠的关系已颇为紧张④，陈济棠治粤期间，不论对粤省或高要有无贡献，民国《高要县志》似乎都尽量只字不提。另一方面，陈济棠虽然不再独霸南天，但蒋介石仍委任他为最高国防会议委员，在抗日战

---

① 《高要县政府施政报告》，1946，第 16 页。
② 民国《高要县志》，第 666、252 页。
③ 民国《高要县志》，第 906 页。
④ 《南天岁月》，第 504—516 页。

争期间，又委任他为农林部部长。至少在名义上，南京政府并没有视陈济棠为蒋介石的叛徒。大抵考虑及此，民国《高要县志》的编纂者在不得不提到陈济棠的场合下，只能低调处理，或不予置评。

地方与中央之间在财政上的矛盾，在县志中也常常得到反映。民国《高要县志》的"财计"一章，表现出控制着宾兴组织的编纂者，对中央在地方施行的财税政策存有许多不满。在文化和意识形态的层面上，县志编纂者都会刻意把高要和国家联系起来，不过，他们也明白，这种联系是要付出真金白银的代价的——地方需要向上一级政府缴税，而民国年间，省政府和中央政府巧立各种税项和收费的名目，让地方苦不堪言。怨愤之情，在县志里跃然纸上。

《高要县志》的"财计"一章共分三篇，即国家财政收入、省政府财政收入、自治财政收入。编纂者解释说，过去的县志一般不收录国家财政，他们做出这样的划分是因为：

> 惟时势激荡，税课繁兴，稽征与经征，或分权或合一，各机关布列县境。凡属地方民众，无论为一种人事行为，或日用所需，或出于工商营利，均须直接间接尽输，将之分谊于国库，虽仅效壤流要，足征一方之担负。①

接着便是一列长长的税务项目，大部分都是中央政府对地方征收的。1941年，南京政府修订财政政策，把许多省政府的税收项目拨归中央。据其他数据显示，1930年代时，高要的地税是广东最高的，原来每亩土地的征税是0.38元，但加上各种附加的费用后，竟增加至每亩11元。②这些旁证，也许可以说明高要当时的财政实况。对于政府为改组警队而向地方筹款一事，《高要县志》的作者也加了一笔：

---

① 民国《高要县志》，第304页。
② 陈启辉：《广东土地利用与粮食产销》（出版年不详，约1930年代），第50、51册，收入萧铮编《民国二十年代中国大陆土地问题资料》，成文出版社，1977，第25674—25675页。

以上各种筹措，大都先组委员会以定议，后乃投商承揽，或委员办理，惟弊孔均多，民众忍痛输将。而归于正用，足以昭示于人者，或不递于十分之二三。①

　　高要县与广东省之间的财政矛盾，在抗日战争结束后高要县县长做出的施政报告里呈现得更赤裸裸。当时，广东省下令地方筹购军粮，却拨款不足，米粮亦供不应求，于是该县长在其施政报告中大吐苦水谓：

　　　　如众所周知，军粮之筹购，实余到任后最严重最困难而又最危险最嫌疑之问题……而本县奉令配购之粮，原定每月二千大包（几经请求减免之后，始以二月至四月共五千六百二十二包，五月至八月共四千大包），额定价款每大包一万元（几经请求之后，始准每大包先发价款一万八千元），以三月至八月间之米价，最低者为每百斤八万余元，以军米一大包计，重一百六十司斤……余于三月初接任县长职务，仅得前任移交粮款三百三十九万元，与此空头支票之议决案，而上峰严厉之督责，即须照案拨足，并须继续筹购，按月依额清缴，各乡乡长又以连年灾歉，差价过巨，无法遵行，缕述民间困苦，纷纷请求豁免，有云："如政府强令民众必行难办之事，全体乡保长，愿自行入狱，听候政府处置。"一言一泪，闻者伤心。余为邑人，稔知邑事，此案如不实施，则事经前任与各地方法团及各乡长议决呈报上级有案，上官责难，将必无言以对，如付实施，则因时效已去，差价过巨，地方确无能力负荷。②

　　可以说，在文化事务上，身为校长和教师的县志编纂，能够提出许多宏图伟略，尽管他们的想法不一定能付诸实行；然而，在经济事务上，这些地方读书人便显得无能为力了，他们的儒道思想，他们的民族理念，都不能为高要县面对的财政困境提供什么灵丹妙药。在《高要县志》的"财

---

① 民国《高要县志》，第387页。
② 《高要县政府施政报告》，1946，第1—2页。

计"一章中,编纂们尝试把高要的命运和国家的命运以至世界市场联系起来,希望中央政府能够保证土产的销售,与外国货品抗衡。对于高要县的经济不景气,也希望中央政府能够加以垂注。然而,这都不过是一厢情愿而已,在经济的层面上,"国家"在县志中呈现的形象,并没有什么神圣感,而更多是对地方造成的负担。

小结　国民与邑人

　　民国《高要县志》的纂修者,虽然都是在清朝获得功名之人,同时也是民国的新进,他们竭力为自己穿上一件现代知识分子的外衣,也竭力为高要县套上一身现代和民族主义的外衣。不过,由于他们的教育背景和与外部世界的接触有限,在当时大城市的知识分子眼中,他们起码落后了半个世纪。他们知道许多"现代"和"民族"的观念,其实是国民政府潜移默化影响的结果,国民政府为他们提供了一套熟悉的词汇,让他们更容易地表述他们的"国民"身份。值得注意的是,1930年代国民党主张的"国民"观念,和1900年代梁启超等人提出的"新民"的"民"的观念是有着许多微妙差别的。梁启超强调,要成为"新民",人们必须从改善个人的道德和行为做起,中国人有必要学习自由、自治、自尊和公德等观念。1930年代国民政府的"国民"观念并没有"个人",所谓"个人"只不过是集体的一分子,应随时为国家服务,其强调的是"国民"的工具性的功能,而非"国民"身份对"个人"的意义。"国家"是至高无上的目的,个人只不过是工具。任何地域或行政单位,都只能附属于国家之下。

　　当这样的国家观念应用到地方的时候,地方的特色自然是受到打压的。民国《高要县志》的编纂者批评人们的风俗习惯迷信落后,隐含的意思是这些"迷信落后"的风俗是国民的弱点,是窒碍国家进步的原因。与此同时,主要编纂者的母语和日常语言都是粤语,但他们对于粤曲和粤剧却不能包容,而另倡"国乐"。总之,地方读书人在企图改革地方风俗的过程中,以为自己也在参与建设新的中国文化,但由于在情感和利益的层次上,他们更能认同的是自己的地方,因此,要正面地表现地方特色,只能将地方与国家拉上关系,但如此一来,他们实际上是在削平地方特色,地方观念和国家观念的共存和融合,只能在理念的层面上得到体现。

第七章　余论：文化展览背后

让我们再次返回到1940年的"广东文物展览会"去。

展览会开放六天后，有人投稿给《循环日报》，质疑某筹备委员声称悬在会场入口的大灯笼和高脚牌楼表现了百分之一百的广东地道色彩，该文章说：

> 馆前高搭牌楼一座，大灯笼一对，高脚牌一对，门联一对，十足国货，无可非议，其有誉之为十足地道土货者未免诪而失实也。何则，牌楼高脚牌门联之三事物，非广东出产之专有品也。①

要回应这一小小的质疑并不困难。那位筹备委员其实不必强调地道的广东色彩，因为这不是"广东文物展览会"的本意，而那位批评者也不需要区分"国货"与"土货"，因为时人观念中的"广东文化"的特色，恰恰是它所表现出来的中国文化的精华。道光年间到1940年代的广东历史，让我们明白了这样的观念是如何在特定的历史过程中形成的。而在变动的政治环境和社会处境中，晚清到民国的广东知识分子又是如何巧妙地运用了这种观念。在某种意义上，正是他们的一系列政治活动和文化行为，创造和定义了"广东文化"，并且，正是这个建立地域文化认同的过程，强化和巩固了清末以来的国家观念。

---

① 广东文物展览会编《广东文物》，第279页。

文人的位置

要明白为什么"广东文物展览会"选取这样的内容，用这样的方式来展示"广东文化"，我们需了解，"广东文物展览会"的筹备委员属于受过20世纪上半叶兴起的国家意识洗礼的一代，但他们的师承关系却可直接追溯到道光年间的广东学人。前面数章探讨了自道光以后一个世纪间"广东文化"观的形成过程，使我们得以把"广东文物展览会"的主要操办者的个人生平，置于更具体的历史脉络中去理解。

如果筹备一次"广东文物展览会"和编纂一部《广东通志》有任何类似之处的话，也许在于它们的组织者的构成。正如通志的编纂名单一样，展览会的组织也包括了提供财政支持和政治庇荫的省政府要员，负责处理公关工作和人事关系且具有一定学术地位的各色官吏，以及具体操办的官员和学者。位于筹备委员名单前列者，我们最熟悉的人物有时任农林厅厅长的陈济棠、时任第七战区总司令的余汉谋、广东省政府主席李汉魂(1895—1987)，其他还包括省财政厅厅长顾季高，广东省银行行长云照坤。有这样的名单，"广东文物展览会"至少在政治、军事和财政上都得到了一定的保障。

要得到上述各方的支持，没有一个面面俱到的人物担任筹委会主席，大抵是难以成事的，有了这样的考虑，我们就不难明白，为什么这个角色会由叶恭绰担任。在清末以来政权更迭的历史中，没有几个人物能像叶恭绰般几乎在每一个政府中都能得到尊重并被委以重任。晚清之际，叶恭绰从京师大学堂毕业后，历任邮传部政司主事、承政厅厅长、代理铁路总局局长等职；入民国后，又历任路政司司长、交通部次长、邮政总局局长、交通总长，兼理交通银行与交通大学。1923年，叶出任广东政府财政部部长，次年又任北京交通总长；1931年又任铁道部部长，1932年后遂辞退所有公职。在这里值得一提的是，叶恭绰先世是浙江余姚人，后入籍番禺。祖父叶衍兰(1823—1897)是咸丰六年(1856)进士，历官户部主事,军机章京,晚年归里主讲越华书院;叔祖叶衍桂在地方上与士绅集资筹办济贫机构,社会地位崇高。① 叶恭绰有着这样的家庭背景,加上他个人在官场的关系和对文化事业的喜好,使他成为一个处处受尊崇的元老级人物,至 1940 年"广东文物展览会"举办时,叶恭绰已年届六十一,加上退休已久,至少在表面上其政治立场较为中立,在文化事务上,要取得有力人士的支持,也就更容易了。

叶恭绰的角色虽然不可或缺,但展览会实际的操办工作,主要由简又文承担。简不但负责了许多实务工作,更在《广东文物》上发表了《广东文化研究》一文,多少为整个展览会提供了理论基础。简又文的个人背景,让我们了解到民国时期广东知识分子复杂的面貌,也更容易明白为什么在他们的脑海中和笔杆下,"广东文化"会以这样的一个形态出现。

原籍新会的简又文,以 1940 年代开始从事太平天国研究而闻名于中国史学界。简又文的父亲简寅初曾加入同盟会,并奉孙中山之命在南洋筹款,支持革命事业。在 1918 年南洋兄弟烟草公司重组时,简寅初是该公司的董事之一,一年后,他把股份出售,完全退出。② 由此或可推断简又文的家庭经济情况应该不俗。简又文在广州岭南学堂就读中学期间,皈依了基督教,1917 年毕业后,赴美国芝加哥大学求学,后又在纽约一间神学院进修。1922 年回国,在中华基督教青年会全国协会任职牧师。两年后,转往燕京大学,任神学及哲学副教授。虽然简又文从小接受的都是西式教育,又是基督教徒,但他在后来的著述中,强调自己在学术上继承宋明理学的传统,拜在顺德学人简朝亮门下。既然称得上是简朝亮的弟子,自然也可以朱次琦再传弟子自居。正如我们在本书第四章已经提到过的,一旦以朱次琦的再传弟子自居,又多少可以与反清和革命的传统联系起来。③

---

① 见宣统《番禺县志》卷二十,第 33—34 页。
② 中国科学院、上海经济研究所、上海社会科学院经济研究所编《南洋兄弟烟草公司史料》,上海人民出版社,1958,第 9—13、139 页。
③ 简又文:《悼简竹居家夫子》,载《简氏宗声》,1955。

简又文的从政生涯自他在 1926 年加入国民党开始。当时，国民政府正积极为北伐做准备，其中一项工作就是要拉拢愿意合作的军阀冯玉祥。早在 1924 年，身为基督徒的简又文便与有"基督将军"之称的冯玉祥结交。在孙科的推荐下，简又文在 1925 年被国民党任命为政治工作委员，到冯玉祥的军队里进行协调工作。简孙二人的交往则至迟始自 1922 年，当时孙中山驱逐陈炯明，简又文参与其中，就在此时认识孙科，两人的关系似乎一直都很好，简甚至曾经做过孙科儿子的家庭教师。1928 年，国民政府北伐成功，简被任命为山东盐运使，唯半年后即离职。

简又文和孙科的密切关系，使他此后的政治生涯与孙科结下不解之缘。1920 年代末，孙科领导国民党内部分粤籍党员，与蒋介石及其江浙派系关系紧张。但作为孙中山的儿子，孙科在国民政府内一直都是一个举足轻重的角色，而简又文几乎和他形影不离。1928 年，孙科任铁道部部长，委任简又文作参事，简曾解释过所谓"参事"，即铁道部的总秘书。① 1931—1936 年，简又文被任命为广东省政府委员，并同时担任广州社会局局长。② 1933—1946 年，孙科在南京任立法院院长，简又文被委任为立法院委员。

1937 年，抗日战争全面爆发，简又文避居香港，出版《大风》杂志，积极宣传抗日。1938 年 10 月广州沦陷，国民党重组港澳支部，简是委员之一。1939 年，简又文与岭南大学校长李应林(1892—1954)、香港大学中文系教授许地山(1893—1941)等人，在香港组织"中国文化协进会"，与当时中国共产党支持的"中华全国文艺界抗敌协会香港分会"，分别代表着右派和左派的声音，就文艺在社会中的角色等问题进行了不少笔战。③

---

① 简又文此时期的经历见简又文《西北从军记》，传记文学出版社，1982，第 169 页。

② 王美嘉：《民国时期广东省政府档案史料选编》第 11 册，广东省档案馆，1987、1989，第 269 页。

③ 有关两会的活动，参见卢玮銮《统一战线中的暗涌——抗战初期香港文艺界的分歧》，载《香港文纵——内地作家南来及其文化活动》，华汉文化事业公司，1987，第 41—52 页。

"广东文物展览会"的主要筹办组织,就是这个在简又文领导下的"中国文化协进会"。

简又文在1949年后于太平天国和陈白沙研究方面著述良多,学术成就毋庸置疑。不过,以简又文作为民国知识分子的一种典型来说,我们不得不提出的问题是:对于一个30来岁之前一直在教会和学术机构工作,后来又一度积极参与政治事务的人,学术到底意味着什么呢?一个接受西式教育和西方宗教洗礼的中国人,为什么到中年以后,会潜心研究甚至信奉宋明理学呢?笔者相信,在当时的中国学人中,简又文的经历并非例外。他的例子说明了当时的中国学人如何与政治纠缠不清,而其政治倾向,又怎样影响到他的学术兴趣;也显示了经过五四运动洗礼的读书人,为何不可能和中国学术传统完全决裂。本书第五章讨论过的罗香林,1940年时年方三十四,其后在政治路途上的经历及其在学术上的追求,也与简又文大同小异。简又文和罗香林,可说是民国时期广东学人的典型,不过,"学者"二字,纯粹是不足以涵盖他们的事功与志趣的。他们是辛亥革命后崛起的新一代精英,受过高深的教育,立志为国效劳,并把个人的理想托付在政府和政治事务上。他们不能说不够"现代"与"西化",但"现代"和"西化"这些形容词难免掩盖了他们与传统中国学术的联系。作为晚清以后受新式教育洗礼的读书人,他们有意识地将自己与道光以来的广东文化与学术世界联系起来;他们又是20世纪上半叶的历史缔造者。到了今天,我们要明白1940年代以来的广东文化和历史观念的形成,他们成了我们不可回避的研究对象。

简又文和罗香林的经历也让我们想起了他们的前辈学者的经历。清末民国的广东学人,不少都在广州、香港、上海等城市生活,与自己家乡的联系是极为疏离的。对于学海堂第一、第二代学长来说,广东在严格意义上能不能算是他们的家乡也值得斟酌。他们的祖父辈来自江南、浙江或福建等地,宦游或从商于广州,落籍于广州的附廓县番禺或南海。例如,本书第三章已经提到,学海堂最著名的学长陈澧,祖父辈是从江南迁到广州来的,父亲甚至因为没有落籍番禺,所以不能参加当地的科举，至陈澧一代才占籍为番禺县人。林伯桐先世由闽迁粤，遂世为番禺人；张杓祖辈为浙江山阴人，父游幕于广州，杓入番禺县学为生员，遂为番禺人；张维屏曾祖自浙江山阴迁至番禺，遂为番禺人；仪克中先世为山西太平人，父以盐运使司知事分发至广东，纳妾生子，克中奉母居番禺，遂为番禺人；侯康先世为江南无锡人，祖父迁广东，遂为番禺人。① 可以说，道咸年间像学海堂学长这类被认为是广东文化的代言人中，有相当一部分并没有一个真正本地的"根"，但他们却掌握着最核心的文化资源，成为广东文化的代言人，极力为广东文化寻求正统性。②时至民国，像罗香林和简又文这一代学人，青年时期到上海、北京，甚至外国留学，从他们的成长经历和教育背景来看，他们对于很"地方"的地方文化，并不见得有多少切身的体验。从晚清到民国的这些广东学人，大多以广州、香港、上海、北京这类大城市为他们的活动舞台，他们的地域文化观念，往往只能够托付在一省的层次上，才容易得到体现。就仕途和事业而言，他们也往往处于国家与家乡的夹缝之中。在他们未能厕身中央的政坛时，他们回到广东，参与省内的政事；到他们无法影响政治时，他们又退到文化事务上去，掌握着最核心的文化资源，成为广东文化的代言人；当他们无法定义当代的广东文化时，又回溯历史，界定广东过去的文化。在现实政治中失势，读书人只能凭借过去为自己想象出一个当代的角色。

  由这些文人的经历及其在地方文化建设中的建树，我们意识到"文化"并不是一种自然而然的客观存在，而是在特定的历史时空过程中建构起来的一种观念。由此，我们有必要对从民国至今被读书人以至研究者们认为毋庸置疑的"地方文化"的意涵重新做一点省思。

---

  ① 容肇祖：《学海堂考》，第24、30、31、33页。
  ② 笔者在1996年提交的博士论文中，提出了这个见解；其后与麦哲维博士（Steven Miles）讨论，发现彼此在这方面看法不谋而合。详见其在博士论文的基础上改写出版的专著 *The Sea of Learning*。

"文化"是什么？

当我们把"文化是什么"这个问题置于特定的时空，透过一些实实在在的人和事来考察时，不难知道"文化"所包含的内容是在不断改变和扩充着的。从清末至民国，"文化"这个名词经历了一个从无到有，从"形容词"变成"名词"，从"单数"变成"复数"的过程。①

19世纪末以前的中国读书人如陈澧者，大抵不会满口"文化"，但他们肯定关注他自己和他所在的地方是否得到"教化"。因此，由士大夫书写的地方历史要力图叙述的，是这个地方如何经过教化，成为文献之邦、邹鲁之地的过程。一个地方得到"教化"的内容和以资判断的标准，包括学校的兴办、科举功名的兴盛、地方文人的诗文辞赋以及经学研究成就等。然而，经学的传统和流派也是千差万别的，关于一个时代学术正统的体认，取决于统治者的提倡和读书人之间的较量。有清一代，汉学占上风，道光年间汉学大师阮元在广东设学海堂，使广东之学术一时令人刮目相看，甚至成为此后中国学术的一方重镇。至于同一时期亦蓬勃发展的方言文学及戏曲，在"教化"主导的文化观念下甚至不被纳入"文化"之列，掌握这些就没有被算是"有文化"的标志。饶有趣味的是，当时出现的许多用方言写作的作品仍然处处以"教化"为目的，表达著作者对"教化"观念的认同。

至19世纪末，当"culture"这个西文概念以"文化"这个汉语词汇来翻译，并经日本移植到中国来之后，很快就被越来越多的中国读书人认识和运用。从这时开始，在中国读书人的言论中，"文化"成为一个实体，

---

① 笔者在这里提出把"文化"作为形容词或名词使用而对"文化"的含义达致不同认识的想法，乃借鉴自法国年鉴史学家布罗代尔的相关讨论，见 Fernand Braudel, "The History of Civilizations: The Past Explains the Present", in his *On History* (translated by Sarah Matthews), Chicago: The University of Chicago Press, 1980, pp. 177-218。

可以保存、改良、打倒，甚至全盘替换。这个时候成立的国学保存会主张保存国学，后来的新文化运动支持者主张摒弃封建文化，二者殊途同归地把文化视为一个可以掌握和改造的"实体"。如果我们说，在中国的语境中，原来"文化"这个词语是作为一个形容词（教化与否，cultured）来使用的话，19世纪末期以来的"文化"，已经成为一个名词了。

也就在这个时候，种族观念的兴起改变着中国文化正统性的理据。以推翻清政府为己任的人士的"保国"和"保教"主张，是以"保种"为基础的。在当时的政治角力的背景下，这个"种"毫无疑问是"汉种"。满洲人虽为外族，但他们却极力维护汉人的名教作为其统治基础。也就是说，反清的国粹派或革命分子与清廷在保存"文化"方面所做出的努力，其实同出一辙。因此，他们必须突出种族观念，才能证明为什么满不如汉。到了19世纪末，"是否属于汉种"，就成为"教化与否"之外，另一个定义读书人所认同的有无文化的重要条件。在学术正统方面，反清人士"学术之界可以泯，种族之界不可忘"的政治立场，影响到人们对阮元和学海堂的评价。在族群问题上，在19世纪末以后的广东，不论是广府人还是客家人，要证实自己的文化正统性，便必须证明自己身上的汉人血统。辛亥革命后，随着清王朝的崩溃，加上政治上"中华民族""五族共和"等观念的提倡，种族概念对于定义中国文化变得相对次要了。不过，它也深深地渗入民国时期的民俗学和人类学的讨论之中，影响着人们对自己的地域、族属和文化身份的定义。

对如何定义"文化"发挥着关键性影响的，无疑是清朝最后几年教育体制的改变。随着科举制度的废除以及大学堂的开设，过去以科举补习为目的的书院，以及唯经学是尊的学术机构，很快失去了绝大部分的市场。在新式教育体制中，"旧学"一方面经历了复杂的改变，另一方面，也成为部分提倡"新学"者的研究对象。而现代大学开设的人文和社会科学学科，虽不至于完全取代"旧学"，但毫无疑问大大地扩充了"学问"的范围，从而也改变着文化的定义。新兴学科的理念和研究方法，与民国时期许多知识分子的终极关怀——如何建立新的中国文化——相互契合。

这些知识分子不少大喊"打倒孔家店",以反传统的姿态示人;而反传统反专制的口号,又使他们警觉到自己的精英心态,便刻意到群众中去。留学海外的教育背景,使得他们无可避免地为新的中国文化注入一些西方的元素,但他们更有意识要达致的,是建立中国独特的文化性格,为了这个目的,他们到地方上去搜寻。在这个到群众中去的过程中,民俗学和人类学为民国知识分子提供了理据和指引。

可以说,民国时期的知识分子既是"文化主义者",也是"民族主义者",更或多或少是"民粹主义者"。在他们心目中,"文化"没有雅俗之分、贵贱之别,"文化"的意义变得更中性了。当他们到群众中去的时候,发觉不同的地方有不同面相的文化。"文化"作为一个实体,实际上是复数的,中国实际上是存有"许多文化"(many cultures)的。不过,正如本书第五章论及的,民国以来的中国知识分子更希望的,也相信他们能够做到的,是体认一种超越地域、超越阶层的中国文化,以一套能容纳独特又多元的文化的语言,来承担起以往体现在"礼"之中的传统士大夫的文化语言所扮演的角色。于是,在民国知识分子的论述里,地方文化和国家文化的关系,仍然是一个"你中有我,我中有你"的关系,这在清末出现的乡土志和乡土教科书有关"乡"与"国"关系的论述中已见端倪,民国时期的类似论述不过是自清末"国家"这个概念出现以来的延续而已。明乎此,我们在这里重新品味本书开头引用过的简又文《广东文化之研究》一文的以下两段论述,或可有多一些的理解:

> 文化是人们心力创造的结晶。一时代有一时代的文化,一地方有一地方的文化,一民族有一民族的文化,各有其特色、特质、特征……
>
> 但二千年来广东向为中国之一部,广东人亦皆中国人,广东文化亦素来是与全国一贯一致都属于一个大系统的,不是囿于一隅或离开汉族传统的。因此我们虽因简便而言"广东的文化",其实应该

说"中国文化在广东"。①

在20世纪"中国文化"的定义不断扩充和改变的过程中,"地方文化"的定义也相应地扩充和改变。在新的教育体制下,地方的思想文化和学术成就的标准改变了,使得地方的"文化名人"的范围也大大扩充;种族理论、民俗学和人类学研究的兴起,也使得以血统、方言和风俗为参数的"民系"划分,成为地方文化得以不断细分再细分的标准。

"广东文化"何在?

我们也许还不应忽略的是,就在"文化"的定义改变的同时,表达"什么是文化"的语言也发生了不可逆转的变化。在19、20世纪之交的革命年代,方言写作成为宣传政治和教育妇孺的手段,各地以方言写作的教科书和其他文类多如雨后春笋。然而,进入民国之后,新一代的中国知识分子创造了一套新的读书人的语言——白话文,一套以北方方言为基础,夹杂着许多来自西方和日本的新名词的标准语体文。虽然以方言写作的文类并没有在地方上消失,甚至偶尔也会借"白话文"之名浮出,但这种方言文类在多大程度上能被承认是"文化",却一直都被质疑。面对"国语"和"白话文",广东及许多其他地方的读书人大多处于不利的位置。正如耿德华(Edward Gunn)指出道:"来自北京以外的地方的作家,无可避免地要面对一场严峻的挑战,他们必须先表现出对国语运用自如,才能[在文章中加入]自己地方语言的特色,并让人觉得他们在文学上有所发明。"②如果广东作家的白话文写作能力还没有达到北方作家的水平,他们怎敢把粤语、潮语和客语的词汇和语法,运用到文学甚至公文的写作上去呢?因为他们一旦这样做,人们会认为是由于他们写作水平不够

---

① 广东文物展览会编《广东文物》,第652、658页。
② Edward Gunn, *Rewriting Chinese: Style and Innovation in Twentieth-Century Chinese Prose*, Stanford: Stanford University Press, 1991, p.116.

而犯了"错误",这样的险,又有谁愿意冒呢?

我们也许可以把以上海为中心的"吴语文化"的发展,和本书所叙述的"广东文化"尤其是粤语写作的发展做一比较。据有关吴语文学的书目显示,早在明万历年间,便出现了夹杂着吴语的戏曲作品;至清嘉庆年间,也有以吴语写作的老弹词。吴语辞典,据说早在明末就已经出现了,但好像粤语辞典一样,更完备的吴语辞典的编撰和出版是晚清外国传教士的功劳,为了传教,他们更以吴语编译了《圣经》。较早期研究吴语的文章,见于道光二十一年(1841),有趣的是,这篇文章的旨趣和陈澧的《广州音说》一样,都是要说明许多吴语乃出自"中原古音"。① 清末韩邦庆(1856—1894)以吴语写作的《海上花列传》,至今仍被视为吴语文学的经典,这也许恰恰表明了自韩邦庆之后,再没有哪个吴语作家肯这样花心思,刻意写作出这样地道的吴语文学作品了,② 情况好比招子庸和他的《粤讴》。继明代剧作家冯梦龙(1547—1646)收集吴语歌曲编就《山歌》一书后,一直到民初才有民俗学家重视并继承冯梦龙采风的兴趣。③ 简单来说,与粤语文学的命运类似,吴语文学大多为声色娱乐之作,在民国读书人的眼中,充其量只是"民间文学"或"地方文学"的一种,不论是广东或上海的读书人,要在全国的文学界争长短,如果用方言来写作,绝不是明智的策略。

因为用方言来写作的文学被定位为"方言文学",它永远都不可能享有和"国语"平起平坐的地位。广东的招子庸,只是一个在广东本地文人记忆中的传奇人物,而不可能成为一个对后世有所影响的文学家。20世纪以降,中国的文学和文化必须以具有国语地位的白话文表达,而广东

---

① 板本一郎、小川环树、仓田淳之助、太田辰夫、长田夏树:《吴语研究书目解说》,《神户外大论丛》第3卷,第4册,1953。

② 韩邦庆:《海上花列传》(1892年初刻),"前言",上海古籍出版社,1990,第1—2页。

③ Chang-tai Hung, *Going to the People: Chinese Intellectuals and Folk Literature 1918-1937*, pp. 25-30.

人在这方面又处于不利位置,广东文化独有的元素,像方言文学和戏曲,不能享有"国家"的级别,只能落得一个"地方"的名堂。本来,地方语言最能够表现地方特色——尤其是我们把闽粤的方言用罗马拼音而非汉字标记,其与北方方言的差别恐怕比欧洲各国语言之间的差别还大。不过,由于中国方言文学不能与享有国语地位的白话文平起平坐,这种"特色"在定义上是处于被视为一个整体的"中国文化"的边缘的。在"广东文物展览"中,放上了几本木鱼书并不奇怪,它只不过表现了民国读书人对方言文学的好奇和同情而已。

以地方语言表达的"广东文化",夹在高雅与低俗之间,也夹在地方与国家之间,既不受国家的青睐,也得不到读书人的认同。本书第六章有关民国《高要县志》的分析告诉我们,民国地方文人对自己的方言文化(粤曲)嗤之以鼻,对全国性的白话文也不以为然,他们把两者都排除在"文化"的范畴以外。尽管他们面对着新的国家体制和中央地方关系时,不可避免地用了一些新名词,但他们选择了用文言文来纂写新志,表达他们对国家意识形态的认同和对本地利益的关心。民国《高要县志》的个案也提醒我们,以县城为活动中心的地方文人在编纂地方历史时,最关心的是怎样把己县的文化和国家文化扯上关系,至于什么是"广东文化",倒不是他们的关注所在。

那么,民国时期的"省别文化"到底意义何在呢?笔者认为,按照民国时期发展出来的地方文化观,"广东文化"更多是存在于过去的时空的;"广东文化"如果有什么与众不同的特色,也是被置于边缘的,民国时期的"广东文化"明显地难以在新的中国文化中占据一个重要的地位。所谓"广东文化",只是以行政界线划分的一个范畴,至于里面填塞了什么内容,除了顺应着国家文化的定义改变而更替,也是在这个地域范畴里活动的人群角力的结果。随着客家人和潮州人的自我认同意识以及文化资源日增,他们成功地在"广东文化"的框框中,为自己认同的文化争取到一个席位,不让广府人专美。"广东文物展览会"的筹委,对于大多展览品来自广州及其邻近地区感到遗憾,① 他们在展览会上展出了一本客语《圣经》,并在《广东文物》里刊登了一篇关于潮剧的文章,大抵是要补救战乱时期无法全面搜集各方文物的不足。这些细微的举动和态度也许显示出,到 1940 年代谈及"广东文化"的时候,绝对不能冷落客、潮两个族群,而让广府人专美罢了。

在这样的论述逻辑下,在中国,地方文化的存在,绝对不会对国家文化造成威胁,正如客家人在强调自己特色的同时,并不会阻碍他们表达自己的中国人或汉人的身份。中国文化定义本身所具有的弹性,足以包容为统治者或知识分子所接受的地方或民族特色。在中国,越是要强调地方文化的特色,也就越是要强调地方文化与中国文化的关系。广府话、客家话和国语大不相同是无可置疑的事实,但广府或客家学人在讨论他们的方言特色时,就非将其与"中原"或"古音"扯上关系不可。中国的地方和民族文化既千差万别,又有许多共同之处,但在地方学人的观念中,地方的差异性可以完全整合到理想中的中国文化的统一性中去。简又文提醒人们,"广东文化"之谓,其实是"中国文化在广东"之意,一针见血地让我们明白了中国知识分子眼中的"中国文化"和"地方文化"的一体两面。如果"地方主义"有与中央分离之意,那么,"地方主义"绝对不是中国知识分子地方文化观的主导思想。

地域文化研究再思

我在这本小书中尝试从若干个侧面,考察清末以来"广东文化"观念形成的历史过程,借此探讨中国地域文化与国家认同之间的辩证关系。不过,本研究的所谓"地域",不仅指客观意义上的行政或地理单位,而更多指人们主观的地域区分或借着地域界限来表达的"自己"和"他者"之别。从这个角度看,过去许多"地域文化"的研究,忽略了对表达"地域文

---

① 广东文物展览会编《广东文物》,第 2 页。

化"的文类和文献本身形成过程的分析,很容易会掉进这些文献作者的思维陷阱之中。如果我们按照这些作者的划分——很多时候又是行政区域的划分——来进行"区域研究",以此来划定我们研究的"区域",其学理根据是相当值得质疑的。例如,把"吴文化"或"湖南经济"作为一个分析单位,个中的道理似乎不言而喻,普通的读者也罕有质疑这种以行政区域或习以为常的分类进行所谓区域研究的基础,但在实证研究中,我们不难觉察这种划分其实是相当主观和随意的。

我们往往会因应自己研究的需要,进行临时性和分析性的地域划分,在处理政治和经济问题方面,客观参数较多,诸如行政、税收和军事的管辖范围,商品(特别是实行分区专卖的盐)和货币流通的范围等。然而,在处理文化现象方面,则绝对不能单从研究者的眼光出发,漠视研究对象的主观意识。这又联系到近年人文社会科学十分关注的"认同"(identity)问题,我们按照自己认识的语言和风俗类别而划分出来的文化区域界线,往往只是一厢情愿,绝不可强加于我们的研究对象身上。我们可以在平面的地图上按照我们的需要划分区域,可以在立体的历史时空里根据文献划分区域。但必须时加警惕的是,研究对象脑海中的区域观念,并不一定和我们作为研究者划分的区域范围叠合;而他们以区域来划分的文化现象,在很多情况下实际上也是"跨区域"的。

这种或可称为区域研究取向的方法,其最具颠覆性之处,在于突破18世纪民族-国家兴起以来奉国别史为圭臬的史学范式。今天,全球化与本土化的口号响彻云霄,跨国企业无远弗届,鼓吹民族主义的结果是可分可合,国家界线在某种意义上愈趋模糊,以国家为单位的历史过程,显然已不能满足人们对自身历史的认知要求。至于地理空间如何划分才是最有效的分析单位,要视乎研究者研究的是什么问题。区域研究取向的目的,绝对不是为了以小见大,化整为零,因为所谓大和小是相对的。如果说由于中国太大,所以要把它划分成小块做局部细微的分析,那只不过是传统的国家历史的延续,尤其是在毫无学理根据的情况下,按照行政界线做出的划分,就更是如此。

由于历史学家无可避免地要仰赖文字史料，因此，所谓"地域文化"，实际上也是以维护中国文化为己任的士大夫或知识分子眼中的地域文化。翻看地方史乘，士大夫笔下的地方特色都大同小异。这类出自地方文献的语句，表述的与其说是历史真实，不如说更多是发言者的感性认识与评价。因此，如果我们把前代士大夫甚至近代知识分子所综述的地方特色当成事实，是相当危险的。这些看起来很"地方"的文献，实际上表现的是从上而下的"国家"意识的渗透和从下而上的对"国家"意识的理解和创造。中国是一个崇信文字的社会，能够驾驭文字的士大夫或知识分子，长期以来是社会崇拜和认同的对象。而所谓"士大夫"或"知识分子"，正如笔者在本书第一章论及的，与其说是一个具体的具备什么学历的人，不如说是一种社会普遍追求的形象和楷模。也因为这样，在最"地方"的文本中，可以处处见到"国家"的存在。

因此，二元对立的"基层/民间/地方 vs. 国家/官方/中央"的分析框架，若用于讨论中国社会或讨论传统中国的知识群体，其适用程度是很值得我们质疑的，有理由相信，这个分析框架并不适用于国家和地方社会已经达到相当程度的整合的明清时期的中国。传统中国的士大夫，对某朝代或某皇帝可能不满，但在意识形态和价值追求方面，却罕有与官方抗衡者；无论和中央距离有多远，他从不把自己视作"基层"或"边缘"，从不把自己仅仅视作属于某"地域"的群体，因为他们总是执意相信自己是属于"天下"的。即使是动辄以二元对立观来观照世界的民国知识分子，在叙述他们定义的地方文化时，也不会把"国家"和"地方"对立起来。这种实际上多元而在表述上又趋向统一的辩证的国家地方关系，恰恰是中国文化最诱人的地方。笔者认为，研究中国"地域文化"，不可忽略的是要从认同并定义这种文化的人们的眼光和世界观出发，而不可基于后人的角度和认识把自己的价值观强加于研究对象。我们必须通过审视掌握着书写历史权力的读书人的"文化观念"的形成及演进的历史过程，从历史批判中破除自己对"地域文化"的迷信，才能更设身处地去理解定义这些地域文化的人物和他们身处的时代。

征引文献及书目
（按汉语拼音/英文字母排序）

中　文

阿英：《反美华工禁约文学集》，中华书局，1962。

阿英：《晚清文学丛钞：说唱文学卷》，中华书局，1960。

《白话醒脑筋》（佚名），1910。

板本一郎、小川环树、仓田淳之助、太田辰夫、长田夏树：《吴语研究书目解说》，《神户外大论丛》，第3卷，第4期，1953。

蔡鹏云：《最新澄海乡土格致教科书》，汕头图书报社，宣统元年（1909）。

陈春声：《地域认同与族群分类：1640—1940年韩江流域民众"客家"观念的演变》，《客家研究》，创刊号，2006年6月，第1—43页。

陈公博、周佛海：《陈公博周佛海回忆录合编》，春秋出版社，1971。

陈澧：《东塾集》，菊坡精舍藏板，光绪十八年（1892）。

陈澧著，陈之迈编《东塾续集》，文海出版社，1972。

陈其寿：《静观斋文存》，台城西华印书馆，1927。

陈锡祺主编《孙中山年谱长篇》，中华书局，1991。

陈旭麓、方诗铭、魏建猷编《中国近代史词典》，上海辞书出版社，1982。

陈序经：《蛋民的研究》，上海商务印书馆1946年版，东方文化书局，1971年影印。

陈序经：《广东与中国》，《东方杂志》，第36卷，第2号，1939年1

月 16 日。

陈寅恪：《唐代政治史述论稿》，上海古籍出版社，1997。

陈玉环：《论一九〇五至一九〇六年的粤路风潮》，载广州市文化局、广州市文博学会编《羊城文物博物研究：广州文博工作四十年文选》，广东人民出版社，1993。

陈玉堂编著《中国近现代人物名号大辞典》，浙江古籍出版社，1993。

陈泽泓：《爱国未有不爱乡——试析黄节编著广东乡土教科书》，《广东史志》，第 2 期，1999。

陈卓莹编著《粤曲写唱常识》，广东人民出版社，1953。

陈子褒：《妇孺三四五字书》，光绪二十六年(1900)。

陈子褒：《妇孺须知》，光绪十九年(1893)。

陈子褒：《教育遗议》(写于 1897—1922 年)，香港 1952 年重印。

陈子褒：《小学释词国语粤语解》，光绪二十六年、三十三年(1900、1907)。

陈子褒：《幼雅》，光绪二十三年(1897)。

程美宝、刘志伟：《18、19 世纪广州洋人家庭的中国佣人》，《史林》，第 4 期，2004。

程美宝：《"Whang Tong"的故事——在域外捡拾普通人的历史》，《史林》，第 2 期，2003。

程美宝：《"番鬼"学粤语》，《东方文化》，第 4 期，1997。

程美宝：《"岭学"正统性之分歧——从孙璞论阮元说起》，载广东炎黄文化研究会、广州炎黄文化研究会编《岭峤春秋——广府文化与阮元论文集》，中山大学出版社，2003。

程美宝：《从民俗到民族——地方文化与国家认同》，《清华社会学理论》，第 1 期，2001。

程美宝：《地域文化与国家认同——晚清以来"广东文化"观的形成》，载杨念群编《空间、记忆和社会转型——"新社会史"研究论文精选集》，上海人民出版社，2001。

程美宝：《庚子赔款与香港大学的中文教育：二三十年代香港与中英关系的一个侧面》，《中山大学学报》，第 6 期，1998。

程美宝：《区域研究取向的探索：评杨念群〈儒学地域化的近代形态〉》，《历史研究》，第 1 期，2001。

程美宝：《由爱乡而爱国：清末广东乡土教材的国家话语》，《历史研究》，第 4 期，2003。

程美宝：《遇见黄东：18—19 世纪珠江口的小人物与大世界》，北京师范大学出版社，2021。

程幸超：《中国地方政府》，中华书局香港分局，1987。

崇祯《东莞县志》。

《崇正工商总会议案部》(1921 年 5 月—1940 年 5 月)，香港大学冯平山图书馆藏。

《初续白话碎锦》(佚名)，以文堂，出版年不详。

《传家宝训》(佚名)，五桂堂书局，出版年不详。

《春娥教子》(佚名)，以文堂，出版年不详。

《打洞结拜》(佚名)，以文堂，出版年不详。

《大埔海下村翁氏藏书》，第 28 册，香港沙田中央图书馆藏。

戴季陶：《戴季陶先生文存》，第 2 册，中国国民党中央委员会，1959。

《淡水歌》(佚名)，出版年地不详。

道光《高要县志》。

道光《广东通志》。

道光《开平县志》。

道光《连山绥瑶厅志》。

道光《新会县志》。

道光《新宁县志》。

道光《永安县三志》。

道光《肇庆府志》。

邓淳：《岭南丛述》，出版地不详，序于道光十年(1830)。

邓尔麟著《钱穆与七房桥世界》,蓝桦译,社会科学文献出版社,1995。

邓又同:《香港学海书楼七十年概况》,载何竹平编《学海书楼七十周年纪念文集》,学海书楼董事会,1993。

邓又同编《香港学海书楼讲学录选辑》,学海书楼,1990。

邓章兴主编《广东全省第四次教育会议提案之四(1):修订初级中学校各科教学纲要》,1934。

《第八才子花笺》(佚名),翰经堂藏板,道光二十年(1840),法国巴黎国家图书馆藏。

《第八才子花笺》(佚名),静净斋藏板,序于康熙五十二年(1713),法国巴黎国家图书馆藏。

丁宝兰编《岭南历代思想家评传》,广东人民出版社,1992。

丁守和编《辛亥革命时期期刊介绍》,北京人民出版社,1987。

丁贤俊、喻作风编《伍廷芳集》,中华书局,1993。

《订正粤音指南》(Guide to Cantonese: being L. C. Hopkins' translation of Kuen Hua Chih Nanrendered into a Cantonese, assisted by Fung Iu Ting),Hong Kong:Wing Fat & Company,1930.。

董鼐编《学府纪闻:国立北京大学》,南京出版有限公司,1981。

杜云之:《中国电影史》,台湾商务印书馆,1986。

段云章、倪俊明编《陈炯明集》,中山大学出版社,1998。

方志钦主编《简明广东史》,广东人民出版社,1993。

《粉岭文献》,第6—10册,香港中文大学联合书院图书馆藏。

风俗改革委员会:《风俗改革丛刊》,广州特别市党务宣传部,1930。

冯爱群:《中国新闻史》,学生书局,1967。

冯自由:《革命逸史》,台湾商务印书馆,1969。

《芙蓉屏》(佚名),以文堂,同治十年(1871)。

《附刻苏妃新文 南雄珠玑巷来历故事》(佚名),广州明文堂藏板,出版年不详,英国大英图书馆藏。

《改良岭南即事》(佚名),出版年地不详。

《感应篇直讲》(佚名),苏州重印,道光十九年(1839)。

高静亭:《评点正音撮要》,广州十八甫时雅书局石印,光绪三十二年(1906)。

高静亭:《正音撮要》,广州城福芸楼藏板,光绪三十三年(1907)。

高静亭:《正音撮要》,锦章图书局,1920。

高静亭:《正音撮要》,同治六年(1867)重镌。

高时良编《中国近代教育史资料汇编:洋务运动时期教育》,上海教育出版社,1992。

《高要县宾兴馆产业四刻》,1945。

《高要县政府施政报告》(民国三十五年12月25日在高要县参议会报告)。

高应笃等编《中华民国内政志》,中华文化出版事业委员会,1957。

《歌谣周刊》。

《格致汇编》。

《格致新报》。

龚书铎:《近代中国与近代文化》,湖南人民出版社,1988。

辜宣存:《先贤林大钦逸事》,《民俗周刊》,第46期,1929。

古直:《客人对》,中国书店,1930。

古直:《述客方言的研究者》,《国立中山大学语言历史研究所周刊》,第8卷,第85—87期,1929。

顾潮:《历劫终教志不灰:我的父亲顾颉刚》,华东师范大学出版社,1997。

顾颉刚:《顾颉刚古史论文集》,第1册,中华书局,1988。

顾颉刚:《顾颉刚自传(4)》,《东方文化》,第4期,1994。

顾颉刚:《广州儿歌甲集序》,《民俗周刊》,第17、18期合刊,1928。

顾颉刚:《圣贤文化与民众文化》,《民俗周刊》,第5期,1928。

顾炎武:《日知录集释》,岳麓书社,1994。

顾炎武:《天下郡国利病书》,广雅书局,光绪廿六年(1900)。

关健儿：《祖庙万福台是佛山戏剧发展的见证》，《佛山文史资料》，第 8 辑，1988。

《官话指南》（佚名），序于光绪七年（1881），北京光绪三十四年（1908）重印。

光绪《高明县志》。

光绪《嘉应州志》。

光绪《清远县志》。

光绪《四会县志》。

光绪《新宁县志》。

《广东督军莫荣新、省长翟汪、省会警察厅厅长魏邦平等镇压广东五四运动的布告、函电》，《广东文史资料》，第 24 期，1979。

《广东教育公报》，第 1 卷，第 6 期，1928 年 12 月。

广东经济年鉴编纂委员会：《二十九年度广东经济年鉴》，广东省银行经济研究室，1941。

《广东名人故事》（佚名），富贵堂，出版年不详。

《广东群报》。

广东省文史研究馆编《三元里人民抗英斗争史料》，中华书局，1979。

广东省中山图书馆、广东省珠海市政协编《广东近现代人物词典》，广东科技出版社，1992。

广东文物展览会编《广东文物》，1941，上海书店，1990 年重印。

《广州民国日报》。

《广州日报》。

广州市市立博物院编《广州市市立博物院成立概况》，天成印务局，1929。

《广州市政府新署落成纪念专刊》，1934。

广州市政协文史资料研究委员会编《南天岁月：陈济棠主粤时期见闻实录》，载《广州文史资料》，第 37 册，广东人民出版社，1987。

《桂枝写状南音》（佚名），广文堂，出版年不详，此文献承蒙龙彼德教授(Prof. Piet van der Loon)借阅。

《国粹学报》。

《国华报》。

《国立中山大学日报》。

《国民政府公报》,第 2666 号,1946 年 11 月 4 日(台北成文出版社有限公司 1972 年重印,第 205 册)。

《寒宫取笑》(佚名),出版年地不详。

韩邦庆:《海上花列传》,光绪十八年(1892)初版,上海古籍出版社,1990。

韩锦春、李毅夫:《汉文"民族"一词的出现及其早期使用情况》,《民族研究》,第 2 期,1984。

《合订粤海春秋》(佚名),出版年地不详,疑为香港。

何崇校、刘作、周养浩:《抗日战争中余汉谋与侵略军的勾结》,《广州文史资料》,第 18 辑,1980,第 153—166 页。

《贺寿封相曲本》(佚名),广文堂,出版年不详,此文献承蒙龙彼德教授(Prof. Piet van der Loon)借阅。

贺跃夫:《第二次鸦片战争时期广东团练抗夷考述》,《中山大学史学集刊》,第 1 期,1992,第 192—202 页。

《花笺记》(佚名),五桂堂,出版年不详,民国年间。

《花笺记》(佚名,原书名不详,标题页缺),出版年地不详,英国牛津圣约翰学院藏。

《华字日报》。

《皇娘问卜》(佚名),以文堂,出版年不详。

黄佛颐:《先三乡贤年谱》,纯渊堂,光绪廿九年(1903)。

黄福庆:《近代中国高等教育研究:国立中山大学》,"中央研究院"近代史研究所,1988。

黄晦闻(黄节):《广东乡土地理教科书》,国学保存会,光绪三十三年(1907)。

黄晦闻(黄节):《广东乡土地理教科书》,国学保存会,光绪三十四年(1908)。

黄晦闻(黄节):《广东乡土历史教科书》,国学保存会,光绪三十三年(1907)。

黄节:《黄史》,《国粹学报》,1905,第1卷,第1号,《史编》。

黄节:《粤东学术源流史》,钞本,广东省立中山图书馆藏。

黄丽镛:《魏源年谱》,湖南人民出版社,1985。

黄培芳:《虎坊杂识》,出版年地不详。

黄培芳:《黄氏家乘》,广州纯渊堂,道光廿七年(1847)。

黄培芳:《云泉随扎》,出版年地不详,序于嘉庆十八年(1813)。

黄培堃、岑锡祥:《广东乡土地理教科书》,粤东编译公司,光绪三十四年(1908)再版。

黄启臣、邓开颂:《略论粤海关的若干特殊制度及其影响》,载明清广东省社会经济研究会编《明清广东社会经济研究》,广东人民出版社,1987。

黄荣康:《求慊斋文集》,出版年地不详,序于1922年。

黄寿祺、张善文:《周易译注》,上海古籍出版社,1990。

黄义祥:《中山大学史稿》,中山大学出版社,1999。

黄映奎、黄佛颐:《广东乡土史教科书》,粤城时中学校刊本,光绪三十二年(1906)。

黄友棣:《怎样指导学校音乐活动》,广东省政府教育厅第一科,1941。

黄瑜:《双槐岁钞》,中华书局,1999。

黄钊:《石窟一征》,同治元年(1862),台湾学生书局,1970年重印。

黄遵宪:《日本国志》,图书集成印书局,光绪二十四年(1898),文海出版社,1974年重印。

黄遵宪:《杂感》,载《人境庐诗钞笺注》,上海古籍出版社,1981。

黄佐:《广州人物传》,广东高等教育出版社,1991。

嘉靖《潮州府志》。

嘉靖《广东通志》。

嘉靖《广东通志初稿》。

嘉庆《新安县志》。

嘉庆《增城县志》。

简朝亮编《朱九江先生集》，台湾商务印书馆，1973年重印。

简又文：《悼简竹居家夫子》，《简氏宗声》，1955。

简又文：《西北从军记》，传记文学出版社，1982。

简又文编《宋皇台纪念集》，香港宋皇台纪念集编印委员会，1960。

江藩著，钟哲整理《国朝汉学师承记，附国朝经师经义目录，国朝宋学渊源记》，中华书局，1983。

姜义华、吴根梁编《康有为全集》，上海古籍出版社，1987。

蒋介石：《新生活运动》（叶楚伧记录），正中书局，1935。

蒋星煜：《以戏代药》，广东人民出版社，1980。

酒中冯妇：《岭南风月史》，出版年地不详，疑为民国年间。

康熙《永安县次志》。

康有为：《康有为自定义年谱》，约光绪二十四年（1898），文海出版社，1972年重印。

康有为：《中庸注》，光绪二十八年（1902），台湾商务印书馆，1966年重印。

科大卫、刘志伟：《宗族与地方社会的国家认同——明清华南地区宗族发展的意识形态基础》，《历史研究》，第3期，2000。

邝露：《峤雅》，广东高等教育出版社，1990。

来新夏：《方志学概论》，福建人民出版社，1983。

来新夏：《中国地方志综览 1949—1987》，黄山书社，1988。

赖伯疆、黄镜明：《粤剧史》，中国戏剧出版社，1988。

赖际熙：《崇正同人系谱》，香港，1925。

赖际熙撰，罗香林辑《荔垞文存》，钞本影印，1974。

《浪子悔改》(*The Parable of the Prodigal Son in Canton Dialect* by

James Legge），出版年地不详，英国大英图书馆藏。

《浪子悔改》（佚名），增沙藏板，咸丰九年（1859），英国大英图书馆藏。

雷泽普：《松下述学集》，粤东编译公司，1923。

雷泽普：《新宁乡土地理》，宣统元年（1909）初版。

黎春荣：《东莞风俗谈》，《民俗周刊》，第 4 期，1928。

黎锦熙：《方志学两种》，岳麓书社，1984。

黎锦熙：《三十五年来之国语运动》，载庄瑜、贺圣鼐编《最近三十五年之中国教育》，商务印书馆，1931。

李昌祺：《剪灯余话》，收入瞿佑等著《剪灯新话（外二种）》，上海古籍出版社，1981。

李调元：《粤风》，商务印书馆，1935。

李福清（B. Riftin）：《俄罗斯所藏广东俗文学刊本书录》，《汉学研究》，第 12 卷，第 1 期，1994。

李福清（B. Riftin）：《"中央研究院"傅斯年图书馆罕见广东木鱼书书录》，《中国文哲研究通讯》，第 5 卷，第 3 期，1995。

李默：《广东方志考略》，吉林省地方志编纂委员会，吉林省图书馆学会，1988。

李孝悌：《胡适与白话文运动的再评估——从清末的白话文谈起》，载《胡适与近代中国》，时报文化出版企业有限公司，1991。

李孝悌：《清末的下层社会启蒙运动 1901—1911》，"中央研究院"近代史研究所，1992。

李新魁：《广东的方言》，广东人民出版社，1994。

李新魁：《广州方言研究》，广东人民出版社，1995。

李绪柏：《清代广东朴学研究》，广东省地图出版社，2001。

李学训：《现行地方民意机构制度》，中华书局，1946。

李永炽：《日本的近代化与知识分子》，水牛出版社，1970。

梁伯强：《医学上中国民族之研究》，《东方杂志》，第 23 卷，第 13

期，1926。

梁家彬：《广东十三行考》，商务印书馆，1937。

梁培炽：《南音与粤讴之研究》，美国旧金山州立大学民族学院亚美研究学系，1988。

梁培炽：《香港大学所藏木鱼书叙录与研究》，香港大学亚洲研究中心，1978。

梁启超：《饮冰室合集》，中华书局，1936年重印。

梁启超著，夏晓虹辑《〈饮冰室合集〉集外文》，北京大学出版社，2005。

梁群球主编《广州报业》，中山大学出版社，1992。

梁山、李坚、张克谟：《中山大学校史》，上海教育出版社，1983。

梁廷枏：《海国四说》，中华书局，1993。

梁廷枏：《海国四说》，道光二十六年（1846）。

梁廷枏：《夷氛纪闻》，商务印书馆，1937。

梁威：《粤剧源流及其变革初述》，广州市政协文史资料研究委员会、粤剧研究中心编《广州文史资料》第42辑《粤剧春秋》，1990。

梁诩：《纪念先父梁赞燊》，《高要文史》，第1辑，1985。

梁应麟：《粤东白话两孟浅解》，孔圣会，1916。

梁赞燊：《两广方言学堂地文学课本》，清风桥文茂印局，出版年不详。

梁赞燊编《高要前代名人著述汇钞》，高要县文献委员会，1948。

梁肇庭：《客家历史新谈》，《中国社会经济史研究》，第1卷，第1期，1982。

《两广方言学堂同学录》，1936年重刻。

列文森著，郑大华、任菁译《儒教中国及其现代命运》，中国社会科学出版社，2000。

林昌彝：《射鹰楼诗话》，上海古籍出版社，1988。

林达泉：《客说》，载温廷敬编《茶阳三家文钞》，序于宣统二年（1910），文海出版社，1966年重印。

林培庐:《潮州七贤故事》,1933,东方文化书局,1971重印。

林宴琼:《学宪审定潮州乡土教科书》,中华新报馆,宣统二年(1910)。

林英仪:《韩山书院沿革述略》,《潮州文史资料》,第5辑,1986。

《岭东日报》。

《岭南学校大观》,岭南大学,1917。

凌鸿勋、高宗鲁:《詹天佑与中国铁路》,"中央研究院"近代史研究所,1977。

刘伯骥:《广东书院制度》,台湾书店,1958。

刘复、李家瑞:《中国俗曲总目稿》,1932,文海出版社,1973年重印。

刘万章:《本刊结束的话》,《民俗周刊》,第111期,1930。

刘万章:《粤南神话研究》,《民俗周刊》,第112期,1933。

刘向撰,向宗鲁校证《说苑校证》,中华书局,1987。

刘学锴、余恕诚:《李商隐诗歌集解》,中华书局,1989。

刘志伟:《在国家与社会之间:明清广东里甲赋役制度研究》,中山大学出版社,1997。

柳存仁:《神话与中国神话接受外来因素的限度和理由》,汉学研究中心"中国神话与传说"会议论文,1995年4月。

卢玮銮:《香港文纵——内地作家南来及其文化活动》,华汉文化事业公司,1987。

罗敬之:《罗香林先生年谱》,台湾编译馆,1995。

罗献修辑《兴宁县乡土志》,钞本,广东省立中山图书馆藏。

罗香林:《广东民族概论》,《民俗周刊》,第63期,1929。

罗香林:《客家源流考》,世界客属总会秘书处编《香港崇正总会三十周年纪念特刊》,香港崇正总会,1950。

罗香林:《国父家世源流考》,商务印书馆,1942。

罗香林:《胡晓岑先生年谱》,《兴宁文史》,第17辑,1993。

罗香林:《客家史料汇编》,南天书局有限公司,1992(香港1965年初版)。

罗香林:《客家研究导论》,兴宁希山书藏1933年初版,上海文艺出版社,1992年影印。

罗香林:《民俗学论丛》,出版年地不详,自序于1965年。

罗香林:《香港与中西文化之交流》,中国学社,1961。

罗香林:《乙堂文存》,香港大学冯平山图书馆藏。

罗香林:《乙堂札记》,香港大学冯平山图书馆藏。

罗香林:《粤东之风》,东方文化书局,1974年重印。

《罗香林教授所藏函牍、他人手稿及贺片》,香港大学冯平山图书馆藏。

《落炉不烧》(佚名),咸丰十一年(1861)。

《马可福音传》(佚名),光绪八年(1882)。

麦仕治:《广州俗话书经解义》,文宝阁,出版年不详,约光绪十九至二十年(1893—1894)。

麦哲维(Steven Miles):《谢兰生〈常惺惺斋日记〉与嘉道间广州城市生活一览》,《华南研究数据中心通讯》,第33期,2003年10月15日。

《卖胭脂》(佚名),出版年地不详。

梅山:《选夫——梅县的故事》,《民俗周刊》,第65期,1929。

《美禁华工拒约报》,1905。

《蒙正招亲》(佚名),出版年地不详。

《孟子正义》,中华书局,1987。

民国《赤溪县志》。

《民俗》周刊。

《明德社主办学海书院简章》,《宇宙旬刊》,第2卷,第10期,1935。

倪海曙:《清末汉语拼音运动编年史》,上海人民出版社,1959。

欧大任:《百越先贤志》,《丛书集成》版。

欧榘甲:《新广东》(1901年),载张枬、王忍之编《辛亥革命前十年间时论选集》,生活·读书·新知三联书店1978年重印。

潘懋元、刘海峰：《中国近代教育史资料汇编：高等教育》，上海教育出版社，1993。

潘淑华：《"建构"政权，"解构"迷信？——1929年至1930年广州市风俗改革委员会的个案研究》，载郑振满、陈春声主编《民间信仰与社会空间》，福建人民出版社，2003。

培之：《潮州民间神话二则》，《民俗周刊》，第31期，1928。

佩韦居士编《省话八声七绝》，会城艺新印务局，1912。

祁彪佳著，黄裳校录《远山堂明曲品剧品校录》，古典文学出版社，1957。

钱曼倩、金林祥：《中国近代学制比较研究》，广东教育出版社，1996。

钱穆：《晚学盲言》，东大图书股份有限公司，1987。

钱穆：《中国近三百年学术史》，商务印书馆，1937。

乾隆《潮州府志》。

乾隆《番禺县志》。

乾隆《高州府志》。

乾隆《嘉应州志》，广东省中山图书馆，1991。

乾隆《新会县志》。

乾隆《增城县志》。

钦佩：《翁源山歌》，《民俗周刊》，第75期，1929。

《清高宗纯皇帝实录》。

清华大学校史编写组：《清华大学校史稿》，中华书局，1981。

清水：《翁源儿歌》，《民俗周刊》，第91期，1929。

清水：《读苏粤婚丧》，《民俗周刊》，第35期，1928。

邱捷：《关于孙中山家世源流的资料问题》，《孙中山研究丛刊》，第5辑，1987。

邱捷：《再谈关于孙中山的祖籍问题》，《中山大学学报》，第4期，1990。

邱平：《西南政变后中山大学的两次易长》，《广东文史资料》，第13

辑，1964。

屈大均：《广东新语》，水天阁康熙三十九年(1700)版。

屈大均：《广东新语》，中华书局香港分局，1974。

璩鑫圭、唐良炎编《中国近代教育史资料汇编：学制演变》，上海教育出版社，1991。

《劝戒社汇选》(佚名)，光绪二年(1876)，英国大英图书馆藏。

《仁化乡土志》，钞本，广东省中山图书馆藏。

容肇祖：《告读者》，《民俗周刊》，第71期，1929。

容肇祖：《粤讴及其作者》，《歌谣周刊》，第2卷，第14期，1936。

容肇祖：《迷信与传说自序》，《民俗周刊》，第77期，1929。

容肇祖：《容肇祖自传》，《东莞文史》，第29期，1998。

容肇祖：《我的家世和幼年》，载东莞市政协编《容庚容肇祖学记》，广东人民出版社，2004。

容肇祖：《我最近对于民俗学要说的话》，《民俗周刊》，第111期，1933。

容肇祖：《学海堂考》，《岭南学报》，第3卷，第4期，1934。

容肇祖：《征集方言之我见》，《歌谣周刊》，第35期，1923。

阮真：《几种现行初中国文教科书的分析研究》，《岭南学报》，第1卷，第1期，1929。

《三凤鸾全套》(佚名)，1872，1915年重印。

桑兵：《晚清学堂学生与社会变迁》，稻禾出版社，1991。

莎彝尊：《正音辨微》，道光十七年(1837)版。

莎彝尊：《正音咀华》，广州聚文堂藏板，咸丰三年(1853)。

《山伯访友》(佚名)，广文堂，出版年不详。

商壁：《粤风考释》，广西民族出版社，1985。

商衍鎏：《清代科举考试述录》，1958，新华书店，1983。

邵彬儒：《俗话倾谈》、《俗话倾谈》二集，春风文艺出版社，中国古代珍稀本小说续第2册，1997。

邵彬儒：《俗话倾谈》初集，出版年地不详，广东省立中山图书馆藏。

邵彬儒：《俗话爽心》，守经堂，出版年不详，约民国年间。

邵鸿：《清代后期江西宾兴活动的官、绅、商——清江县的个案》，载南开大学社会史研究中心编《中国社会历史评论》第4辑，商务印书馆，2002。

石峻：《客途秋恨与缪莲仙》，载《艺林丛录》第3辑，商务印书馆，1962。

《时事画报》。

寿罗香林教授论文集编辑委员会：《寿罗香林教授论文集》，万有图书公司，1970。

顺治《潮州府志》。

司马迁：《史记》，中华书局，1975。

司徒尚纪：《广东文化地理》，广东人民出版社，1993。

司徒优：《读了台山歌谣集之后》，《民俗周刊》，第74期，1929。

孙文：《三民主义》，载曹锦清编《民权与国族——孙中山文选》，远东出版社，1994。

《太师梁储传》（佚名），陈湘记书局，出版年不详。

谭彼岸：《晚清的白话文运动》，湖北人民出版社，1956。

谭汝谦编《中国译日本书综合目录》，中山大学出版社，1980。

谭正璧、谭寻：《木鱼歌，潮州歌叙录》，书目文献出版社，1982。

田仲一成：《清代地方剧数据集（二）华中、华南篇》，东洋文化研究所，1969。

《挑线柜》（佚名），出版年地不详。

同治《南海县志》。

同治《高要县志》。

同治《广州府志》。

同治《新会县志》。

《土话指南》（佚名），土山湾慈母堂第二次印，1908。

万历《永安县志》。

汪宗衍：《陈东塾(澧)先生年谱》，文海出版社，1970。

汪宗衍：《关于粤讴辑者通信》，《民间文艺》，第2辑，1927。

王立达：《现代汉语中从日语借来的词汇》，《中国语文》，第68期，1958。

王美嘉编《民国时期广东省政府档案史料选编》，广东省档案馆，1987—1989。

王齐乐：《香港中文教育发展史》，波文书局，1983。

王士禛：《南海集》，出版年地不详，序于康熙二十三年(1684)。

王水照选注《苏轼选集》，上海古籍出版社，1984。

王文宝：《容肇祖与中山大学民俗学会》，《民间文学论坛》，第5期，1987。

王先明：《近代绅士：一个封建阶层的历史命运》，天津人民出版社，1997。

王章涛：《阮元年谱》，黄山书社，2003。

王兆椿：《从戏曲的地方性纵观粤剧的形成与发展》，刘靖之、冼玉仪编《粤剧研讨会论文集》，香港大学亚洲研究中心，三联书店(香港)有限公司，1995。

韦承祖：《广东灵西婚丧概述》，《民俗周刊》，第25—26期，1928。

《温旧情》(佚名)，广文堂，出版年不详。

温肃：《温文节公集》，出版年地不详。

《文章游戏》(佚名)，嘉庆廿一年、廿三年，道光元年、四年(1816，1818，1821，1824)各版。

翁辉东、黄人雄：《首版潮州乡土地理教科书》，晓钟报社，宣统元年(1909)。

吴楚帆：《吴楚帆自传》，伟青书店，1956。

吴道镕：《澹庵文存》，1937。

吴道镕：《广东文征作者考》，1915，台湾商务印书馆，1971年重印。

吴道镕：《胜朝粤东遗民录》，收入张涴祥、杨宝霖主编《莞水丛书第四种》，乐水园，2003。

吴道镕编《广东文征》，珠海书院，1973。

吴平、邱明一编《周作人民俗学论集》，上海文艺出版社，1999。

吴天任：《黄荣康传》，载黄耀案选注，政协广东省三水县文史委员会编《黄祝蕖战时诗选》，中国文史出版社，1990。

吴天任编著《清何翙高先生国炎年谱》，台湾商务印书馆，1981。

吴相湘：《民国百人传》第1辑，传记文学出版社，1971。

吴义雄：《"广州英语"与19世纪中叶以前的中西交往》，《近代史研究》，第3期，2001。

吴义雄：《在宗教与世俗之间——基督教新教传教士在华南沿海的早期活动研究》，广东教育出版社，2000。

伍梅、龚炳章编辑《广宁县乡土志》，出版年地不详。

夏东元编：《郑观应集》，上海人民出版社，1982。

咸丰《顺德县志》。

咸丰《续修高要县志稿》。

《咸水歌》，出版年地不详，广东省立中山图书馆藏。

冼玉清：《中国最早发明摄影机的科学家》，《广东文献丛谈》，中华书局香港分局，1965。

冼玉清：《清代六省戏班在广东》，《中山大学学报》，第3期，1963。

冼玉清：《招子庸研究》，《岭南学报》，第8卷，第1期，1947。

香迷子：《再粤讴》，五桂堂，1890。

萧继宗编《新生活运动史料》，中国国民党中央委员会党史委员会，1975。

萧启冈、杨家鼐编《学部审定嘉应新体乡土地理教科书》，启新书局，1910。

萧铮：《民国二十年代中国大陆土地问题资料》，成文出版社，1977。

《笑刺肚》(佚名)，出版年不详。

谢兰生:《常惺惺斋日记》(嘉庆廿三年至道光九年,1818—1829),中国国家图书馆藏。

《辛亥革命及龙济光统治时期》,《广东文史资料》,第43辑,1984。

《新刻百八钟》(佚名),守经堂,1889。

《新民丛报》,艺文印书馆,1966年重印。

《新增后续改良岭南即事丛刊》(佚名),守经堂,出版年不详。

熊月之:《西学东渐与晚清社会》,上海人民出版社,1994。

《绣像第八才子笺注》(佚名),福文堂藏板,出版年不详,法国巴黎国家图书馆藏。

《绣像第八才子书》(佚名),考文堂藏板,出版年不详,英国大英图书馆藏。

徐金池编纂《广东和平徐氏宗谱总谱》,1991年编印,1993年重印。

徐世昌:《清儒学案》,世界书局,1979年重印。

徐思道:《东莞底风俗——喊惊》,《民俗周刊》,第52期,1929。

徐渭著,李夏波、熊澄宇注释《南词叙录注释》,中国戏剧出版社,1989。

许地山:《粤讴在文学上底地位》,《民铎杂志》,第3卷,第3期,1922;又载于《民俗丛书》,第56辑,东方文化书局,1971年重印。

许复琴:《广东民间文学的研究》,海潮出版社,1958。

许家维:《姊妹会与神童》,《民俗周刊》,第5期,1929。

宣统《东莞县志》。

宣统《番禺县志》。

宣统《高要县志》。

宣统《南海县志》。

宣统《增城县志》。

薛虹:《中国方志学概论》,黑龙江人民出版社,1984。

《学海堂志》,亚东学社,1964年重印。

《学务大臣奏据编书局监督编成乡土志例目拟通饬编辑片》,《东方杂志》,第 2 卷,第 9 期,1905。

《训令第 581 号:禁止男女学生不得共同演剧及演习戏曲俗乐曲》,《广东教育公报》,第 1 卷,第 6 期,1928 年 12 月。

严复著,王栻编《严复集》,中华书局,1986。

严忠明:《〈丰湖杂记〉与客家民系形成的标志问题》,《西南民族大学学报(人文社科版)》,总 25 卷,第 9 期,2004 年 9 月。

《羊城竹枝词》(佚名),吟香阁藏板,1877。

杨宝霖:《爱国志士邓淳和他的〈岭南丛述〉》,《东莞文史》编辑部编《东莞近百年文化名人专辑》(《东莞文史》第 29 期),政协东莞市文史资料委员会,1998。

杨宝霖:《东莞诗词俗曲研究》,乐水园印行,2002。

杨成志:《民俗学问题格》,1928,台北 1969 年重印。

杨恩寿:《坦园日记》,约同治(1862—1874)年间,上海古籍出版社,1983。

《杨妃醉酒》(佚名),以文堂,出版年不详。

杨国桢:《林则徐考》,福建人民出版社,1989。

杨国桢编《林则徐书简》,福建人民出版社,1981。

杨冀岳:《黄遵宪与胡晓岑》,兴宁县政协文史委员会编《兴宁文史》,第 17 辑,《胡曦晓岑专辑》,1993。

杨文信:《试论雍正、乾隆年间广东的"正音运动"及其影响》,载单周尧、陆镜光主编《第七届国际粤方言研讨会论文集》(《方言》2000 年增刊),商务印书馆,2000。

杨予六:《中国历代地方行政区划》,台湾"中华文化出版事业委员会",1957。

姚薇元:《鸦片战争史实考——魏源道光洋艘征抚记考订》,北京人民出版社,1984。

叶宝奎:《明清官话音系》,厦门大学出版社,2001。

叶恭绰:《遐庵谈艺录》,太平书局,1961。

叶少华：《东莞明伦堂》，《东莞文史》，第 30 期，1999。

乙堂(罗香林)：《香港崇正总会发展史》，载香港崇正总会编《崇正总会三十周年纪念特刊》，1950。

《易兰池先生荣哀录》，广州第八甫艺通印务局承刊，1920。

《轶闻文选》，广东省立中山图书馆藏民国剪报册，年份不详，约 1920—1930 年代。

应劭：《风俗通义》，上海古籍出版社，1990。

《英台回乡南音》(佚名)，出版年地不详。

雍正《广东通志》。

《由英话浅学启蒙书译》(佚名)，同治十二年(1873)。

《游花园》(佚名)，以文堂，出版年不详。

于飞：《关于制钱》，《民俗周刊》，第 101 期，1930。

余一心：《抗战以来的中山大学》，《教育杂志》，第 31 卷，第 1 期，1941。

余英时：《文化评论与中国情怀》，允晨文化实业股份有限公司，1988。

俞蛟：《潮嘉风月记》，上海古籍出版社，1990。

虞学圃、温歧石：《江湖尺牍分韵撮要合集》，英华书局，出版年不详，约民国年间。

虞学圃、温歧石：《江湖尺牍分韵撮要合集》，翰宝楼，序于乾隆四十七年(1782)。

虞学圃、温歧石：《江湖尺牍分韵撮要合集》，聚经堂，咸丰十年(1860)。

《原本招子庸正粤讴解心》，省城太平门外第七甫□堂板，出版年不详。

袁洪铭：《两姊妹的故事(东莞童话之一)》，《民俗周刊》，第 64 期，1929。

袁家骅：《汉语方言概要》，文字改革出版社，1960。

《粤音指南》(佚名)，出版年地不详。

《越华报》。

曾纪蔚：《邹鲁在中山大学任内》，《广东文史数据》，第18辑，1965。

《增广岭南即事杂撰》(佚名)，锦章图书局，出版年不详。

张报和总纂《始兴县乡土志》，清风桥文茂印局，出版年不详。

张伯桢：《袁督师配祀关岳议案》，《沧海丛书》，沧海丛书社，1915。

张解民：《宣统遗老温肃生平述略》，《顺德文史》，第5期，1985年1月。

张心泰：《粤游小志》，梦梅仙馆藏板，序于光绪廿五年(1899)。

张玉成：《南北官话纂编大全》，乾隆五十五年(1790)，一贯堂，嘉庆廿五年(1820)重刻。

招勉之：《关于粤讴及其作者的尾巴》，《民俗周刊》，第19—20期，1928。

招子庸：《校本正粤讴》，广州城内学院前麟书阁板，1910。

招子庸：《粤讴》，出版年地不详，序于道光八年(1828)。

招子庸：《粤讴》，广州第七甫通艺局石印，出版年不详。

招子庸：《粤讴》，广州石经堂书局影印，光绪十七年(1891)。

招子庸：《粤讴》，省城第七甫五桂堂藏板，出版年不详。

招子庸：《越讴》，十六甫萃古堂发兑，出版年不详。

招子庸：《正粤讴》，广州登云阁，出版年不详。

《招子庸粤讴》，钞本，广东省立中山图书馆藏。

招子庸著，陈寂评注《粤讴》，广东人民出版社，1986。

赵尔巽：《清史稿》，1928，《二十五史》，上海古籍出版社，上海书店，1986。

赵世瑜：《眼光向下的革命：中国现代民俗学思想史论(1918—1937)》，北京师范大学出版社，1999。

赵晔：《吴越春秋》，《四部备要·史部》，上海中华书局据古今逸史本校刊本。

肇庆市端州区地方志编纂委员会编《肇庆市志》，广东人民出版社，1996。

《真好唱》(佚名)，出版年地不详，序于光绪三十年(1904)。

郑德华：《客家历史文化的承传方式——客家人"来自中原"说试析》，《学术研究》，第3期，2005。

郑德能：《胡适之先生南来与香港文学》(原载《香港华南中学校刊》创刊号，1935年6月1日)，收入郑树森、黄继持、卢玮銮编《早期香港新文学资料选(1927—1941)》，天地图书有限公司，1998。

郑放、何凯怡等：《五四运动在广东各地》，《广东文史资料》，第24辑，1979。

郑师渠：《国粹，国学，国魂——晚清国粹学派文化思想研究》，文津出版社，1992。

郑师渠：《晚清国粹派：文化思想研究》，北京师范大学出版社，1997。

郑振铎：《巴黎国家图书馆中之中国小说与戏曲》(1927年)，载郑振铎《中国文学研究》，古文书局，1961年重印。

郑振铎：《中国俗文学史》，1938，文学古籍刊行社，1959年重印。

郑振满：《明清福建家族组织与社会变迁》，湖南教育出版社，1992。

政协肇庆史委员会、文史资料研究委员会：《肇庆文史：肇庆地方历史简编》，第1辑，1985。

中国科学院、上海经济研究所、上海社会科学院经济研究所编《南洋兄弟烟草公司史料》，上海人民出版社，1958。

中国科学院北京天文台：《中国地方志联合目录》，中华书局，1985。

中国人民政治协商会议、广东省广州市委员会：《广州文史资料专辑：广州近百年教育史料》，广东人民出版社，1983。

《中国日报》(1904—1908)。

《中华民国高要县志初编》。

中山大学历史系、中国近代现代史教研组研究室编《林则徐集·日记》，中华书局，1962。

钟贡勋：《戴校长与母校》，中山大学校友会编《国立中山大学成立五十周年纪念特刊》，中山大学校友会，1974。

钟贡勋：《季师主持中山大学的五年》，载《戴季陶先生文存三续编》，中国国民党中央委员会，1971。

钟敬文：《我在民俗学研究上的指导思想及方法论》，《民间文学论坛》，第1期，1994。

周去非：《岭外代答》，上海远东出版社，1996。

朱谦之：《自传两种》，龙文出版社，1993。

朱希祖：《恢复民俗周刊的发刊词》，《民俗周刊》，第111期，1933。

《朱希祖先生文集》，九思出版有限公司，1979。

朱有瓛：《中国近代学制史料》，华东师范大学出版社，1983。

《朱子语类》，中华书局，1986。

珠海市政协、暨南大学历史系编《唐绍仪研究论文集》，广东人民出版社，1989。

邹伯奇：《邹征君存稿》，序于同治十一年(1873)。

邹伯奇：《邹征君遗书》，粤东省城西湖街富文斋刊印，同治十一年(1873)。

邹鲁：《回顾录》，岳麓书社，2000。

邹鲁、张煊：《汉族客福史》，国立中山大学出版部，1932。

英　文

Anderson, Benedict, *Imagined Communities: Reflections of the Origins and Spread of Nationalism*, 1983, reprinted London: Verson, 1985.

Ball, James Dyer, *Cantonese Made Easy*, Hong Kong: China Mail Office, 1888.

Ball, James Dyer, *Cantonese Made Easy*, Hong Kong: Kelly & Walshm, 1892.

Ball, James Dyer, *How to Speak Cantonese: Fifty Conversations in Cantonese Colloquial* Hong Kong: China Mail Office, 1889.

Ball, James Dyer, *The Shun-Tak Dialect*, Hong Kong: China Mail Office, 1901.

Berger, Peter, Luckmann, Thomas, *The Social Construction of Reality: a Treatise in the Sociology of Knowledge*, London: Penguin Press, 1967.

Braudel, Fernand, "The History of Civilizations: The Past Explains the Present", in his *On History* (translated by Sarah Matthews), Chicago: The University of Chicago Press, 1980.

Bridgman, E. C., *Chinese Chrestomathy in the Canton Dialect*, Macao: S. Wells William, 1841.

Briggs, Asa, *Victorian Things*, London: B. T. Batsford Ltd, 1988.

Brokaw, Cynthia, *The Ledgers of Merit and Demerit: Social Change and Moral Order in Late Imperial China*, Princeton, New Jersey: Princeton University Press, 1991.

Brook, Timothy, *Praying for Power: Buddhism and the Formation of Gentry Society in Late-Ming China*, Cambridge [Mass.]: The Council on East Asian Studies, Harvard University and the Harvard-Yenching Institute, 1993.

Buck, John Lossing, *Chinese Farm Economy*, Chicago: University of Chicago Press, 1930.

Burke, Peter, *Popular Culture in Early Modern Europe*, Hants: Scolar Press, first edition 1978, revised reprint 1994.

Burne, Charlotte, *The Handbook of Folklore*, London: Sidgwick & Jackson, 1914.

Ch'i, Hsi-Sheng, *Nationalist China at War: Military Defeats and Political Collapse, 1937-45*, Ann Arbor: The University of Michigan Press, 1982.

Chalmers, John, *English and Cantonese Pocket Dictionary*, Hong Kong: Chinese Printing & Publishing Company, 1873.

Chan Wing-hoi, "Ordination Names in Hakka Genealogies: a Religious Practice and Its Decline", in Helen Siu, David Faure (eds.) *Down to Earth: the Territorial Bond in South China*, Stanford: Stanford University Press, 1995, pp. 65-82.

Chang, Chung-li, *The Chinese Gentry: Studies on their Role in Nineteenth-Century Chinese Society*, Seattle: University of Washington Press, 1955.

Chang, Chung-li, *The Income of the Chinese Gentry*, Washington: University of Washington Press, 1962.

Chang, Hao, *Liang Ch'i-ch'ao and Intellectual Transition in China 1890-1907*, Cambridge [Mass.]: Harvard Universtiy Press, 1971.

Chang, Hsin Pao, *Commissioner Lin and the Opium War*, Cambridge [Mass.]: Harvard University Press, 1964.

Chinese Phonetic Vocabulary: Containing All the Most Common Characters, with Their Sounds in the Canton Dialect（中文书名《初学粤音切要》）, Hong Kong: London Missionary Society Press, 1855.

Choi Po King, "Education and Politics in China: Growth of the Modern Intellectual Class 1895-1949", (unpublished D. Phil. dissertation, Oxford: University of Oxford, 1987).

Chung, Stephanie Po-yin, *Chinese Business Groups in Hong Kong and Political Change in South China, 1900-25*, Basingstoke: Macmillan Press Ltd, 1998.

Cohen, Myron, "Being Chinese: The Peripheralization of Traditional Identity", in "The Living Tree: The Changing Meaning of Being Chinese Today", *Daedalus*, Vol. 120, No. 2, 1991, pp. 113-134.

Crossley, Pamela Kyle, Siu, Helen and Sutton, Donald (eds.),

Empire at the Margins: Culture, Ethnicity and Frontier in Early Modern China, Berkeley: University of California Press, 2006.

Crossley, Pamela, "Thinking about Ethnicity in Early Modern China", *Late Imperial China*, Vol. 11, No. 1, 1990, pp. 1-35.

DeFrancis, John, *The Chinese Language: Fact and Fantasy*, Honolulu: University of Hawaii Press, 1984.

Dictionary of American Biography, Supplement Four 1946-50, New York: Charles Scribner's Sons, 1974.

Dikötteer, Frank, *The Discourse of Race in Modern China*, Stanford: Stanford University Press, 1992.

Dirlik, Arif, "The Ideological Foundations of the New Life Movement: a Study in Counterrevolution", *Journal of Asian Studies*, Vol. 34, No. 4, 1975, pp. 945-980.

Duara, Prasenjit, "Knowledge and Power in the Discourse of Modernity: The Campaigns Against Popular Religion in Early Twentieth-Century China", *Journal of Asian Studies*, Vol. 50, No. 1, 1991, pp. 67-83.

Duara, Prasenjit, "Superscribing Symbols: The Myth of Guandi, Chinese God of War", *Journal of Asian Studies*, Vol. 47, No. 4, 1988, pp. 778-795.

Dudbridge, Glen, "The Goddess Hua-Yueh San-niang and the Cantonese Ballad Ch'en-hsiang T'ai-tzu", *Chinese Studies* (汉学研究), Vol. 8, No. 1, 1990, pp. 627-646

Eastman, Lloyd, "Nationalist China during the Naking decade 1927-1937", in Eastman, Lloyd, Ch'en, Jerome, Pepper, Suzanne, and Van Slyke, Lyman (eds.), *The Nationalist Era in China 1927-1949*, Cambridge: Cambridge University Press, 1991.

Eberhard, Wolfram, *Folktales of China*, Chicago: The University of Chicago Press, 1965.

Ebrey, Patricia Buckley, *Confucianism and Family Rituals in Imperial China, A Social History of Writing about Rites*, Princeton: Princeton University Press, 1991.

Eitel, John, *A Chinese Dictionary in the Cantonese Dialect*, London: Trubner & Co., Hong Kong: Lane, Crawford & Co., 1877.

Elman, Benjamin, "Qing Dynasty 'Schools' of Scholarship", *Ch'ing-shih wen-t'i*, Vol. 4, No. 6, 1981, pp. 1-44.

Elman, Benjamin, "The Hsueh-Hai T'ang and the Rise of New Text Scholarship in Canton", *Ch'ing-shih wen-t'i*, Vol. 4, No. 2, 1979, pp. 51-82.

Elman, Benjamin, *Classicism, Politics and Kinship: The Ch'ang-chou School of New Text Confucianism in Late Imperial China*, Berkeley: University of California Press, 1990.

Elman, Benjamin, *From Philosophy to Philology: Intellectual and Social Aspects of Change in Late Imperial China*, Cambridge [Mass.]: Council on East Asian Studies, Harvard University, 1984.

Esherick, Joseph, Rankin, Mary, *Chinese Local Elites and Patterns of Dominance*, Berkeley, Los Angeles, London: University of California Press, 1990.

Faure, David and Siu, Helen (eds.), *Down to Earth: The Territorial Bond in South China*, Stanford: Stanford University Press, 1995.

Faure, David, "Becoming Cantonese, the Ming Dynasty Transition", in Faure, David, Liu, Tao Tao (eds.), *Unity and Diversity: Local Cultures and Identities in China*, Hong Kong: Hong Kong University Press, 1996.

Faure, David, "The Lineage as a Cultural Invention: The Case of the Pearl River Delta", *Modern China*, Vol. 15, No. 1, 1989, pp. 4-36.

Faure, David, *The structure of Chinese rural society: lineage and village in eastern New Territories*, Hong Kong: Oxford University Press, 1986.

Fei, Hsiao-Hung, *China's Gentry: Essays in Rural-urban Relations* (a collection of essays written by Fei in 1947 and 48), Chicago and London: The University of Chicago press, 1953.

Freedman, Maurice, *The Study of Chinese Society* (a collection of essays written by Freedman in the 1960s and 70s, edited by G. William Skinner), Stanford: Stanford University Press, 1979.

Fried, Morton, "Community Studies in China", *The Far Eastern Quarterly*, Vol. 14, No. 1, 1954, pp. 11-36.

Gamble, Sidney, *Ting Hsien: A North China Rural Community*, New York: Institute of Pacific Relations, 1954.

Godley, Michael, "China's World's Fair of 1910: Lessons from a Forgotten Event", *Modern Asian Studies*, Vol. 12, No. 3, 1978, pp. 503-22.

Goody, Jack, *Literacy in Traditional Societies*, Cambridge, Cambridge University Press, 1968.

Goody, Jack, *Logic of Writing and the Organization of Society*, Cambridge, New York: Cambridge University Press, 1986.

Goody, Jack, *The Domestication of the Savage Mind*, Cambridge, New York: Cambridge University Press, 1977.

Gunn, Edward, *Rewriting Chinese: Style and Innovation in Twentieth-Century Chinese Prose*, Stanford: Stanford University Press, 1991.

Harrell, Stevan (ed.), *Cultural Encounters on China's Ethnic Frontiers and Harrell*, *Ways of being Ethnic in Southwest China*, Seattle: University of Washington Press, 1995.

Hashimoto, Oi-kan Yue, *Phonology of Cantonese*, Cambridge: Cambridge University Press, 1972.

Hisayaki Miyakawa, "The Confucianization of South China", in Wright, Arthur (ed.), *The Confucian Persuasion*, Stanford: Stanford University Press, 1960, pp. 21-46.

Ho, Ping-ti, *The ladder of success in Imperial China: aspects of social mobility, 1368-1911*, New York: Wiley, 1964.

Hobsbawm, Eric and Ranger, Terrance (eds.), *The Invention of Tradition*, Cambridge: Cambidge University Press, 1983.

Hsiao, Kung-chuan, *Rural China: Imperial Control in the Nineteenth Century*, Seattle: University of Washington Press, 1960.

Hummel, Arthur, *Eminent Chinese of the Ch'ing Period (1644-1912)*, Washington: United States Government Printing Office, 1944.

Hung, Chang-tai, *Going to the People: Chinese Intellectuals and Folk Literature 1918-1937* Cambridge [Mass.]: The Council on East Asian Studies, Harvard University, 1985.

Huntington, Ellsworth, *The Character of Races*, New York, London: Charles Scribner's Sons, 1924.

Jenks, Edward, *A History of Politics*, London, 1900.

Jones, Richard Foster, *The Triumph of the English Language: A Survey of Opinions Concerning the Vernacular from the Introduction of Printing to the Restoration*, Stanford: Stanford University Press, 1953.

Kwong, Luke, *A Mosaic of the Hundred Days: Personalities, Politics and Ideas of 1898* Cambridge [Mass.]: Council on East Asian Studies, Harvard University Press, 1984.

Lai, Jeh-Hang, "A Study of a Faltering Democrat, the Life of Sun Fo 1891-1949", (unpublished D. Phil. dissertation, Univeristy of Illinois, 1976).

Leibo, Steve, "Not So Calm an Administration: The Anglo-French Occupation of Canton 1858-1861", *Journal of the Hong Kong Branch of the Royal Asiatic Society*, Vol. 28, 1988, pp. 16-33.

Leong, Sow-Theng, "The Hakka Chinese of Lingnan: Ethnicity and Social Change in Modern Times", in Pong, David, Fung, Edmund S. K. (eds.) (1985), *Idea and Reality: Social and Political Change in Modern China*, 1860-1949 (New York, London, University Press of America), 1985, pp. 287-322.

Leong, Sow-Theng, *Migration and Ethnicity in Chinese History: Hakkas, Pengmin, and Their Neighbors* (edited by Tim Wright, with an introduction and maps by G. William Skinner), Stanford: Stanford University Press, 1997.

Leung, Man-kam, "Juan Yuan (1764-1849) The Life, Works and Career of a Chinese Scholar-Bureaucrat" (unpublished D. Phil. dissertation, University of Hawaii, 1977).

Levenson, Joseph, "The Province, the Nation, and the World: The Problem of Chinese Identity", in Feuerwerker, Albert, Murphey, Rhoads, and Wright, Mary (eds.), *Approaches to Modern Chinese History*, Berkeley and Los Angeles: University of California Press, 1967.

Levenson, Joseph, *Confucian China and its Modern Fate: The Problem of Monarchical Decay*, Berkeley and Los Angeles: University of California Press, 1964.

Levenson, Joseph, *Confucian China and its Modern Fate: The Problem of Intellectual Continuity*, London: Routledge and Kegan Paul Limited, 1965.

Levenson, Joseph, *Confucian China and its Modern Fate: The Problem of Historical Significance*, London: Routledge and Kegan

Paul Limited, 1965

Lo, Jung-pang, *K'ang Yu-wei: a Biography and a Symposium*, Tucson: Published for the Association for Asian Studies by the University of Arizona Press, 1967.

Luk, Bernard Hung-Kay, "Chinese Culture in the Hong Kong Curriculum: Heritage and Colonialism", *Comparative Education Review*, Vol. 35, No. 4.

Luk, Bernard Hung-Kay, "Lu Tzu-chun and Ch'en Jung-kun: Two Exemplary Figure in the Ssu-shu Education of Pre-war Urban Hong Kong", in Faure, David, Hayes, James, Birch, Alan (eds.), *From Village to City: Studies in the Traditional Root of Hong Kong Society*, Hong Kong: Centre of Asian Studies, University of Hong Kong, 1984.

Lutz, Jessie Gregory, *China and the Christian Colleges 1850-1950*, Ithaca and London: Cornell University Press, 1971.

MacGillivray, D. (ed.), *A Century of Protestant Missions in China (1807-1907)*, 1907, reprinted San Francisco: Chinese Materials Center, Inc., 1979.

Mair, Victor, "Language and Ideology in the Written Popularizations of the Sacred Edict", in Johnson, David, Nathan, Andrew, Rawski, Evelyn (eds.), *Popular Culture in Late Imperial China*, Berkeley: University of California Press, 1985.

Mann, Susan and Kuhn, Philip, "Dynastic Decline and the Roots of Rebellion", in Twitchett, Denis and Fairbank, John (eds.), *The Cambridge History of China*, Vol. 10, Late Ch'ing, 1800-1911, Part I, Cambridge: Cambridge University Press, 1978, pp. 107-62.

Michael, Franz, "State and Society in Nineteenth century China", *World Politics*, Vol. 7, No. 3, 1955, pp. 419-33.

Miles, Steven Bradley, "Rewriting the Southern Han (917-971):

The Production of Local Culture in Nineteenth-Century Guangzhou", *Harvard Journal of Asiatic Studies*, Vol. 62, No. 1, June 2002, pp. 39-75.

Miles, Steven Bradley, *The Sea of Learning: Mobility and Identity in Nineteenth-Century Guangzhou*, Cambridge [Mass.] and London: published by the Harvard University Asia Center, distributed by Harvard University Press, 2006.

Morrison, Robert, *Vocabulary of the Canton Dialect*, Macau: The Honorable East India Company Press, 1828.

Murray, Dian, *Pirates of the South China coast 1790-1810*, Stanford: Stanford University Press, 1987.

Nicole Constable (ed.), *Guest People: Hakka Identity in China and Abroad*, Seattle and London: University of Washington Press, 1996.

Ong, Walter, *Orality and Literacy: The Technologizing of the Word*, London, New York: Methuen & Co., 1982.

Overmyer, Daniel, "Values in Chinese Sectarian Literature: Ming and Qing Pao-chuan", in Johnson, David, Nathans, Andrew, Rawski, Evelyn (eds.), *Popular Culture in Late Imperial China*, Berkeley: University of California Press, 1985.

Polachek, James, *The Inner Opium War*, Cambridge [Mass.] and London: The Council on East Asian Studies, Harvard University, 1992.

Pomerantz-Zhang, Linda, *Wu Tingfang (1842-1922): Reform and Modernization in Modern Chinese History*, Hong Kong: Hong Kong University Press, 1992.

Pong, David, "The Vocabulary of Change: Reformist Ideas of the 1860s and 1870s", in Pong, David, Fung, Edmund S. K. (eds.), *Idea and Reality: Social and Political Change in Modern China*, Lanham, New York, London: University Press of America, 1985.

Questions and Answers to Things Chinese, Canton, 1850, a British Library collection.

Rawski, Evelyn, "Economic and Social Foundations of Late Imperial Culture", in Johnson, David, Nathan, Andrew, Rawski, Evelyn (eds.), *Popular Culture in Late Imperial China*, Berkeley: University of California Press, 1985.

Reynolds, David, "Redrawing China's Intellectual Map: Images of Science in Nineteenth-Century China", *Late Imperial China*, Vol. 12, No. 1, 1991, pp. 27-61.

Rhoads, Edward, *China's Republican Revolution: The Case of Kwangtung, 1895-1913*, Cambridge, [Mass.], Harvard University Press, 1975.

Sargart, Laurent, "Phonology of a Cantonese dialect of the New Territories: Kat Hing Wai", *Journal of Hong Kong Branch of Royal Asiatic Society*, Vol. 22, 1982, pp. 142-60.

Schneider, Laurence, "National Essence and the New Intelligentsia", in Furth, Charlotte (ed.), *The Limits of Change: Essays on Conservative Alternatives in Republican China*, Cambridge [Mass.]: Harvard University Press, 1976, pp. 57-89.

Schneider, Laurence, *Ku Chieh-kang and China's New History: Nationalism and the Quest for Alternative Traditions*, Berkeley: University of California Press, 1971.

Schwartz, Vera, *The Chinese Enlightenment: Intellectuals and the Legacy of the May Fourth Movement of 1919*, Berkeley: University of California Press, 1986.

Siu, Helen (compiled and edited), *Furrows: Peasants, Intellectuals, and the State, Stories and Histories from Modern China*, Stanford: Stanford University Press, 1990.

Siu, Helen, "Recycling Tradition: Culture, History, and Political Economy in the Chrysanthemum Festivals of South China", in S. C. Humphreys, *Cultures and Scholarship*, Ann Arbor: The University of Michigan Press, 1997.

Siu, Helen, *Agents and Victims in South China: Accomplices in Rural Revolution*, New Haven and London: Yale University Press, 1989.

Smith, Carl, *Chinese Christians: Elites, Middlemen, and the Church in Hong Kong*, Hong Kong: Oxford University Press, 1985.

Snow, Donald, "A Short History of Published Cantonese: What is a Dialect Literature?", *Journal of Asian Pacific Communication*, Vol. 4, No. 3, 1994, pp. 127-48.

Snow, Donald, "Written Cantonese and the Culture of Hong Kong: the Growth of a Dialect Literature", (unpublished D. Phil. dissertation), Indiana: Indiana University, 1991.

Sollars, Werner, *The Invention of Ethnicity*, Oxford: Oxford University Press, 1989.

The Illustrated London News.

Tien, Hung-mao, *Government and Politics in Kuomintang China 1927-1937*, Stanford: Stanford University Press, 1972.

Times (London).

Wakeman, Frederick, *Strangers at the Gate: Social Disorder in South China, 1839-1861*, Berkeley and Los Angeles: University of California Press, 1966.

Walter Schofield's Collection of Cantonese Songs (n. d.), (bound and stocked in the Hong Kong Collection of the United College Library, the Chinese University of Hong Kong).

Wang Gungwu, *The Chineseness of China: Selected Essays*, Hong Kong: Oxford University Press, 1991.

Ward, Barbara, "Readers and Audiences: An Exploration of the Spread of Traditional Chinese Culture", in Jain, Ravindra (ed.), *Text and Context, the Social Anthropology of Tradition*, Philadelphia, Institute for the Study of Human Issues, Inc., 1977.

Ward, Barbara, "Sociological Self-Awareness: Some Uses of the Conscious Models", *Man*, Vol. 1, 1966.

Ward, Barbara, "Varieties of the Conscious Model: The Fishermen of South China", in her *Through Other Eyes: An Anthropologist's View of Hong Kong*, Hong Kong: The Chinese University Press, 1989.

Weber, Max (edited by Guenther Roth and Claus Wittich), *Economy and Society*, Berkeley: University of California Press, 1978, Ch. V.

Who Was Who in America, Vol. 2, Chicago: The A. N. Marquis Company, 1950.

Who's Who in China 1918-1950, reprinted in Hong Kong, Chinese Material Center, 1982.

Wright, Arthur (eds.), *The Confucian Persuasion*, Stanford: Stanford University Press, 1960.

Yeh, Wen-hsin, *The Alienated Academy: Culture and Politics in Republican China 1919-1937*, Cambrdige, [Mass.]: Council on East Asian Studies, Harvard University, 1990.

Young, Ernest, *The Presidency of Yuan Shih-k'ai*, Ann Arbor: The University of Michigan Press, 1977.

Yung, Bell, *Cantonese Opera: Performance as creative process*, Cambridge: Cambridge University Press, 1989.

Yung, Sai-shing, "Mu-yu shu and the Cantonese popular singing arts", *The Gest Library Journal*, Vol. 2, No. 1, 1987.

Yung, Wing, *My Life in China and America*, New York: Henry Holt and Company, 1909.

Zheng, Su De San, "From Toison to New York: Muk'Yu Songs in Folk Tradition", *Chinoperl Papers*, No. 16, 1992.

索引（按汉语拼音排序）

白话文 123，124，127，173，178，253，254，255

潮州 27，34，40，41，46，54，55，60，61，62，67，69，72，76，77，79，80，90，91，93，123，158，183，206，255，307

陈伯陶 158，159，160，161，162，167，168，215

陈昌齐

陈济棠 31，169，191，201，204，207，237，238，239，240，245

陈炯明 30，165，204，247

陈澧 3，33，61，93，94，105，134，135，136，137，138，139，140，141，145，146，147，151，153，154，164，165，171，248，249，250，254

陈铭枢 204，207

陈少白 3，126，127

陈子褒 124，125，128，131

崇正总会 205，207

传教士 110，111，112，113，115，117，119，120，121，123，254

戴季陶 185，186，187，188，190，191

蛋家 52，197，200

邓淳 47，48，49

地方志 39，44，46，47，59，61，62，212，219，227，232，236，305

丁仁长 145，158

方言 4，24，25，27，34，35，40，53，54，55，61，62，63，66，68，72，73，89，90，92，93，94，95，96，97，98，100，101，103，105，106，107，

108，110，112，113，116，117，118，120，121，123，125，128，159，177，178，179，182，193，220，226，250，253，254，255，256，302，304

方言群 55，72，76，77，105

风俗改革 183，184，187，188

高要 213，214，215，216，217，218，219，220，221，222，223，224，225，226，227，228，229，230，232，233，234，235，236，237，238，239，240，241，242，255，261，263，269，274，276，277，281

古直 191，192，207

顾颉刚 175，176，177，178，178，179，180，185，186，188，189，191，193，194

官话 89，90，91，94，107，109，110，115，116，117，120，122，124

广东大戏 106

《广东通志》39，40，42，44，45，46，47，48，49，57，65，95，97，138，156，160，161，165，181，245

广东文化 4，7，8，9，10，11，12，25，31，32，33，34，35，39，45，47，49，132，140，145，146，151，154，163，171，172，174，209，244，245，246，248，249，252，253，254，255，246

广东文物展览会 1，169，244，245，246，248，255

《广东文征》136，158，159

《广东新语》38，40，65，93，97，98，115，181

广府话 4，34，40，51，89，90，93，98，118，120，121，256

国家 1，2，6，9，11，12，15，16，17，19，20，21，22，23，24，25，26，28，32，34，35，36，37，43，47，48，50，62，73，75，77，78，79，81，83，86，87，89，90，95，123，127，128，132，146，149，152，154，157，160，168，172，173，184，185，193，194，195，196，202，204，210，212，213，215，224，227，228，229，230，231，232，234，236，238，240，242，243，244，245，249，252，255，256，257，258

国乐 232，233，242

国民 7，20，21，26，29，30，31，53，78，82，83，84，85，86，123，161，169，173，183，184，185，186，187，212，214，223，229，230，231，235，242，247

国学保存会 67，68，69，70，75，76，77，78，152，154，251

国语 89，125，128，178，179，193，234，253，254，255，256

《花笺记》98，99，101，102

黄节 67，68，70，71，73，75，76，78，135，152，153，154，170，232

黄鲁逸 126，127

黄培芳 3，104，143，144

黄遵宪 9，124

惠州 27，30，40，46，57，65，91，158，165

简朝亮 135，154，166，246，246

简又文 3，7，8，9，10，33，246，247，248，252，256

江孔殷 161，162

康有为 2，3，18，28，33，124，134，150，151，152

客家 3，34，41，54，55，56，57，58，59，60，61，62，64，65，66，67，68，69，70，71，72，73，74，76，181，196，197，198，199，200，201，202，203，204，205，206，207，208，209，235，236，256

客家人 41，55，56，57，58，59，60，66，67，68，71，72，74，76，77，90，124，181，196，200，203，204，205，206，207，208，209，210，235，236，251，255，256

客属大同会 204

赖际熙 158，163，165，166，167，168，169，205，206

梁储 43，51，52

梁鼎芬 161

梁启超 3，5，9，20，28，33，83，85，86，124，126，133，134，152，199，242

梁廷枏 48，139，142，143，146，147，171

林伯桐 3，135，139，153，249

林则徐 47，142，143，144，145

刘彬华

龙舟（歌）98，99，100，104，110，126

陆丹林 7，8

罗香林 181，196，197，198，199，200，201，202，203，205，207，208，209，248，249

罗卓英 204，208，209

民国《高要县志》213，214，216，218，219，220，221，222，223，224，225，226，227，230，232，233，235，236，237，238，239，240，242，255

《民俗》周刊 17，178，180，181，182，183，184，185，187，188，189，190，191，192，194，196，200

民俗学 34，173，174，175，176，177，178，179，180，181，182，183，186，187，188，190，191，193，194，195，196，198，209，210，224，251，252，253，254

民俗学会 177，178，185，187，188，189，191，192

民系 33，76，77，201，253

民族 1，2，3，7，8，17，19，21，22，23，27，28，33，34，49，53，62，67，68，75，76，87，89，152，157，158，166，173，174，178，180，181，193，194，195，196，197，198，199，200，201，202，203，205，206，207，209，210，211，213，233，236，238，241，242，252，256，257

民族主义 19，21，34，152，157，158，173，174，178，193，194，195，209，213，242，252，257

木鱼书 4，34，98，99，100，101，123，255

南音 34，97，98，99，100，104，105，110，115，116，123，126

区大典 163，166，167

区域 23，24，25，27，32，41，46，103，257

丘逢甲 69，72，73，74，204

人类学 11，23，176，177，

178，179，198，199，201，209，251，252，253

人种学 54，62

容闳 148，149

容肇祖 104，138，171，178，179，180，185，186，188，189，190，191，192，193

阮元 39，47，133，137，138，139，141，142，144，145，153，154，161，162，165，169，170，250，251

赛会 4，5

善书 113，114，115，123

士 2，12，14，15，16，18，38，46，48，50，56，59，60，62，63，66，67，70，72，74，76，84，85，86，89，90，91，92，94，95，100，101，105，120，122，133，142，143，148，153，154，155，159，162，170，219，224，

士大夫 11，12，13，14，15，18，21，26，32，36，37，42，43，46，47，5051，52，53，90，91，94，95，101，105，110，123，159，175，176，250，252，258

士绅 11，12，13，28，29，30，52，142，150，158，159，161，169，214，216，217，218，226，246

谭莹 104，138，139

天下 3，9，12，17，18，19，20，21，27，30，35，37，43，53，65，66，78，85，86，87，90，102，132，134，143，157，158，164，170，258

温肃 156，157，158，162，163，167，168

文化 1，2，4，6，7，8，9，10，11，12，13，14，15，16，17，19，20，21，22，23，24，25，26，27，29，31，32，33，34，35，36，37，38，39，40，41，42，43，44，45，46，47，48，49，50，51，52，53，54，59，60，61，62，66，72，75，77，81，86，87，89，94，95，126，132，134，136，137，138，140，145，146，151，152，154，155，156，158，162，163，165，166，167，168，169，171，172，173，174，175，177，179，180，

183，184，185，187，191，193，194，195，196，199，200，201，202，203，204，207，208，209，210，212，213，217，220，225，226，227，228，229，230，236，240，241，244，245，246，247，248，249，250，251，252，253，254，255，256，257，258

文人 1，11，12，16，32，34，35，39，72，78，79，87，90，93，97，98，101，102，103，104，105，116，118，128，132，137，140，170，181，205，212，215，229，233，235，245，249，250，254，255

文言文 89，108，109，113，123，228，229，255

吴道镕 136，145，158，158，161，162，168，169

吴兰修 105，139，142

吴铁城 7，208

伍崇曜 137，138，139，142

伍廷芳 149

咸水歌 34，100，123，129

冼玉清 104，107

乡土教科书 62，63，66，70，75，76，77，78，80，86，87，225，229，252

乡土志 62，263，64，65，66，70，75，77，78，79，82，84，85，86，87，225，229，252

香港 1，2，7，8，28，31，47，96，99，105，111，115，120，121，124，125，127，136，148，149，154，156，165，166，167，168，193，205，247，248，249

香港大学 1，7，157，166，168，169，247

谢兰生 104，105

辛亥革命 30，32，62，78，154，155，156，158，160，161，163，164，184，204，213，248，251

新生活运动 230，231，232，237

熊景星

学海堂 47，61，93，104，105，133，134，135，136，137，138，139，140，141，142，143，144，145，146，147，148，149，151，152，153，154，158，159，161，162，163，164，165，167，169，170，171，180，248，249，250，251

叶恭绰 1，7，8，154，245，246

仪克中 48，105，249

遗老 136，152，154，155，156，157，158，159，161，162，163，166，167，168，169，170，180，205，215，224

易学清 161，162，163

余汉谋 214，215，216，218，236，237，238，239，245

粤剧 7，106，107，108，109，110，123，126，226，232，233，242

粤讴 98，102，103，104，105，110，123，126，127，180，181，183，254

粤曲 34，226，232，233，242，255

粤人 30，37，38，39，40，41，43，44，46，54，56，59，63，65，67，87，115，125，160，303，307，308，309

粤人治粤 30

曾钊 47，139

詹天佑 149

招子庸 102，103，104，180，183，254

肇庆 27，93，162，163，214，218，225，226，231，234

正音 90，92，108，109，110，115，116，117，131

知识分子 2，7，8，9，11，13，14，15，17，19，20，21，26，75，77，83，86，87，127，155，166，171，172，173，174，176，177，180，181，184，185，193，194，195，196，209，210，227，229，242，244，246，248，251，252，253，256，258

中山大学 6，135，160，171，177，178，180，185，186，187，189，190，191，192，193，204，207，208，233

中原 33，38，45，46，47，49，54，58，59，61，62，63，65，66，67，68，74，89，90，94，95，168，206，208，235，236，254，256

中州 2，36，38，39，44，45，46，47，48，49，54，62，76，92，126

钟敬文 178，179，180，187，188，193，194，200

种族 19，20，22，23，34，54，55，62，63，64，65，66，

67，68，69，73，75，76，77，85，86，87，154，161，170，198，199，201，203，204，227，228，235，251，253

朱次琦 3，33，134，135，136，137，146，151，152，154，163，166，171，246

朱家骅 186，187，191

朱希祖 6，76，160，161，192，193

邹鲁 31，44，69，71，73，79，160，186，191，204，207，250

族群 16，22，23，33，34，54，55，60，62，63，76，87，196，198，201，204，206，209，210，235，251，256

初版后记

"学者愿著何书？"——在学海堂落成后一年，两广总督阮元曾出此题策问堂中生徒，时任阮元幕僚的方东树，兼阅学海堂课文，就此条策问做出了这样的回应："余慨后世著书太易而多，殆于有孔子所谓不知而作者。"

在完成这部书稿的时候，读到阮元此策问和方东树此感慨，不禁汗颜。我读书太少，才学疏浅，将读书一得之见，勉力草成一书，既初尝了著书不易之味，更生出"不知而作"之惧。不过，既然自己选择了治学之途，总要将陋见诉诸文字，以求得同好切磋，高人指点。这叠稿子，毕竟是自己踏入求学门槛之后的一点心得，更何况，在我从事这个课题研究的过程中，得到许多师友鼓励和教诲，作为一个于己于人的交代，把这本小书交与出版，或许谈不上有什么可取之处，但至少可以给我一个答谢师友的机会。

这本小书，是以我在牛津大学求学时期的博士论文为基础写成的。我的博士论文原来用英文写成，写作时主要以英文学界为对象，故在内容的细节、体例和行文习惯上，均与现在这本用中文出版的小书有较大的差别，但全书的基本视角和主要论点，都是在我写作博士论文时形成的。因此，我首先要感谢的，是我的博士论文导师科大卫先生（Prof. David Faure），先是他愿意收我这个素不相识的人为学生，再是他愿意为我的冥顽不灵而怒发冲冠，至今我都认为，成年之后还有人会为自己的不足而动怒，这是人生中最值得珍视的一种福气。尽管这本小书距离科先生的期望还很远很远，但如果没有他的指点，可能我今天还不懂得如何爬上学术的门槛。科先生经常讲，学生毕业以后，就成为朋友了。毕业以后，虽然我从他这个朋友这里得到了很多的帮助，但更多的，是我从他那里学到的东西并没有因为我已经毕业而减少，在我的感觉上，他永远是我的老师，而我们从就读中文大学以来即以"先生"称之，也就是老师的意思，这个称谓，是不会因为时地迁移而改变的。

我特别感铭于心的，是耶鲁大学的萧凤霞教授（Prof. Helen Siu）以及她的母亲萧老太和姐姐 Esther。她们在我最困难的时候，给我提供了一个宁静舒适的居住环境，在生活上给予我无微不至的关怀，使我可以安心地完成博士论文的写作。自 1992 年认识 Helen 以来，尽管因为她的平易近人而从来没有尊称过她一声"萧教授"或"萧老师"，而都是随随便便地以 Helen 称之，但她在教室以外给我的指导和启发却是难以言尽的。

在牛津大学攻读博士学位期间，我的一众师友同窗，都给了我各种的指导和关怀。杜德桥教授（Prof. Glen Dudbridge）在史料翻译上的严格把关，使我不敢轻视对一字一词的精确理解。已故的龙彼德教授（Prof. Piet van der Loon）让我浏览他起居室四壁满载的戏文歌册，使我领略到学术之渊的高深莫测。中国研究所的其他老师，包括 Dr. Tao Tao Liu、Dr. Laura Newby 和 Dr. Robert Chard，都在不同的方面给过我许多指导和鼓励。我还要感谢我的"德行导师"（moral tutor）——治法国历史的 Theodore Zeldin 教授，他在我思路最为蔽塞之时，让我跟他在大学公园踱步聊天，聆听他治史为学的追求，至今虽仅剩下只言片语，却教我毕生受用。在同学和朋友当中，沈艾娣（Henrietta Harrison）、宋愫愫（Susanna Thornton）和在香港认识的美国学者傅灵湘（Lisa Fischler），除了在我的学习和生活中给我许多帮助外，还在不同阶段审读过我用英文撰写的博士论文，指正了我的舛误。

我还难以忘怀的，是我大学阶段的同学和朋友，特别是周立基、叶翠凤和萧荣汉三位，他们一直给予我许多精神上的支持。1994—1995 年，为撰写博士论文，我在台北从事了大半年的研究，经早前认识的台湾大学研究生费丝言的介绍，得以与另外两位台大研究生王鸿泰和陈雯怡成为室友，我们一起读书，相互切磋，分工做饭，在我日后的治学历程中，这段学生时代的经历一直是我抖擞精神的源泉。

在撰写这部中文书稿期间，许多师友包括柯丽莎（Elisabeth Köll）、宋怡明（Michael Szonyi）、张瑞威、卜永坚、马木池、郑振满、丁荷生（Kenneth Dean）、蔡志祥、廖迪生、张兆和等，都给予我许多支持、关心和帮助。

这部小书的整个写作过程，给我许许多多帮助的，还有中山大学的师友们。毕业以后，我到中山大学求职，在王珣章校长的安排下，受聘为中山大学教师，任教至今。中山大学历史系的许多前辈学者对学术的执着和他们的人格魅力，给我极大的感召；我的同事之间融洽的关系，给了我一个可以静下心来的工作环境，尤其是李萍、陈树良、龙波等老师，在我的工作和生活上给予我多方面的关心和帮助，使我得以克服种种困难，愉快地投入教学和研究。本书从英文的博士论文到中文专著的写作，特别得到桑兵、邱捷、陈春声、刘志伟等教授的鼓励、支持与鞭策，他们从我开始写作博士论文以来，自始至终给予我多方面的指导，桑兵教授审阅了本书的初稿，提出了许多富有启发的意见；刘志伟教授在我的书稿定稿之前，从头到尾看了一遍，指正了各种大大小小的错误与疏漏。他们一直以来给予我许许多多的批评和指点，让我时刻记住自己的治史功夫是如何的未到家。

在我的博士论文写作阶段，得到台湾汉学研究中心的资助；这本小书在深入研究和完稿阶段，得到国家社科基金青年项目、中山大学人文社会科学研究基金项目和香港大学人文社会研究所的资助，谨一并致谢。

我还要感谢我的二叔，如果当年没有他的支持，我很难想象可以下决心远赴牛津大学，开始另一段学习生涯。

最后，让我以此书献给我已故的外婆和阿爷，还有在病榻中的舅父，是他们把我抚养成人，我为我的因循延宕而未能让他们亲睹此书深感歉疚！

2005 年 8 月 9 日于康乐园

附录　城市之声西关音：由省至港及沪①

当我们打开一本中国语言地图时，会很直观地认识到，粤语的使用主要集中在两广地区，其中又可再细分为不同的"片"。广州和香港两大都会，连同许多主要位于珠江三角洲的城市、镇和乡村，一并被划入"广府片"。不论凭专业知识或日常生活经验，我们都知道，在同一片之中，各城市、镇、乡村甚或聚落的人们所说的粤语，在声调、语法和用词上都会有所差别。然而，在近二三十年的讨论中，广州和香港两地之间的这类差别被谈论得颇多，甚至可以说被放大而引起许多误解。作为一个历史学徒，我之所以会对粤语的历史感兴趣，跟我个人的生活经验和多年来几方面的研究有关。我在香港出生成长，二十年前到广州工作，每跟"香港人"接触，他们以为我"生在广州"，便会说我讲的是"广州广东话"，有别于"香港广东话"，即使后来知道我是"香港人"，也会说我的广东话被"广州化"了。2017年夏天，我在梧州，与一位当地的老师聊天，她知道我从香港来，又说"你们香港人的广东话特别好听"。大家都知道，两个人首次见面如何互动和对话，是与彼此对对方背景的认识、假设和想象有关的。由于我这种"省港两地不是人"的经验，我开始对两地各种人群的广东话口音特别注意，我非专业的结论也很简单："香港人"当中的粤语口音千差万别，在所谓"广州人"当中情况也是如此。假如从任何一个人群中请出一个"香港人"和一个"广州人"来比较一下他们的粤语，

---

① 本文是笔者在第二十二届国际粤方言研讨会（2017年12月8—9日，香港）上所做的主题演讲的简写本，刊登在《中国语文通讯》（香港）第99卷第1期，2020年1月。

你一定能找出差别,但这些差别不是"香港"和"广州"的差别,而是A君与B君在其他许多方面的因素不同而导致的差别,何况何谓"香港人"和"广州人"也不是一张身份证或一个户口本便可以界定的。

诚然,经历了数十年的政治和行政区隔以及代际更替,我们不能说省港两地没有分别,但是,如果我们把注意力集中在声调这个更根本的元素上,便应该知道,所谓"香港粤语"和"广州粤语"的一致性,远远高于粤语地区任何两个邻近城市(如广州与佛山,香港与东莞)或同一城市内(如广州的老城区西关与城内东山,还有城区与郊区、北郊与南郊;香港的港岛市区与新界,甚或新界的不同乡村),或香港和广州不同乡籍背景的人群(如中山人、顺德人)所讲粤语的一致性。要知道,香港和广州两个城市有120公里之遥,几乎不能说是"邻近"城市,而据我粗浅的认识,中国没有任何两个邻近的城市的语音(如北京和天津,上海和苏州)的相同性能与广州和香港这对"双子星"可比。道理本来很简单,香港人普遍认定的"香港话",其实是"广州话"(Cantonese),用一个更老旧的说法,是"省城白话"。笔者曾不厌其烦地在不同场合申明,"Cantonese"的"Canton"是指省城,不是指广东省;而"白话"中"白"的这个比喻,大抵就是指没有染上任何色彩——"乡音"——的意思。再严格一点说,就声调而言,所谓"白话",其标准音从某时期开始被认定为"西关音"。要明白何谓"西关音",便必须从"西关"这个地带的从无到有讲起。笔者是个历史学徒,也因此采用历史的视角,从贸易发展、人群流动、语言教育、本地歌乐传统、现代媒体运用等各个方面,先谈"西关音"如何被辨识为"标准音",后谈"西关"作为一片地带的生长过程,再从歌乐文化的角度,讨论这种口音在各粤人聚居点尤其是香港和上海传播的轨迹,从而将"香港话"置于一个更长的时段和更广阔的空间中去理解。

辨识西关音

笔者迄今所见较早提出"西关音"这个说法的,是 James Dyer Ball 在其 *Cantonese Made Easy* 一书初版(1883 年)中所写的前言。在该前言中,James Dyer Ball 提出读者该学的是"纯正广州话的正确发音"(The Correct Pronunciation of pure Cantonese),并谓:"即便在省城一处——纯正广州话的所在与中心——[语音]也有细微的差异和划分,每个字词有多于一个发音,然而,学习者当以西关话(Saí Kwán wá, or West End speech)为标准。"①换句话说,所谓"省城白话",也有局部性的差异,Ball 要编写教材,教外国人学白话,自然有"正确""纯正"和"标准"等概念,才能在教材里为每个字标音。Ball 虽然是"外国人",但他生在广州,掌握的是当时本地人的概念,所以应该是十分地道的。至于中文文献中有关"西关音"的说法,笔者孤陋寡闻,尚未系统梳理,迄今见到的已是迟至民国年间出版的书籍——谭荣光的《粤东拼音字谱》(1934 年)。在该书中,谭提出:"吾粤方言向以西关音为标准,故是书亦以西关音为根据。"②

何处是西关?

"西关音"以"西关"为地域界定,也恰好由于"西关"地理方面的性质,我们可以推测"西关"和"西关音"的说法不会早于 18 世纪出现。所谓"西关",大体是指广东省城城墙外以西,北至第一津,南至沙面,西往泮塘方向逐步延伸的一个区域。西关成陆是常年河滩自然冲积和人工堆填的结果,经历了一个由北而南,自东向西的延伸过程。已故的地理学家曾昭璇先生有关西关地区珠江河岸线演变的研究,提醒我们不能把西关地

---

① James Dyer Ball, *Cantonese Made Easy*, 1907 edition, preface to the first edition 1883, XV.

② 谭荣光:《粤东拼音字谱》,东雅印务有限公司,1934,第 12 页。

区蓬勃发展的历史推至太早。这个过程跟1757年清政府限定对外贸易在广州一口，外商不能入城，商馆(时人称"夷馆")只能设在城墙以西有关。从早期的外销画或墙纸看，18世纪中左右的"西关"，还是陆海难分的，正好符合清初屈大均《广东新语》谓"广州郊西，自浮丘以至西场，自龙津桥以至蚬涌，周回廿余里，多是池塘，故其地名曰'半塘'"的说法。①18—19世纪，西关地区因洋行生意蓬勃而变得十分繁华，这在外销画、地方志书和外国人的游记中都有所反映。②

成为广州人

"西关"作为一个有文化意涵的地理概念，最早大概在18世纪中才出现。按清代的行政规划，广州城由南海、番禺两县分治，县城与府城同时设在广州；两县分治之地，均由督捕厅直接管辖，故两县县志均称这些地方为"捕属"。西关地属南海县，亦属"捕属"，由捕房而非巡检司管治。因此，比较而言，在西关居住和营生的人的白话口音，很可能更接近南海口音，同时必须注意的是，由于西关是个"商业区"，在此营生者尤其是显赫的洋行商人(一般称十三行行商)有不少来自福建泉州，他们在广州落地生根，经历了一个"成为广州人"的过程。他们的第一代说的可能仍然是泉州话，但这些家庭在广州出生的第二代，学的讲的应该就是省城白话了。他们行商定居广东省城、西关或珠江以南的河南岛后，尽管有入籍番禺也有入籍南海的，但由于西关地处南海，在西关营生的人群，讲的白话很可能更接近南海口音，"西关"逐渐成为繁盛富裕的地标，"西关音"也因而变成一种文化身份的标志。这和后来崛起的香港和"香港话"(或香港粤语)，在被辨识和界定的过程方面是同出一辙的。

---

① 屈大均：《广东新语》卷二十七，《草语·莲菱》，第704页。

② 关于西关的形成更详细的讨论，可参考拙文《破墙而出：清末民初广州西关地区景观的延续与变迁》，收入苏基朗主编《中国近代城市文化的动态发展：人文空间的新视野》，浙江大学出版社，2012。

珠娘唱粤讴

笔者认为，就声韵和音调这两个最本质的元素论，"香港粤语"秉承的是"西关音"，香港人最引以为豪的粤语流行曲的叶韵调声的准则最能说明这一问题。我们都知道，粤语流行曲填词的一个最重要的准则，是符合"粤语"的声调（传统的说法即"九声"），但这到底指何处或何种粤语的声调呢？假设我们以《中国语言地图集》为准，香港和广州位处"广府片"地区，而所谓"广府"，若按清代"广州府"的行政划分，则包括了十四个县（南海、番禺、东莞、顺德、香山、清远、三水、从化、增城、龙门、新会、新宁、新安、花县）。我们不用做调查，仅凭常识和印象，便知道这各县各乡所说的粤语声调都千差万别。粤语流行曲"诞生"于香港，我们是否就能说给粤语流行曲填词时需要符合的是"香港粤语"呢？香港在清代属新安县管辖，尤其新界地区在1898年之前一直属新安县管辖，我们能否说"香港粤语"，就是新安县人（按过去港英政府的人群划分再分为"本地""客家"和"疍家"）说的粤语呢？即便到今天，人们判定是否为"香港粤语"的准则仍然是"是否有口音（accent）或乡音"，人们普遍认定"没有口音就是好的口音"（no accent is good accent），就是够"白"（没有颜色）。那么，所谓"香港粤语"，就是"白话"，就是随着香港岛自1842年开辟为商埠，从珠江三角洲地区陆续来到这个新埠头的人所说的"通用语"（lingua franca），亦即上述的以"西关音"为准的省城白话。用省城白话叶韵调声而成就的本地歌乐文化，最早可追溯到19世纪初流行于珠江花艇的南音和粤讴，南音至今仍有传唱，粤讴也有曲谱和录音可循，两者比起20世纪二三十年代才完全改成粤语结合板腔和歌谣两种体系的"粤曲"，早了足足一个世纪。

省港同一体

我们不妨再论述一下广州、香港和澳门在历史上的关系,以说明省城白话西关音成为"通用语"的过程。过去,我们经常会听到某种商品"驰名省港澳"的说法,其中,"省港"的说法(如"省港班""省港大罢工""省港杯")又十分常见,但"省澳"则几乎未闻。一个也许能够说明这个差别的语言现象是:许多长年居住在市区特别是港岛的"老香港"所讲的粤语,总的来说是广州的西关口音,而在许多长年居住在澳门市区的"老澳门"当中,西关口音亦随处可闻,但总有些人是带有中山口音的。广州与澳门之间沿珠江口上下往来的航行路线由来已久,广州与港岛之间的距离倒是较远,且至香港开埠后才真正变得交通频繁,但"省港"的口音远比"省澳"接近,理由何在?我们不妨再换个问题:香港本属新安县,新安县乃从东莞县分离出来,新界地区居民的口音许多是东莞口音,水上居民也有自身的口音,为何香港的"城市之音"不是东莞口音或后来被称为"原居民"的口音?要知道,九龙和新界地区,分别是在第二次世界大战后和1970年代才更大规模地被整合到城市发展之中的,英国人在香港开埠头半个世纪里,主力发展的是港岛北面面向维多利亚港沿岸至山顶一带。到香港寻求谋生机会的,不错,也有来自珠江三角洲各地甚或潮州地区的人,方音也自不相同,但陆续到香港的华商,追循的仍旧是广州西关商人的谈吐举止。这批华商的经济实力也很快与英商分庭抗礼,自1880年代开始,"中上环半山区"逐渐成为上层华人聚居的地段。华人特别是华商的流动性使省港澳的华人社区(甚至是省外和海外的粤人社区)逐渐发展出一些共同的都市景观和社会机构。香港中上环的华人社区几乎就是广州西关"立体化"的呈现,澳门填海扩大的下环地区也有类似的景观。省港澳还不只在景观文化上类同,而更在于人情网络的相通。华商因为做生意的需要,在各地开设联号,家分几头的情况比比皆是。由于澳门到了19世纪末之后在经济和交通方面所能起的作用不大,市场容量亦相当有限,加上自1911年通车的九广铁路,更大大促进了省港两地的联系,而广州和澳门之间的铁路,却仍属纸上谈兵。因此,真正旗鼓相当的两个城市是广州和香港,实际的经营运作也主要依赖"省港"这个杠杆。换句话说,1950年代以前,省港两地在政治制度上固然有别,但人们的文化和生活习惯是一体的,共享着一种"城市之音"。①

沪上扩音声

要更确切地理解20世纪中以前的省港澳,不能没有大上海。从19世纪中开埠之后,沪上便有大量的广东人当买办做生意,至1934年左右,旅沪粤人有三十万余人之多,因此民国时期的上海,能处处听到"广东声音"。这种以"省城白话"为标准的"广东声音",在各种音乐玩家的同乐会中流传着,在戏园子或戏院里逐步发展着,再借靠广播技术的兴起,通过大气电波远近共享。以粤剧戏班论,1919—1937年堪称上海粤剧的高峰期,不但上演次数频繁,来沪演员和戏班名气之高更是前所未有。粤曲歌伶若在省港一时无立足之地,澳门市场又太小,往往也会去上海广东人经营的茶楼演唱谋生,酬金比省港更为丰厚。在音乐方面,汇聚在上海的粤籍音乐玩家,与来自其他地方的乐手频繁交流,吸取诸多外来养分,同时也在改造和创制自身的地域文化,创作"广东音乐"。随着粤语在粤剧的唱腔和念白中应用日广,人们又在广东音乐甚至国语时代曲上填入粤语歌词,创作出一批独立于粤剧梆簧系统的粤语小曲,这些粤曲也许不像同时期的国语时代曲一样流行全国,但它们同样借靠了唱片灌制等技术手段,得以大量复制、留存和广播。这样的形式又逐渐与传统粤剧融合,为后来三四十年代渐以粤语为主体演绎的粤剧增添了新鲜的养分。与此同时,灌制唱片和无线电广播等现代的技术手段进一步

---

① 此节进一步的论述,可参阅拙文《从"省港澳"到"粤港澳":历史失忆与现实定位》,载程美宝、黄素娟主编《省港澳大众文化与都市变迁》,社会科学文献出版社,2017。

把已经逐渐形成自身特色的粤曲和粤乐加以发扬和流传，而由于当时广播的技术和人才都集中在上海，粤曲粤乐的录制，不少都在上海进行，其中尤以在香港、上海和广州都有生意的粤人钱广仁经营的大中华留声唱片公司和新月留声机唱片公司最著。因为香港缺乏适合的场地和熟练的录音师，很多录音在上海进行，或需要"特请沪厂派技师到港来"，才能够完成灌音工作。广播方面，自1923年第一家电台在上海创办至1949年，上海的公营、私营电台一直播出广东节目，包括粤曲、粤乐及粤语新闻。1934年上海有7家电台播出广东节目，1939年有16家即将近全市一半的电台播出广东节目。① 换句话说，依托于省城白话（西关音）的粤语歌乐文化，在上海得以扩大影响，不仅"留声"，更能"广播"。1949年之后从内地来港与粤语歌乐和广播文化有关的人才，不少都是来自上海的粤人，经营"新兴电台"的胡章钊，来港后转型为电视节目主持人，有"金牌司仪"之美誉，即为其中的"表表者"。

小结："城市之声"的意涵

充满悖论的是，"西关音"虽然指涉的地域非常狭小，但其象征"城市之声"的文化意涵却跨越阶层与地域，由省港澳沪延及世界各地粤人聚居的大小埠头。这套"九声"的源头或可追溯到早已在历史上出现的行政区域（南海），但"西关"这个带有文化意涵甚至评价性质的地名和标签却不会早于18世纪出现，而18—19世纪恰恰是依托于西关音的粤语歌乐文化兴起的时候。19世纪中，香港岛开辟成商埠，西关音作为省城的标准音也由此成为省城、香港及其他粤人聚居的埠头共享的城市之声。1949年以后，广州和上海经历了较大的政治和社会变迁，香港反而在相当一

---

① 此节进一步的论述，可参阅拙文《近代地方文化的跨地域性：20世纪二三十年代粤剧、粤乐和粤曲在上海》，《近代史研究》2007年第2期；宋钻友：《播音里的广东声音：兼论地域文化在上海传播的原因》，载程美宝、黄素娟主编《省港澳大众文化与都市变迁》。

段时间内延续了原来省港一体的文化。时至20世纪下半叶，"香港粤语"和"广州粤语"的差别越来越被突出，笔者认为，与其说两者有本质的差别，不如说差别在于"香港粤语"更能保持"西关音"，也就是保存了更"古旧"的省城白话的味道，而不是它有多"香港"。当然，随着世代变迁和人口变化，所谓"香港人"和"广州人"两个"类目"，其自身当中也有许多差异性，"香港粤语"和"广州粤语"到底是不是有意义的二分，更值得我们反思。

粤语西关音:由身至港及沪 / 315

"香港粤语":南来文人的

"香港语言"